Melanie Matzies-Köhler, geboren am 28.07.1972 in Berlin, ist Diplom-Psychologin, Fachberaterin für Autismus und Autorin. Sie hat Bücher zum Thema Autismus sowie Patchworkfamilien veröffentlicht, arbeitet beratend für einen Jugendhilfeträger in Berlin und gibt diverse Fortbildungen zu ihrem Themenspektrum. Melanie Matzies-Köhler hat zwei Töchter und lebt derzeit in Falkensee, Brandenburg.

Gee Vero, geboren am 28.07.1971 in Grimma, studierte nach dem Abitur Anglistik in Leipzig und hat mehrere Jahre in London gelebt. Sie ist freischaffende Künstlerin und seit 2013 auch als Autorin und Referentin tätig. Sie betreibt u. a. das Kunstprojekt The Art of Inclusion. Die Diagnose Asperger Autismus erhielt sie im Jahr 2009. Bei ihrem Sohn Elijah wurde im Alter von 3 Jahren frühkindlicher Autismus diagnostiziert. Gee Vero lebt mit ihrem Mann und den drei Kindern in der Nähe von Leipzig.

Melanie Matzies-Köhler
Gee Vero

Meine Brücke zu dir

Menschen inner- und
außerhalb des autistischen
Spektrums im Dialog

Verlag W. Kohlhammer

Dieses Werk einschließlich aller seiner Teile ist urheberrechtlich geschützt. Jede Verwendung außerhalb der engen Grenzen des Urheberrechts ist ohne Zustimmung des Verlags unzulässig und strafbar. Das gilt insbesondere für Vervielfältigungen, Übersetzungen, Mikroverfilmungen und für die Einspeicherung und Verarbeitung in elektronischen Systemen.

Die Wiedergabe von Warenbezeichnungen, Handelsnamen und sonstigen Kennzeichen in diesem Buch berechtigt nicht zu der Annahme, dass diese von jedermann frei benutzt werden dürfen. Vielmehr kann es sich auch dann um eingetragene Warenzeichen oder sonstige geschützte Kennzeichen handeln, wenn sie nicht eigens als solche gekennzeichnet sind.

1. Auflage 2017

Alle Rechte vorbehalten
© W. Kohlhammer GmbH, Stuttgart
Gesamtherstellung: W. Kohlhammer GmbH, Stuttgart

Print:
ISBN 978-3-17-030599-1

E-Book-Formate:
pdf: ISBN 978-3-17-030600-4
epub: ISBN 978-3-17-030601-1
mobi: ISBN 978-3-17-030602-8

Für den Inhalt abgedruckter oder verlinkter Websites ist ausschließlich der jeweilige Betreiber verantwortlich. Die W. Kohlhammer GmbH hat keinen Einfluss auf die verknüpften Seiten und übernimmt hierfür keinerlei Haftung.

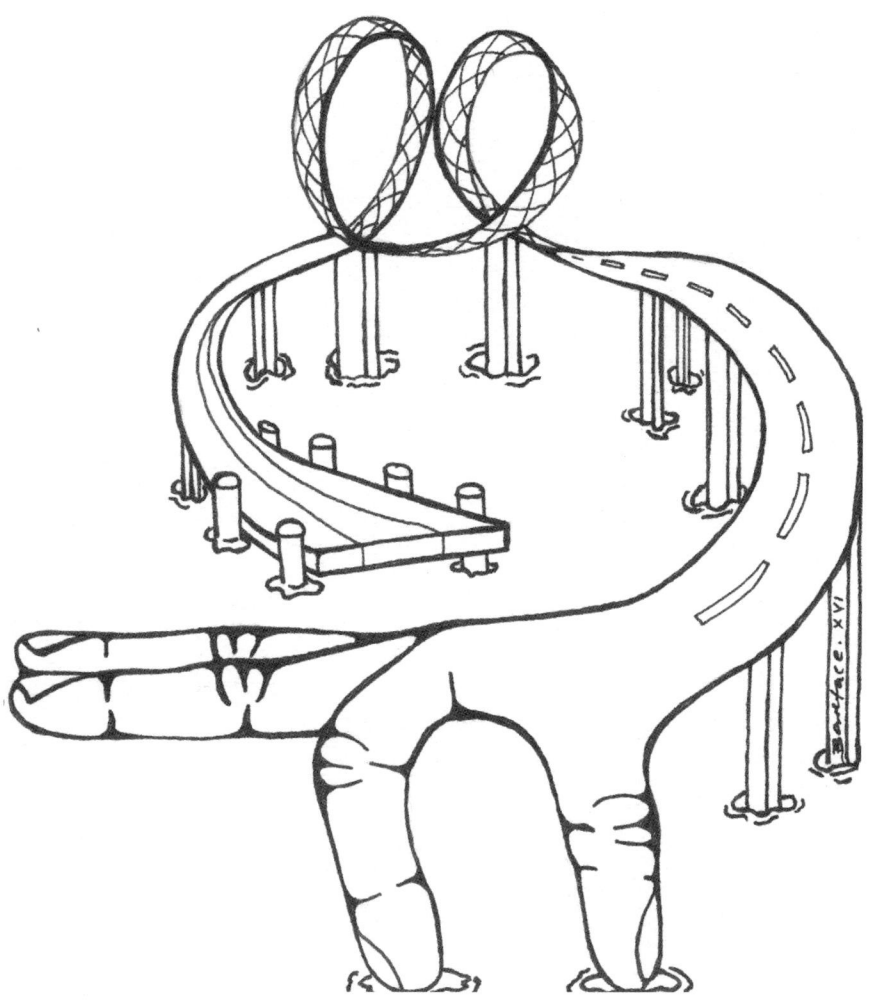

»Meine Brücke zu dir« (Gee Vero)

Geleitwort zum Buch »Meine Brücke zu Dir«

Beim Lesen eines schriftlichen Austausches zwischen zwei Menschen beschleicht mich als Außenstehende stets eine gewisse Unsicherheit, ob ich teilnehmen darf an so viel Intimität.

Was ist nun das Besondere an dieser Lektüre? Hier handelt es sich um einen Briefwechsel zwischen einer jungen Frau mit und einer ohne Autismus. Sie suchen nach Gemeinsamkeiten und Übereinstimmungen statt nach dem »Anderssein«. Ihnen geht es um Wertschätzung und Akzeptanz des Gegenübers. Sie werfen Fragen auf, wie z. B.: »Wofür ist Smalltalk wichtig?«, »Was ist das Selbst?«, »Wie schafft Kunst Barrieren zu überwinden?«. Gee Vero symbolisiert das mit ihren »Art of Inclusion-Bildern«, indem sie halbe »Barefaces« auf Aquarellpapier (bei blinden Menschen wird das halbe Gesicht auf Sandpapier ausgeschnitten) an Menschen verschickt und sie um Ergänzung des unvollständigen Bildes bittet.

Der Bundesverband autismus Deutschland e. V. hat seit seiner Gründung darauf gedrängt, bei Menschen mit Autismus nicht die Defizite zu benennen, sondern sie entsprechend ihrer Begabungen und Neigungen zu fördern und dort arbeiten sowie leben zu lassen, wo sie sich entfalten können. Wir leben in einer Welt des Diktats eines Zeitgeistes, der von Medien, Geld- und Wirtschaftswelt gesteuert wird und uns vorgaukelt, wie »man« zu denken und zu leben hat. Wer dem nicht folgt, wird ins Abseits gestellt.

Ich bewundere daher die innere Unabhängigkeit vieler Autisten, die sich freimachen von überflüssigen Fesseln, ohne dabei soziale Regeln zu vernachlässigen. Machen auch wir uns frei, gebrauchen unseren Verstand und bewahren uns unsere Menschlichkeit.

Dieses Buch gewährt einen tiefen Einblick in die Welt einer Frau mit Autismus. Ich durfte teilnehmen und habe mich beim Lesen sehr wohl gefühlt.

Maria Kaminski (autismus Deutschland e. V.)

Inhaltsverzeichnis

Geleitwort   7

Vorwort   11

1. Briefwechsel – Thema: Smalltalk   13

2. Briefwechsel – Thema: Leben/Sterben:
   Das Leben ist ein Kreis   28

3. Briefwechsel – Thema: Therapie und Wahrnehmung   44

4. Briefwechsel – Thema: Schule   59

5. Briefwechsel – Thema: Selbst und die anderen   73

6. Briefwechsel – Thema: Liebe   86

7. Briefwechsel – Thema: Kindheit(serinnerungen)   96

8. Briefwechsel – Thema: Selbstkonfrontation   110

9. Briefwechsel – Thema: 208   122

10. Briefwechsel – Thema: Clown wider Willen — 132

11. Briefwechsel – Thema: Glaube — 142

12. Briefwechsel – Thema: Bindung/Trennung-Scheidung — 153

13. Briefwechsel – Thema: Begegnung — 165

14. Briefwechsel – Thema:
Unsere erste persönliche Begegnung — 178

15. Briefwechsel – Thema: Freundschaft — 188

16. Briefwechsel – Thema: Weihnachten und Feiertage — 199

17. Briefwechsel – Thema: Wie entsteht Autismus? — 206

18. Briefwechsel – Thema: Kunst und Gee Vero — 215

19. Briefwechsel – Thema: Gees Zeit in England — 225

20. Briefwechsel – Thema: Abschied — 235

Literatur zum Weiterlesen — 245

Vorwort

Im Juni 2014 fand in Berlin ein Fachtag zum Thema Autismus statt. Besonders neugierig war ich auf eine der Referentinnen namens Gee Vero, eine autistische Referentin und Künstlerin.

Die Frau, die ich sah, beeindruckte mich sehr. Ich hatte selten einen so witzigen und anschaulichen Vortrag zum Thema Autismus gehört. Gee Vero sprühte vor Begeisterung für ihr Thema und sandte ein unablässiges Strahlen und Lachen in die Menge. Sie brachte ihre Erklärungen nachvollziehbar und verständlich für alle vor, um am Ende darzulegen: Wir sind alle vor allem eins: Menschen. Autisten sind in vielen Dingen nicht anders als Nicht-Autisten, aber sie verhalten sich oftmals anders als die Mehrheit der Menschen es aufgrund einer anders gelagerten Wahrnehmung erwarten würde. Diese andere Wahrnehmung hat Gee Vero in ihrem Buch »Autismus – (m)eine andere Wahrnehmung«[1] beschrieben.

Gee ließ mich nicht mehr los. Ich suchte nach Informationen über sie im Internet, fand viele Beispiele ihrer Kunst und befasste mich mit ihrem »Art of Inclusion«-Projekt. Das Projekt ist ein Appell, um Respekt, Zusammengehörigkeit und Gleichberechtigung zwischen allen Menschen in unserer Gesellschaft voranzubringen. Gee konnte sogar Udo Lindenberg, Angela Merkel und Ben Kingsley dazu bewegen, eine Gesichtshälfte zu ergänzen. Sie zeichnet dabei eine Hälfte vor, die andere Person ergänzt sie. So entstehen gemeinsame Werke, die Zusammengehörigkeit ausdrücken und Akzeptanz für Anderssein erreichen wollen.

Ich nahm per E-Mail Kontakt zu Gee auf. Rasch entstand ein intensiver Mail- und Briefwechsel und schnell erkannten wir, dass es uns beiden in unserer Arbeit um ein ähnliches Anliegen geht: Wir möchten Menschen zusammenführen. Wir betrachten uns beide als »Brückenbauerinnen«, die die eine Wahrnehmung mit der anderen verbinden wollen. Es geht mir in meiner persönlichen Arbeit nicht darum, einen Autisten zum Nicht-Autisten zu machen, sondern um Wertschätzung und Akzeptanz des jeweiligen Menschen. Genau wie Gee das in ihren Werken und Vorträgen immer wieder betont.

---

[1] Gee Vero, Autismus – (m)eine andere Wahrnehmung. Feedaread.com 2014.

Vorwort

In unseren Briefwechseln ging es schon früh um allgemeine Lebensthemen oder um Fragen, die im Zuge meiner Arbeit mit autistischen Kindern aufkamen. Die Antworten, die Gee mir gab, waren oft so erstaunlich und interessant, dass ich sie mit anderen teilen wollte. Die Idee für das gemeinsame Buchprojekt war geboren!

Gee fand es reizvoll, sich auf diese Weise die nicht-autistische Welt tiefergehend zu erschließen und meine Erklärungen auch anderen autistischen Menschen zukommen zu lassen. Die anfängliche Brief-/Mailform behielten wir bei. Die Briefform wählten wir, weil sie uns bekannt war und Gee sich besser auf schriftlichem Weg austauschen kann als über direkte, persönliche Kommunikation (im Gespräch). Zu unserer großen Freude fand der Kohlhammer Verlag unsere Idee genauso spannend wie wir und willigte in das Projekt ein.

Liebe Leser, unsere Briefe sind kein Hin und Her wie beim Pingpong, wo darauf gewartet wird, wer den nächsten Ball nicht kriegt. Wir spielen in einem Team! Ob mit oder ohne Autismus, Gee und ich sind nahezu gleichaltrige Frauen. Jede von uns kann aus einem umfangreichen Fundus an Lebenserfahrung schöpfen. Seit unser Briefwechsel für den Kohlhammer Verlag zu Ende ging, haben wir uns bereits zwei weitere Male privat getroffen und unsere Beziehung auch auf dieser Ebene ausgebaut. Möglicherweise werden wir die Fortsetzung unserer Geschichte in einem weiteren Band aufzeichnen. Wir schreiben von »autistischen« und »nicht-autistischen« Menschen nur deshalb, weil diese unterschiedlichen Wahrnehmungswelten durch diese Begrifflichkeiten besser voneinander zu unterscheiden sind. Diese Trennung ist aber an sich eine künstliche, da wir alle in erster Linie Menschen sind. Autismus ist und bleibt eine andere Wahrnehmung, die zu einem anderen Verhalten in der sozialen Interaktion und in der Kommunikation führt. Autismus ist eine andere Art des menschlichen Seins, die das Verständnis und die Akzeptanz der Gesellschaft benötigt.

Wir wünschen Ihnen viel Freude beim Lesen!

Berlin, im Sommer 2016, Melanie Matzies-Köhler und natürlich Gee Vero

1. Briefwechsel – Thema: Smalltalk

15.05.2015

Liebe Mel,

wusstest du, dass es zu Smalltalk jetzt auch schon ein Verb gibt? Wir müssen also nicht mehr nur einfach plaudern, sondern können cool smalltalken. Aber ganz egal, wie wir es nennen, Smalltalk ist für mich keineswegs nur eine leichte Unterhaltung, sondern eine ziemlich komplizierte Angelegenheit.

Fängt man einen Briefwechsel eigentlich auch mit einem Smalltalk an? Beschnuppert man sich auch auf schriftlicher Ebene oder ist dies einzig dem mündlichen Austausch vorbehalten?

Ich habe das Wort Smalltalk schon oft nachgeschlagen. Aber alles Recherchieren hat mir bisher nicht viel dabei geholfen, mir den Sinn des »leichten Gesprächs« ausreichend zu erschließen.

Ich verstehe es so, dass Smalltalk ein verbaler Austausch ist, der auf einem gewissen Level gehalten werden muss. Es geht dabei nicht primär um das Besprechen tiefgründiger Inhalte und auch nicht um das Lösen von

Problemen. Smalltalk ist weit weg vom jeweiligen Selbst der sich Unterhaltenden. Es scheint mir, dass sich die Gesprächspartner beim Smalltalk auf einem Terrain bewegen, das von allen als sicher empfunden wird. Aber woher weiß ich denn, was für einen anderen Menschen sicher ist? Ist Smalltalk der Austausch von Dingen, die man entweder schon weiß oder die einen nicht weiter interessieren? Zählen Klatsch und Tratsch auch zu Smalltalk? Ist das ein eher bösartiger Smalltalk?

Was mir einfach nicht in den Kopf will ist, dass und warum man wertvolle Zeit einfach so verstreichen lässt. Anstatt sich über wirklich wichtige Dinge auszutauschen, Probleme anzusprechen und vielleicht sogar zu lösen, wird sich hinter Masken versteckt und immer wieder nach ähnlichen Strickmustern palavert. Ich habe das Gefühl, dass die Gesprächsteilnehmer das durchaus auch wissen und damit bewusst in Kauf nehmen. Oder irre ich mich da? Warum dieser langweilige stagnierende Wortabklatsch, wenn man stattdessen auch einen Mini-Thinktank abhalten könnte? Liegt es daran, dass der Smalltalk weniger Energie verbraucht, weil er unterbewusst abläuft? Ein Thinktank würde, wie der Name schon sagt, Denken involvieren, was eine bewusste Handlung ist, bei der jedes Gehirn sofort mehr Energie verbraucht.

So viel zu meiner Theorie. Nun zur Praxis. Über Smalltalk reden ist nicht schwer, einen Smalltalk halten dagegen sehr. So jedenfalls ist das bei mir. Im Smalltalk geht es um nicht so wichtige Dinge, richtig? Warum versagt dann mein bester Smalltalk-Eröffnungssatz »Das Jahr 208 war ein Schaltjahr und fing mit einem Freitag an« immer wieder? Das ist doch für die meisten nicht-autistischen Menschen eher unwichtig, oder nicht? Dieser Satz hat sich aber bislang allenfalls als ein Endsatz bewährt. Jedes Mal, wenn ich den bringe, ist das Gespräch vorbei. Wie hättest du denn darauf reagiert?

Fragen und Antworten müssen trotz der Leichtigkeit des Gespräches ja auch immer noch irgendwie korrespondieren. Sonst würde der Smalltalk wohl endgültig den Sinn verlieren. Was aber genau ist der Sinn von Smalltalk? Sich unterhalten, ohne sich zu nah zu kommen? Zu tanzen, ohne sich auf die Füße zu treten? Sich zu begegnen, ohne die Maske abnehmen zu müssen? Liegt der Sinn eher in der Handlung und nicht im Inhalt des Ausgetauschten? Machen gute Freunde auch Smalltalk oder reden die schon gleich tiefer miteinander? Ab wann ist es dann kein Smalltalk mehr? Kann ich an Smalltalk-Verhalten den Stand der Beziehung meines Gegenübers zu mir erkennen?

Gee

15.05.2015

Liebe Gee,

soeben erreichte mich deine E-Mail mit den Fragen zum Smalltalk. Vielen Dank dafür.

Ja, ich fange wohl auch einen Briefwechsel mit einer Prise Smalltalk an, zumindest meistens. Wir beide brauchen das nicht mehr, aber andere Personen könnten sich vielleicht daran stören und es als unhöflich empfinden, wenn man einen Brief oder eine E-Mail so beginnt, dass man gleich mit der »Tür ins Haus fällt«. Manchmal kommuniziert man ja mit Ämtern, Krankenkassen, Lehrern über E-Mails, da spielt diese Form der Höflichkeit schon eine Rolle.

Aber nun zu deinen konkreten Fragen, die auch für mich immer wieder spannend sind, weil ich mich mit so selbstverständlichen Themen intensiver befasse und es mir selbst erklären muss.

Smalltalk hat – ganz allgemein gesehen – eine soziale Funktion. Man macht ihn mit Menschen, die man kennenlernen möchte, zu denen man in Beziehung bleiben will oder die man lange nicht gesehen hat. Vielleicht ist der Smalltalk so eine Art »Aufwärmphase«. Wie bei Sportlern, die sich für ihre eigentliche Aufgabe, zum Beispiel ihren Wettkampf, zunächst aufwärmen müssen, um dann »loszulegen«. Beim Smalltalk geht es erst einmal nicht darum, seine Maske fallen zu lassen. Menschen sprechen nicht gleich über Krankheiten, Depressionen, Ängste, persönliche Schicksalsschläge oder hochtrabende Themen. Smalltalk ist ja ein »kleines Gespräch«. Klein nicht zwangsläufig im Sinne von »kurz«, sondern eher im Sinne von »seicht«/»belanglos«. Es sind also Themen, die keine große Denkleistung erfordern, vielleicht tatsächlich im »Energiesparmodus« abgehalten werden, aber immer mit etwas unterschiedlichen Zielen:

- Person überhaupt kennenlernen (vielleicht macht sich das Unbewusste hier an die Arbeit, um zu »scannen«, ob jemand zu einem passt oder nicht)
- Person zu einer bestimmten Zeit nicht mit tiefschürfenden Themen ansprechen (zum Beispiel, wenn jemand noch müde ist oder gerade wenig Zeit hat), aber um dennoch den Kontakt zu halten
- Einen höflichen Gesprächseinstieg finden, um sich dann weiterführend unterhalten zu können (zum Beispiel bei einem Vorstellungsgespräch oder beim Arzt oder während eines Versicherungsgesprächs)

1. Briefwechsel – Thema: Smalltalk

- Wenn man Zeit überbrücken muss und eher zufällig aufeinander trifft, zum Beispiel im Warteraum eines Arztes oder im Flur in der Kita oder beim Friseur

Viele Menschen reden einfach gern. Über Gott und die Welt. Über Klatsch und Tratsch. Gerade beim Friseur, im Warteraum oder im Supermarkt. Tratsch und Klatsch hat dabei die Funktion, dass Menschen sich besser fühlen, wenn sie darüber sprechen, wie furchtbar andere sind oder wie schlimm es anderen geht. Klatsch und Tratsch hat also eigentlich sogar eine positive Funktion für viele.

Das gibt es nämlich auch noch: Den Smalltalk, der zwischen Tür und Angel zwischen bereits bekannten Personen stattfindet. Auch hier ist es so eine Art Überbrückungsfunktion, vielleicht sogar wirklich ein Energiesparmodus. Stell dir vor, eine Person kommt morgens ins Büro. Alle Kollegen und Kolleginnen sind auch gerade erst angekommen und vielleicht noch müde oder sie bereiten sich auf ihre Arbeit für den Tag vor. Jetzt kommst du und sagst: »Wusstet ihr eigentlich, dass das Jahr 208 ein Schaltjahr war und mit einem Freitag anfing?«. Wäre ich eine deiner Kolleginnen, würde ich erst erstaunt aufblicken und vielleicht höchstens ein »Aha« hervorbringen. In der Schule würde man sagen: »Thema verfehlt«. Ich wäre vielleicht sogar etwas irritiert.

Als Kollegin will ich morgens nur hören: »Guten Morgen! Gut geschlafen?« oder »Morgen! Heute scheint die Sonne ja schön«. Daraufhin müsste ich nur kurz antworten: »Ja, hab gut geschlafen« oder »Freu mich schon auf den Feierabend«. Abgesehen davon, dass ich sowieso nicht wüsste, ob das Jahr 208 mit einem Freitag anfing oder ein Schaltjahr war. Ich weiß, dass du so ein Gespräch anfangen willst, weil dich das Jahr 208 interessiert (du musst mir bei Gelegenheit bitte noch mal genauer schreiben, warum), aber dieses Interesse teilen die meisten Menschen wohl leider nicht, wobei ich nicht für alle sprechen kann, denn ich kenne auch einige nicht-autistische Menschen, die das wahrscheinlich grundsätzlich interessiert, weil sie Zahlen mögen.

Gute Smalltalk-Themen sind zum Beispiel:

- Etwas dazu sagen, was jemand gerade tut (zum Beispiel: »Was liest du da gerade?«)
- Ein Kompliment machen (»Schöne Bluse heute!«)
- Wenn man an einem Ort ist, an dem etwas Gemeinsames stattfindet, dann dazu etwas sagen (»Sie haben hier ja heute alles schön für uns dekoriert.«)

- Etwas zu einer Fernsehsendung vom Vortag sagen (»Hast du gestern auch xy gesehen?«) oder zu einem Film, der gerade im Kino angelaufen ist (»Hast du schon den neuen Film von ... gesehen?)
- Etwas zum Wetter oder Verkehr sagen
- Wenn man die Person schon näher kennt, etwas über die Familie fragen, was belanglos ist oder über die Interessen der Person (»Wie geht es deiner Frau/deinen Kindern?«/»Warst du wieder mal beim Fußball?«

Wenn du dann eine Person schon gut kennst, musst du auch keinen Small Talk mehr machen, dann kannst du über alle Themen sprechen, die dich/euch bewegen. Jedenfalls so allgemein gesagt. Es ist schwer für mich, das alles genau auf den Punkt zu bringen, da es immer mal so oder so sein kann. Das ist ja immer das, was dir so schwer fällt, da flexibel reagieren und einschätzen zu können, in welchem »Modus« jemand gerade ist. Mich kannst du auch nicht zu jeder Tageszeit mit tiefschürfenden Themen ansprechen, Selbst Eheleute/Paare/enge Freunde smalltalken zwischendurch mal. Die meisten wechseln wohl alle ständig mal hin und her zwischen Smalltalk und »wichtigen/geistigen« Themen.

Ich weiß aus meinen Seminaren, dass viele Menschen Smalltalk nicht mögen. Dass es sie auch nicht immer interessiert, wie es dem Gegenüber nun wirklich geht oder was die Ehefrau oder Kinder so machen. Es geschieht aus Höflichkeit und um eine Beziehung zu beginnen oder aufrecht zu erhalten. Das Gegenüber fühlt sich wahrgenommen und sieht darüber hinweg, dass den anderen das vielleicht gar nicht so genau interessiert in diesem Moment. Bei Verkäufern weiß man ja auch, dass sie einen nicht mit diesem Dauergrinsen beglücken, weil sie einen so nett finden, sondern weil sie etwas verkaufen wollen. Trotzdem freut der Effekt. Die meisten Menschen werden gerne angelächelt.

Wie ist das denn bei dir? Wenn du redest, redest du dann immer nur »gehaltvoll« mit jemandem? Bist du permanent im »Philosophie«-Modus?

Hoffentlich wurde dir der Sinn und Zweck des Smalltalks etwas deutlicher. Ich freue mich auf eine Antwort. Viele liebe Grüße von Mel (PS: Das ist übrigens auch so eine Abschiedsformulierung für einen Brief, der somit gut abgeschlossen ist)

1. Briefwechsel – Thema: Smalltalk

16.05.2015

Liebe Mel,

wow, das ist ganz schön viel Info und es beweist mir nur wieder, wie wichtig es ist, mich als Autist mit dem Thema Smalltalk auseinanderzusetzen.

Wenn ich eine E-Mail schreibe, dann schreibe ich immer zuerst das, was ich dem anderen am dringendsten vermitteln möchte, also das, was mir wichtig ist. Danach schmücke ich die Mail dann aus, das heißt, ich überlege mir eine passende Anrede und bedanke mich für das Anschreiben. Also schon ähnlich, wie du es machst, nur eben zeitlich verschoben. Die passende Anrede zu finden ist manchmal echt verzwickt, da es nur positive Anreden zu geben scheint. Gerade bei einem Beschwerdebrief oder einem Widerspruch ans Amt widerstrebt es mir eigentlich mit »Sehr geehrte …« zu beginnen. Aber da ich gelernt habe, dass und warum es so sein muss, mache ich es. Da beginnt dann wohl mein Verbiegen. Es fällt mir leichter, seit ich verstanden habe, dass mein Verhalten immer eine Konsequenz haben wird und dass ich diese Konsequenz schon durch eine kleine Änderung meines Verhaltens beeinflussen kann. Es gibt kein Falsch und kein Richtig, es gibt nur die Konsequenz. Also beende ich das Schreiben dann auch mit »freundlichen Grüßen« und hoffe, dass es nicht immer wörtlich genommen wird. Bei einem privateren Austausch frage ich nach dem Wohlbefinden, danke für die Nachricht und lasse den anderen wissen, dass ich mich über eine Rückmeldung freuen würde. Manchmal gibt es auch wetterabhängige sonnige, windige oder regnerische Abschiedsgrüße.

»Vielleicht ist der Smalltalk so eine Art ‚Aufwärmphase‘. Wie bei Sportlern, die sich für ihre eigentliche Aufgabe, zum Beispiel ihren Wettkampf, zunächst aufwärmen müssen.«

Beim Sport macht das Sinn, aber warum müssen sich Menschen »aufwärmen«, ehe sie miteinander sprechen können. Ich kann entweder mit jemandem reden oder ich kann es nicht. Ich weiß nicht, woran es liegt und kann auch nicht vorhersagen, bei welchen Menschen es dann wie sein wird. Daraus entsteht zum Teil auch meine Angst vor den Begegnungen mit anderen Menschen. Ich werde mir die Sache mit dem »Aufwärmen« merken müssen. Ich kann es vielleicht immer noch nicht besser verstehen, aber es fällt mir leichter, es zu akzeptieren.

»Person kennenlernen (vielleicht macht sich das Unbewusste hier an die Arbeit, um zu ‚scannen‘, ob jemand zu einem passt oder nicht)«

Das wäre eine durchaus plausible Erklärung für mich. Dann ginge es nur um dieses erste »Beschnuppern«. Aber dann dürfte es doch nur ein- oder zweimal stattfinden und nicht ständig?

»Person zu einer bestimmten Zeit nicht mit tiefschürfenden Themen ansprechen (zum Beispiel, wenn jemand noch müde ist oder gerade wenig Zeit hat), aber dennoch den Kontakt halten«

Woher weiß ich, ob jemand gerade müde ist oder keine Zeit hat?

»Einen höflichen Gesprächseinstieg finden, um sich dann weiterführend unterhalten zu können (zum Beispiel bei einem Vorstellungsgespräch oder beim Arzt oder während eines Versicherungsgesprächs)«

Also wieder beschnuppern? Smalltalk als Lösung, wenn man Zeit überbrücken muss und eher zufällig aufeinandertrifft, zum Beispiel im Warteraum eines Arztes, im Flur in der Kita oder beim Friseur. Das kommt mir so vor, als nutze man den anderen als eine Art Zeitvertreib. Das würde aber erklären, warum das Smartphone so wichtig ist. Technischer Smalltalk via WhatsApp. Das hat den Vorteil, dass man sich den Gesprächspartner aussuchen und ihn bei Bedarf einfach und schnell wegklicken kann. Saubere Lösung.

Also kann ich mich darauf verlassen, dass beim Smalltalk, beim Aufwärmen wirklich keiner über mehr als das Wetter oder allgemeine leichte Themen sprechen möchte? Was ist mit tiefgründigen Themen, die einen selbst und den anderen nicht persönlich betreffen, wenn zum Beispiel ein schlimmer Unfall passiert ist. Darüber reden die Leute doch meistens sehr gern und auch ausführlich. »Hast du schon gehört, der Müller hatte einen Unfall«. »Weißt du schon, dass der Schulze entlassen worden ist?« oder »Soundso lassen sich scheiden«. Ist das auch Smalltalk? Was Leichtes ist es zwar nicht, aber doch eine sichere Zone, denn es geht ja nicht um uns, sondern um andere. Darauf läuft es doch hinaus, oder? Es soll weit weg von uns (selbst oder unserem Selbst) sein, dann ist es nicht gefährlich und die Worte sprudeln nur so hervor. Bei mir ist es genau anders herum. Schon der Gedanke an Smalltalk inklusive Blickkontakt während 70 % der Gesprächszeit lähmt mich so sehr, dass ich schon gestresst in die Situation hineingehe. Um zu verhindern, dass ich komplett verstumme, muss ich mich dann zwingen, irgendetwas zu sagen. Genau dafür habe ich meine sogenannten »Smalltalk-Eröffnungs- bzw. Stille-Unterbrechungs-Sätze« wie den über das Jahr 208. Für mich ist ganz wichtig, dass ich überhaupt etwas sage und das tue ich dann mit solchen Sätzen. Weil ich so gestresst bin, vergesse ich oft auch, dass mein Gegenüber mit einer solchen Aussage wahrscheinlich nicht viel anfangen kann. Aber das ist in dem Moment zweitrangig. Ich denke, ich muss mir wirklich dringend passendere Sätze suchen und antrainieren, damit das Gespräch am Laufen gehalten werden kann und sich mein Gegenüber weiterhin mit mir wohl fühlt. Ansonsten wird er oder sie sich mit großer Wahrscheinlichkeit nicht auf die nächste Begegnung freuen. Allerdings habe ich auch schon die Erfahrung gemacht, dass Menschen, die von meinem Autismus wissen, solche 208-Sätze geradezu erwarten und sich dann entsprechend darüber freuen. ☺ So wie man einen Franzosen auch mal französisch sprechen hören will, auch wenn er perfekt Deutsch kann.

Vielen Dank für deine zahlreichen Vorschläge zum Thema Smalltalk, die ich mir definitiv noch einmal genauer anschauen werde. Ich muss mich immer wieder daran erinnern, dass ich mich bis zu einem bestimmten Punkt auch für den anderen interessieren muss, wenn ich adäquat mit ihm interagieren möchte. Eigentlich ist mir gleich, was jemand gestern im Fernsehen gesehen hat oder welches Buch er gerade liest. Werde ich selbst allerdings nach so etwas gefragt, dann beginne ich meist einen längeren Monolog zu halten, was beim Smalltalk ja auch eher hinderlich ist. Das ist ein weiteres Problem.

Du schreibst:

»*In der Schule würde man sagen: ‚Thema verfehlt‘. Ich wäre vielleicht sogar etwas irritiert.*«

Nicht nur der 208er Satz läuft unter »Thema verfehlt« ... – so könnte ich durchaus auch meine Autobiographie nennen. ☺ Aber ja, ich verstehe, was du meinst. Also frage ich, ob jemand gut geschlafen hat, obwohl ich das gar nicht wissen will? Und was, wenn derjenige nicht gut geschlafen hat? Was, wenn ihn Alpträume gequält haben oder er die ganze Nacht mit Durchfall auf dem Klo verbracht hat? Kann ich mich darauf verlassen, dass er dann trotzdem sagt, er habe gut geschlafen? Was für einen Sinn macht das denn? Wäre es denn nicht besser, wenn ich ihm etwas über die innere Uhr und Schlafrhythmus erzählen würde, damit er morgens nicht mehr so müde ist? Ich kann außerdem Menschen sehr gut erspüren, d. h. ich fühle, wenn sie mich anlügen. Dann fühle ich, dass es ihnen schlecht geht und höre aus ihrem Mund aber das Gegenteil. Das ist sehr schlimm für mich. Solche Situationen und solche Menschen versuche ich zu meiden. Leider ist das bei ganz vielen Menschen so ... – das Selbst weint, aber das Ich, also die Maske lacht. The show must go on. Man kann jedoch nicht immer der Clown sein. Und wenn jemand sich schon am Morgen auf den Feierabend freut, ist er dann nicht im falschen Job unterwegs?

»*Gute Smalltalk-Themen sind zum Beispiel: Ein Kompliment machen (›Schöne Bluse heute!‹)*«

Da würde ich dann denken, dass der Pullover von gestern nicht schön war. Ein solcher Satz würde gleich mehrere Tabs in meinem Hirn öffnen: Was ist schön? Wie können wir voneinander wissen, was für uns schön ist? Damit wäre ich dann eine ganze Weile, wenn nicht den gesamten Tag beschäftigt.

»Wenn man an einem Ort ist, an dem etwas Gemeinsames stattfindet, dann dazu etwas sagen (›Sie haben hier ja heute alles schön für uns dekoriert‹)«

Aber wenn ich das sehe, dann sieht es der andere ja auch. Warum soll ich es ihm dann noch mal sagen? Bedeutet Smalltalk etwa auch, sich das Offensichtliche mitzuteilen?

Ich hänge wohl auf dem tiefgründigen Gesprächslevel fest. Es fällt mir unheimlich schwer, über Belangloses zu plaudern. Ich muss mich immer wieder bewusst daran erinnern und das kostet Kraft und Energie, die mir dann anderswo wieder fehlen. Woran kann ich erkennen, wen ich wann wie und wie oft zu welchem Thema ansprechen kann?

»Bei Verkäufern weiß man ja auch, dass sie einen nicht mit diesem Dauergrinsen beglücken, weil sie einen so nett finden, sondern weil sie etwas verkaufen wollen.«

Bei vielen Verkäufern und Menschen im Dienstleistungsgewerbe merkt man, dass sie zwar wissen, welche Regeln es im Umgang mit dem Kunden hinsichtlich Höflichkeit und Smalltalk gibt, aber dass sie diese nicht mehr wirklich ernstnehmen. Die schauen einen zum Teil gar nicht an, unterhalten sich über drei Kassen hinweg mit der Kollegin und zum Abschluss schieben sie noch ein gelangweiltes »Schönen Tag noch« nach und dann kommt schon der nächste dran. Automatisierte Abfertigung anstatt Kundenfreundlichkeit. Deshalb kam mir schon so manches Mal die Idee, Sozialtraining für Nicht-Autisten anzubieten, die in öffentlichen Bereichen mit Kundenverkehr arbeiten. So eine Art Auffrischkurs, wie es ihn nach dem Führerscheinentzug wohl auch gibt. Solch Verhalten irritiert mich als Autisten nämlich sehr. Ich eigne mir diese sozialen Regeln an, hauptsächlich, damit sich die Gesellschaft wohler mit mir fühlt, nur um dann die einzige zu sein, die sich daranhält. Das macht mich ganz schnell wieder zum Außenseiter. ☺

Ich glaube nicht, dass ich gut und sicher zwischen Smalltalk und Tiefgründigem wechseln kann, aber dazu müsste man wohl Hans[2] befragen. Ich weiß jedenfalls, dass ich für den Geschmack meiner Familie oftmals zu

---

2 Hans ist der Ehemann von Gee

früh am Tag zu tiefgründige Dinge besprechen will. Aber es gibt doch so viele wichtige Dinge zu besprechen und unsere Redezeit ist so begrenzt. Letztens habe ich Hans am Sonntagmorgen gegen 7 Uhr gefragt, warum Menschen andere Menschen kritisieren und was genau Kritik eigentlich ist. Er war noch im Aufwachmodus, was er mir dann zum Glück auch ganz deutlich gesagt hat. Klare Ansagen, das hilft. Also haben wir dann darüber gesprochen, wie gut der neue Käse schmeckt, obwohl wir uns diese gustatorische Wahrnehmung verbal gar nicht mitteilen können. Smalltalk eben. ☺

Ja, ja, der Abschied ... – ich bin generell nicht gut im Verabschieden oder Beenden. Als Kind bin ich aus einem Gespräch einfach herausgegangen. Komisch, ich weiß. Bis heute schaffe ich das Verabschieden nicht wirklich. Meist sage ich einfach »ich bin jetzt fertig« oder wenn ich überfordert bin auch »ich will da nicht mehr drüber reden«. Beides nicht wirklich passend und vielleicht sogar schon unhöflich, aber immer noch besser als einen Meltdown[3] zu haben beziehungsweise nicht mehr adäquat reagieren zu können. Ich bin Autist und bleibe es auch. Ich kann mich nur so weit verbiegen, ohne zu zerbrechen. Manchmal ist weggehen dann der einzige Weg, der für beide Parteien gut ist. Wenn nicht-autistische Menschen mehr über Autismus wüssten, dann würden sie dies besser verstehen und vielleicht auch akzeptieren können. Deshalb muss ich fast ständig über all diese Dinge reden und wir müssen versuchen, uns gegenseitig die jeweilige Lebenswelt zu erklären. Ich danke dir, Mel, dass du dies mit mir tust. Menschen wie dich, die nenne ich Brückenmenschen. Es sind Menschen, denen es leichter fällt, eine Brücke zu einem Menschen zu bauen, der anders ist als sie selbst. Solche Menschen machen mir Mut und geben mir Hoffnung, dass wir irgendwann wirkliche Inklusion haben können, weil wir zur Akzeptanz gefunden haben.

Ich grüße dich und freue mich schon auf richtige tiefgründige Gespräche mit dir,

Gee

---

3 Meltdown: autistischer Zerfall (zum Beispiel Schlagen, Beißen, Treten, Schreien, Weinen)

1. Briefwechsel – Thema: Smalltalk

16.05.2015

Liebe Gee,

auf diesen Brief muss ich sofort noch mal antworten. Mich hat dein Satz »So könnte ich meine Autobiographie« nennen, traurig gestimmt. Das mit dem verfehlten Thema hab ich nur auf den Einstiegssatz für einen Smalltalk bezogen, und du auf dein komplettes Leben. Er war auch etwas unglücklich gewählt. Tut mir leid! Sollte salopp, witzig klingen.

Auch stimmt es mich etwas nachdenklich, dass du alles so ganz genau erfragst, um es dann anzuwenden, damit die anderen sich mit dir wohlfühlen. Ich finde es toll, dass du das alles lernen möchtest und bin für dich da. Aber ich bin auch dafür da, um anderen aufzuzeigen, dass sie dich fragen sollen, wenn etwas »komisch« erscheint. Dass sie versuchen sollen, dich besser zu verstehen. Nicht nur urteilen, sondern *verstehen*. Dafür ist unser Brückenbau da. Du verbiegst dich eh schon sehr viel.

Vielleicht kannst du eher Fragen stellen und Erklärungen erbeten als zu versuchen, alles zu verstehen, was andere intuitiv machen. Frage die Gesprächspartner einfach, ob du jetzt zu einem anderen Thema wechseln kannst oder was auch immer du wissen möchtest.

Smalltalk halten ist ein bisschen so, wie sich für Geschenke bedanken, die einem nicht hundertprozentig gefallen haben. Wenn ein Freund/eine Freundin mir Blumen mitbringt, die ich nicht leiden kann, sage ich nicht: »Die Blumen gefallen mir nicht. Tausche sie bitte um!«, sondern ich sage. »Dankeschön, das freut mich aber!«. Mir gefällt diese Blumensorte nicht, aber ich freue mich, dass der Freund/die Freundin mir überhaupt welche mitgebracht hat. Ich weiß, dass ihn/sie das freut, denn er/sie wollte mir eine Freude machen. Würde ich also sagen: »Tausch die Blumen lieber um«, dann wäre er/sie traurig und das möchte ich nicht und das wäre unfair.

Da nicht zu jeder Tageszeit ein tiefschürfendes Gespräch angezeigt ist und ich ein solches auch gar nicht mit jeder Person in meinem Leben führen kann oder will, befinde ich mich mit Smalltalk immer auf sicherem Terrain wie mit dem »Dankeschön, das freut mich aber« in Bezug auf die Blumen. Je nachdem, wie die Beziehung sich danach entwickelt, leite ich zu gewichtigeren Themen über.

Ich bekomme durch deine Briefe immer wieder einen Eindruck, wie zermürbend dieses Rätselraten für dich ist. Übrigens zeigt dein Brief auch eins: Du bist viel sensibler als viele nicht-autistische Menschen. Die merken oft gar nicht, ob es einem eigentlich schlecht geht oder nicht, wenn man auf die Frage »Wie geht's?« mit »Gut« antwortet. Sie merken es nicht oder wollen es eben auch gar nicht wirklich wissen und »überhören« den Unterton. Vielleicht ist da deine Sensibilität sogar manchmal eine Stolperfalle? Dass du das nicht einfach »überhören« kannst?

Ich ende an dieser Stelle mit: *Du bist super,* wie du bist!!!

Mel

16.05.2015

Liebe Mel,

jetzt keine Prise Smalltalk, stimmt's? Wir antworten uns am selben Tag und es ist davon auszugehen, dass es uns immer noch gut geht und sich das Wetter nicht großartig geändert hat. Wenn ich jetzt mit »Wie geht es dir?« begonnen hätte, dann wäre das schon wieder komisch gewesen. Ich beginne zu verstehen. Aber warum stimmt dich mein Buchtitel traurig? Er bezeichnet nur, wie die Gesellschaft mich bisher wahrgenommen hat, er definiert deshalb doch nicht mich. Und irgendwie ist es schon so, dass ich oftmals das Thema verfehlt habe. Das ist an sich ja nicht weiter schlimm. Dass es mir bis vor kurzem nie erklärt wurde bzw. dass ich um keine Erklärung bitten konnte, das ist schlimm. Aber nun habe ich ja unseren spannenden Austausch hier. Ich ändere den Titel der Autobiographie hiermit zu »Thema verfehlt mit Aussicht auf Besserung«. Ich empfinde es immer als hilfreich, wenn ich meine Schwachstellen erkenne, weil ich erst dann die Möglichkeit habe, etwas zu ändern. Wenn ich es denn ändern möchte. Also Vorhang auf und ein Applaus für die intrinsische Motivation.

Ich lebe in einer nicht-autistischen Gesellschaft, die sich erst auf dem Weg zur Akzeptanz des Anderssein von anderen Menschen befindet. Ich weiß, dass diese Gesellschaft Grenzen hat, was Toleranz angeht. Ich erlebe es am eigenen Leib, auch bei Menschen, die mich kennen und von meinem Autismus wissen. Da die Menschen bis zu 95 % der Zeit unterbewusst agieren, verfallen sie immer wieder sehr schnell in ihre alten Denkmuster und Handlungsweisen. Es dauert eben, bis das Gehirn neue Wege beschreitet, weil es mehr Energie kostet, als einfach weiterhin auf den altbekannten Pfaden zu wandeln. Ich muss die Veränderung sein, die ich haben möchte. Ich verbiege mich. Stimmt. Aber ich tue es für mich, nicht für die anderen. Das ist ein großer Unterschied. Und dass ich mich verbiegen muss, das habe ich schon sehr früh begriffen. Das war auch gar nicht schwer zu verstehen. Da brauchte ich mir nur die Bäume im Wind anzuschauen. Die, die sich nicht verbogen haben, sind gebrochen. Wenn ich eines nicht wollte, dann am Leben zu zerbrechen. Also habe ich das Verbiegen erlernt und ich habe auch gelernt, mich nach jedem Sturm wieder aufzurichten. Verbiegst du dich nicht auch? Wenn du dich ankleidest, ziehst du da immer an, was dir grad gefällt, oder denkst du nicht auch darüber nach, ob das Outfit zum Termin passt oder den Menschen gefällt, die du zu treffen planst? Gibt es nicht auch Dinge, die du gern tun würdest, dir aber verkneifst, weil du die Reaktion deiner Umgebung erahnen kannst und somit die Konsequenz deines Verhaltens vorhersagen kannst und das Ganze dann abbrichst?

Ich glaube, dass Nachfragen eine wirklich gute Kompensationsstrategie ist ... Wer nicht fragt, bleibt dumm ... aber manchmal ist es schwer, weil ich mittlerweile genug Fremdwahrnehmung habe, dass ich weiß, dass ein erwachsener Mensch all das eigentlich wissen müsste. Dann weiß ich, dass ich Dinge frage oder tue, für die sich ein nicht-autistischer Mensch vielleicht schämen würde. Mir macht das nichts aus, aber dann schämt sich am Ende mein Gegenüber für mich und beginnt sich mit mir unwohl zu fühlen. Ich will also oft fragen, tue es aber dann aus diesem Grund nicht. Als ich noch weniger Fremdwahrnehmung hatte, da habe ich diese Dinge einfach getan ... – sozusagen ohne Rücksicht auf Verluste. Ich wusste es nicht besser. Jetzt weiß ich es besser, aber es behindert mich trotzdem oder erst recht. Die Devise muss dennoch lauten: Nicht verzagen, sondern fragen.

Zum Thema Blumen möchte ich meine Blumen-Erfahrung mit dir teilen. Nach meinen Vorträgen habe ich anfangs fast immer Schnittblumen bekommen. Als Dankesgeste, wie du schreibst. Ich habe damit allerdings folgende Probleme: Diese Blumen haben nur noch ein sehr begrenztes Leben, d. h. sie werden verwelken, also sie sterben und das in meiner Obhut. Egal wie gut ich sie pflege. Ich verstehe nicht, warum man mir ein solches Geschenk macht. Zum Dank für meinen tollen Vortrag bekomme ich etwas, das vor meinen Augen dahinsiechen wird. Topfpflanzen wären noch okay. Aber einen Blumenstrauß zu bekommen macht mich traurig, weil ich nicht möchte, dass für mich oder wegen mir deren Leben verkürzt wird. Ich gebe den Menschen mit meinen Vorträgen ja auch etwas Dauerhaftes. Warum bekomme ich zum Dank etwas so Vergängliches? Schnittblumen, da sie sich ja schon im Sterbeprozess befinden, brauchen außerdem Wasser, um wenigstens noch ein bisschen zu erfreuen. Also stehen sie während meines Vortrages natürlich im Wasser und werden diesem

1. Briefwechsel – Thema: Smalltalk

erst entnommen, wenn es Zeit für das Dankeschön ist. Sie sind dann genau dort tropfnass, wo ich sie anfassen muss. Ich aber mag das plötzliche Gefühl von Wasser überhaupt gar nicht an meinen Händen oder sonst wo spüren, da meine Körperwahrnehmung dann sofort hochfährt und mich überfordert. Vor allem nach Vorträgen bin ich dann ja auch schon grundgestresst. Mir ist bewusst, dass Menschen, die mich nicht kennen, dies nicht wissen können. Also habe ich immer wieder kundgetan, dass ich keine Schnittblumen mag und warum das so ist. Ich habe auch gesagt, dass ich weiß, dass nicht-autistische Menschen gern Blumen als Dankeschön überreichen. Aber ich habe auch darauf hingewiesen, dass man mir ja eine Freude machen möchte (und nicht sich selber) und ich würde mich zum Beispiel sehr über Edding 3000 Stifte freuen, eine Flasche Rotwein oder Pixi-Bücher für Elijah. Als ich zum zweiten Mal an einer Schule in Freiberg war, gab's als Dank dann auch eine Packung Freiberger Bier (beim ersten Mal waren es noch Blumen). Die Menschen haben es eigentlich immer gut annehmen können. Ich möchte sie nicht verletzen und sie wollen mir gebührend danken, also müssen wir darüber reden. Mittlerweile gibt es sogar eine Blumenklausel in meinen Verträgen, die ich mit Veranstaltern abschließe.

Wenn du zum Beispiel ein Bild geschenkt bekommst, welches dir so gar nicht gefällt und du bedankst dich dafür, dann denkt der Schenkende, dass dir das Bild gefällt und kommt das nächste Mal wieder mit einem solchen oder ähnlichen Bild. Wenn er dann irgendwann später erfährt, dass dir schon das erste Bild nicht gefallen hat, dann wird er mehr als nur traurig und enttäuscht sein. Hier geht es doch einzig und allein um Wahrnehmung. Was dein Freund schön findet, ist für ihn schön, aber vielleicht auch nur für ihn. Wenn dir also die Blumensorte nicht gefällt, dann sag es ihm doch, damit er das nächste Mal deine Lieblingsblumen kaufen kann. Er hat doch nichts falsch gemacht, aber wenn du ihm nicht sagst, was du lieber hättest, dann hat er doch keine Chance, dich mit Blumen zu beglücken. Dann denkt er ein Leben lang, er hat dir eine Freude gemacht, obwohl es nicht so war. Das finde ich traurig. Natürlich kommt es auf das Wie an, also wie du es ihm sagst. Behutsam und verständnisvoll, aber doch auch offen und bestimmt. Du machst das schon.

Oh ja, das Leben ist ein großes Rätsel, aber für jedes Rätsel gibt es eine oder manchmal sogar mehrere Lösungen. Ich werde immer besser mit dem Nachfragen und so entwirrt sich das Durcheinander immer mehr. Manchmal habe ich sogar richtig Freude am Fragen, weil es mir bewusstmacht, dass ich bei meiner Art Denken in keiner Box gefangen bin. Autistisch zu sein, kann durchaus auch befreiend sein. Jedes Mal, wenn ich die

Menschen beobachte, kommen sie mir doch sehr eingeengt vor. In ihrem Sein und ihrem Denken. Engt die Angst vor der Konsequenz ihres Verhaltens sie ein? Die Angst davor, auch mal Selbst zu sein, das Ich zu übergehen? Auch mal komplett schief zu liegen?

Mit dem Fühlen habe ich gar keine Probleme. Das ist manchmal eher zu viel und ich kann die vielen Untergefühle oft nicht benennen oder weiß nicht, ob es meine Gefühle sind oder die des anderen. Auch deshalb gehe ich in solchen Situationen weg, um wieder zu wissen, wer ich bin und was ich fühle.

»*Ich ende an dieser Stelle mit: Du bist super, wie du bist!!! Mel*«

Das ist gut zu wissen, denn so bin ich ja nun mal.

Gee

PS: Lob ist schwirig zu ertragen, aber das hier ist ja geschrieben, da ist es einfacher.

2. Briefwechsel – Thema: Leben/Sterben: Das Leben ist ein Kreis

21.05.2015

Liebe Gee,

vorgestern hast du mir dieses beeindruckende Bild von einem Kreis geschickt, der aus Fingern besteht, die alles halten. Ich füge es mal ein, damit du dich erinnerst:

2. Briefwechsel – Thema: Leben/Sterben: Das Leben ist ein Kreis

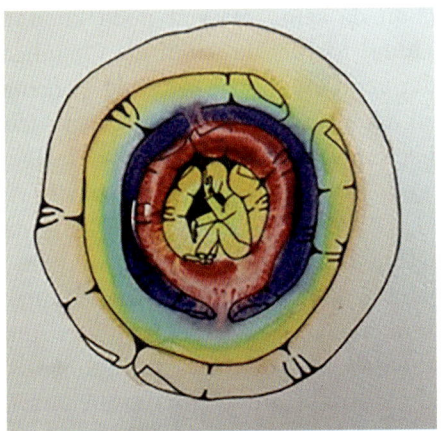

Ohne Titel (Gee Vero)

Du hast dazu geschrieben:

»*Das Leben mit Autismus ist ein Kreis. Keine gerade Linie. Es ist immer alles da, nicht nacheinander, nie ist etwas vorbei oder kommt erst noch, ein Kreis*«.

Außerdem schriebst du noch:

»*Wir haben alle nur den Moment und wenn wir Glück haben, wird aus diesem Moment eine schöne Erinnerung, die wir behalten dürfen. Das nennt ihr dann Vergangenheit. Und die Momente, von denen ihr träumt, die fädelt ihr auch schon wie eine Perle auf eine Kette und nennt das Zukunft*«.

Dieses Bild und deine Worte haben mich emotional berührt. Leben mit Autismus ist ein Kreis. Habe ich dich richtig verstanden in der Annahme, dass du im »Hier und Jetzt« lebst, also ähnlich wie ein Buddhist immer in diesem Moment? Das wäre außerordentlich befreiend für den Geist. Ich wünsche mir oft, dass mir das gelänge. Ich habe auch eine Ahnung, dass die Zeit dadurch »länger« wird oder zumindest so wirkt. Ich versuche immer gedanklich, im Hier und Jetzt zu sein, aber ich schaffe es nicht konsequent. Wenn ich es schaffe, kommt es mir jedenfalls so vor, als wäre die gefühlte Zeit länger gewesen.

Wenn du immer im Hier und Jetzt lebst, berücksichtigst du die Vergangenheit oder Zukunft überhaupt für dein Handeln oder dein Leben allgemein? Menschen sind doch stark durch ihre Vergangenheit geprägt, durch verletzende, traurige oder gar traumatische Ereignisse oder auch durch schöne Momente, die sie nachhaltig prägen. Ist das bei dir gar nicht so? Entsteht dein »Selbst« täglich neu? Planst du gar nicht voraus, in die Zukunft?

Wie kann etwas schon da sein, was erst noch kommt? Wie kann etwas vorbei sein und noch da? Meinst du damit die Prägungen oder Erinnerungen? Gedanklich oder auch emotional kann die Vergangenheit in mir weiterleben und *ist* also auch noch. Die Zukunft kann ich mir auch bildlich vorstellen und vorher empfinden. Ich habe die Anlagen zu dem, was ich erreichen will, bereits in mir. Ist das damit gemeint?

Wenn ich gedanklich meine Träume visualisiere, dann heißt das aber nicht, dass diese Träume immer reale Zukunft werden. Meinem Verständnis nach werden meine Träume nicht automatisch auch zukünftige Erlebnisse. Das kann so sein, aber muss nicht. Das hängt zum Beispiel auch von den anderen Menschen ab, mit denen wir in Resonanz treten.

Wenn du das Bild des Kreises nutzt, gilt das auch für Leben und Sterben? Auch für mich liegen Leben und Sterben nah beieinander. Einer lebt, der andere stirbt. Aus der Asche wird neues Leben hervorgehen. Das ist allerdings losgelöst von meinem Ich, also der »Seele«, die ich bin oder die mich umhüllt. Mich als Melanie gibt es wohl danach nicht mehr. Vielleicht eine Energie, die wieder Neues schafft und sich mit der »All-Energie« mischt. Aber Melanie Matzies-Köhler wird irgendwann zu Staub und Asche.

Ich danke dir jetzt schon für deine Antwort auf diese Fragen. Viele liebe Grüße von Mel

22.05.2015

Liebe Mel,

wenn du schreibst, dass dich das, was ich geschrieben habe, emotional berührt, ist dies dann etwas Positives? Ich meine, hat es dich gut berührt oder war es eher schlimm?

Ich möchte versuchen, dir zu erklären, was es mit meinem Kreis auf sich hat.

Vielleicht sollte ich schreiben, dass mein Leben mit Autismus ein Kreis ist. Ich kann ja wirklich nur für mich und von mir sprechen. Aber es ist so, meine Linie hat keinen Anfang und kein Ende. In diesem Kreis liegt mein Erleben, mein Dasein, mein gesamtes Sein. In diesem Kreis ist alles, was ich bin, wer ich war und auch wer ich sein kann. Dort findest du mein Glück und meine Freude, meine Sorgen und Ängste, meine Wünsche und Träume. Dieser Kreis bin ich selbst.

Was ist das »Hier und Jetzt« für dich? Ich würde eher sagen, dass ich in einem »Überall und Immer« lebe. Dieses Alles ist immer in dem einen

Moment, den ich lebe und erlebe. Ich sage natürlich, weil ich es gelernt habe, auch Dinge wie »Meine Buchlesung gestern war sehr schön«, aber ich empfinde es nicht so. Wie fühlt es sich an, gestern erlebt zu haben? Die Buchlesung ist immer da, in diesem Moment, in dem ich hier schreibe, ist sie da. Genauso wie meine Einschulung, meine gesamte Schulzeit, meine Zeit in England, alle Menschen, denen ich begegnet bin, alles, was ich erlebt habe, alles ist immer da ... in diesem Moment. Erlebbar da, spürbar jetzt und immer. Was meinst du damit, dass die Zeit länger wird? Zeit ist immer da, ist eine Konstante. Natürlich haben Menschen unterschiedliche Wahrnehmungen von Zeit. Wenn wir am Supermarkt an der Kasse warten müssen, weil drei Leute vor uns jemand das Kleingeld nicht schnell genug aus dem Portemonnaie fingern kann, dann scheint die Zeit sehr langsam zu vergehen. Bei den letzten Urlaubstagen am Meer ist es genau anders herum, da verfliegt die Zeit im Nu. Meine Zeitwahrnehmung ist auch sehr speziell. Ich empfinde nicht, dass Zeit vergeht. Für mich und in meinem Moment ist immer Zeit. Natürlich vergehen die Minuten, Stunden und dann auch die Tage und Wochen. Aber das sind künstlich geschaffene Hilfsmittel, um die Zeit einzuteilen. Am Ende vergehen nur wir und nicht die Zeit. Sie bleibt. Vielleicht ist die Zeit sogar das Einzige, was irgendwann einmal von uns übrigbleibt.

Natürlich verwende auch ich Begriffe wie Vergangenheit, Gegenwart und Zukunft. Ich habe gelernt, die Sprache der Mehrheit zu sprechen. Wenn ich effektiv kommunizieren möchte, dann muss ich das tun. Also habe ich die Worte der Menschen um mich herum erlernt. So sprach ich erst Deutsch und später dann auch Englisch. In meinem Moment gibt es alles, was mich ausmacht und was mir passiert ist, also auch die Dinge, die nach deiner Wahrnehmung in der Vergangenheit oder in der Zukunft liegen. Ich empfinde das alles anders. Wenn ich mir das als Zeitstrahl oder Lebenslinie vorstelle, dann denke ich, dass deine Linie hinter dir beginnt, dort ist die Vergangenheit, alle Dinge, die du erlebt hast. Die Gegenwart ist genau da, wo du stehst ... das ist dein »Hier und Jetzt«. Alles, was vor dir liegt, wird deine Zukunft sein. Schaust du also zurück, dann siehst du, was einmal war. Diese Dinge haben dich geprägt und tun es noch. Da musst du aufpassen, dass du vor allem die positiven Sachen weiter in dir trägst und aus den Erfahrungen, die du gemacht hast, lernst. Schaust du nach vorn, dann kannst du sehen, was auf dich zukommt, das sind die Dinge, die du dir wünschst, Träume, von denen du hoffst, dass sie in Erfüllung gehen, Chancen, die sich dir vielleicht bieten werden, Entscheidungen, vor denen du stehen wirst. Und ganz am Ende deiner Linie, da steht das, was du Tod nennst und wovor du Angst hast, weil es für dich dann keine Melanie Mat-

2. Briefwechsel – Thema: Leben/Sterben: Das Leben ist ein Kreis

»Let me tell you my story / No, I won't give up« (Gee Vero)

zies-Köhler mehr geben wird. Dein Anfang ist also die Geburt und dein Ende der Tod. Ich glaube, dass sich die meisten Menschen so viele Gedanken um die Vergangenheit, hier hauptsächlich die Dinge, die schiefgelaufen sind, und genauso viele Sorgen um die Zukunft machen, dass sie sich hauptsächlich auch dort auf ihrem Zeitstrahl bewegen und ihr Dasein in der Gegenwart fast vergessen. Ich höre sehr oft, dass Menschen sagen »Ach hätten wir doch nur das und das gemacht«, »Ach wären wir doch bloß dahin gefahren«, »Wenn wir doch nur …« oder auch »Das machen wir nächstes Jahr«, »In meinem nächsten Leben fahre ich um die Welt« oder »Irgendwann machen wir das auch mal«. Wo ist das »Hier und Jetzt«? Das Leben in der Gegenwart, heute, hier, in diesem Moment? Vielleicht ist die Gegenwart auch einfach zu dicht vor euren Augen, so dass ihr sie gar nicht richtig sehen könnt? Ich denke, dass dadurch das Leben sehr durcheinander geraten kann und der Mensch unzufrieden wird. Unzufrieden mit seinem Leben, welches doch in seiner Hand liegt. Interessieren sich deshalb so viele Leute für die Leben anderer? Anstatt ihre eigenen Leben zu leben, kommen sie nach der Arbeit nach Hause und schauen sich im Fernsehen das Leben von anderen an. Haben diese Reality Shows deshalb so hohe Einschaltquoten? Da schauen einsame Singles Dating Shows anstatt rauszugehen und Menschen zu treffen. Da werden Sendungen gesehen, wo sich Hoteliers gegenseitig runtermachen anstatt mal wieder einen Kurzurlaub zu machen und selbst zu sehen, wie man mit der Unterkunft zufrieden ist. Dinner Shows anstatt mit Freunden zu kochen und zu essen. Da sind Likes auf Facebook wichtiger als Lagerfeuer mit Freunden. Aber irgendwann mal machen sie das dann bestimmt alles. Sie haben ja die Zukunft noch vor sich. Die Zeit ist da, doch die Uhr tickt und der Moment in dem die Linie scheinbar endet, rückt immer näher. Midlife crisis erfasst dann die über 50-Jährigen und plötzlich wollen sie leben und erleben. Zum Glück gibt es für all die nicht getanen Dinge genügend legitime Entschuldigungen, so dass man dem Nachbarn gegenüber gewappnet ist und nicht wirklich beginnen muss, bei sich selbst Inventur zu machen.

In meinem Kreis ohne Anfang und Ende erlebe ich das Dasein ganz anders. Ich habe immer alles da. Muss nicht nach hinten schauen und auch nicht nach vorn. Alles ist immer in mir. Deshalb habe ich nie das Gefühl, dass Zeit vergeht. Mein Kreis wird vielleicht größer. Das kann sein. Ich denke nicht in Bildern, sondern fühle das alles, weshalb es mir schwerfällt, dir das nun so zu beschreiben, dass du es nachvollziehen kannst. Vielleicht verstehst du es ein bisschen besser, wenn du meine Erzählbilder anschaust. Jedes Bild erzählt immer wieder meine Geschichte. Zum Beispiel auch dieses hier: Es heißt »Facta non verba« (Taten, nicht Worte)

Ich bin und werde von allen Dingen in meinem Kreis geprägt, also von allem, was mir passiert ist, gut oder schlecht und allem was, mir noch bevorsteht. Es ist wohl ähnlich wie bei dir, außer dass ich es nicht als Vergangenes und Zukünftiges wahrnehme und erlebe, sondern als Da-seiendes. Es ist so, dass ich das, was ich schon erlebt habe, immer wieder erleben kann, da es ja weiterhin immer präsent ist. Aber ich habe auch Zugriff auf mein »Hier und Jetzt«, wie du es nennst, und auf das, was noch kommt. Also kann ich schon mal Erlebtes noch einmal so erleben, wie ich es gern erlebt hätte, oder besser, wie ich es gern erleben möchte. Bei manchen sogenannten traumatischen Erfahrungen versuche ich, das Schlimme wie mit einer Schere abzuschneiden und mir nur das Gute, das

Nützliche zu behalten. Auch aus schlechten Erfahrungen kann ich so eine Menge lernen. Ich kann mich für Erfahrungen bedanken und so den Menschen, die mir Böses angetan haben, auch irgendwann vergeben. Alles Zukünftige bestimme ich durch mein Sein mit. Natürlich verändere ich mich auch, entwickele mich weiter, lerne dazu, aber ich bin der Macher meines Seins, egal, ob früher, jetzt oder irgendwann später. Ich schreibe das Drehbuch, führe Regie, spiele die Hauptrolle und besetze auch die meisten Nebenrollen, ich mache den Schnitt und die Kostüme, das Make-up und die Frisuren, ich bin für den Ton und die Musik verantwortlich und ich entscheide, ob es ein Happy End gibt. So einfach ist das.

Du fragst, ob mein Selbst täglich neu entsteht. Nein, das Selbst bleibt immer das Selbst. Das ICH, die Maske, den Agierenden, den Schauspieler, kann ich neu entstehen lassen bzw. an die Gegebenheiten anpassen. So bin ich zu Hause viel mehr Selbst als bei meinen Vorträgen. Auch ich habe mir Masken basteln müssen, denn das Leben in der nicht-autistischen Gesellschaft ist ein Maskenball und wer unmaskiert kommt, der fällt auf. Also muss auch ich mich verkleiden, wenn ich dazugehören will ... – das ist das Verbiegen, über das wir auch beim Smalltalk schon gesprochen haben. Erinnerst du dich? Schon unser Körper ist eine Art Maske, die das Selbst braucht, um überleben zu können. Mit dem Ich schmücken wir den Körper und schützen das Selbst.

Wenn du es träumen kannst, kannst du es auch tun, hat Walt Disney einmal gesagt ... Ich würde sogar noch einen Schritt weitergehen und behaupten, was du dir erträumst, wird definitiv wahr. Lass mich erklären, bevor du vielleicht den Kopf schüttelst. Alles, was wir unserem Unterbewusstsein zuführen, Gedanken oder Bilder, werden von diesem verarbeitet. Wir können unser Unterbewusstsein genauso gut mit positiven Dingen »füttern« wie mit negativen. Die meisten Menschen tun letzteres und von ihnen hört man Sprüche wie »Das wird eh nichts«, »Das schaffe ich sowieso nicht« und »Ich kann das nicht«. Da sie dies immer wieder an die Stelle im Gehirn schicken, die die tollsten Dinge möglich machen kann, bekommen sie auch ein entsprechendes Ergebnis, nämlich: es wird nichts, sie schaffen es nicht und sie können es nicht. Anstatt dann hellhörig zu werden und sich zu wehren, sagen sie »Siehst du, das habe ich doch gleich gesagt«, womit sie dem Ganzen richtig den Riegel vorschieben und sich jede weitere Chance selbst verbauen. Diejenigen aber, die ihrem Unterbewusstsein positive Bilder, Gedanken oder Gefühle zuführen wie »Ich werde dieses Ziel erreichen« oder »Ich kann das«, das sind die Erfolgsmenschen, zu denen die gerade erwähnten Zweifler dann aufschauen und sich fragen, wie die das bloß machen. Das hat ganz viel mit

Glauben zu tun, aber nicht unbedingt mit dem religiösen Glauben, sondern eher dem Glauben an sich selbst ... – genau der ist es, der Berge versetzen kann.

Leben und Sterben liegt für mich sehr nah beieinander. Wie kann es in einem Kreis auch anders sein? Alles beginnt und endet mit Leben und Sterben, es ist ein ewiger Kreislauf. Erblühen und absterben. Wenn wir beide Pflanzen wären, würdest du dich dann als ein- oder als mehrjährige Pflanze sehen? Bei deiner bereits erwähnten Angst vor dem Sterben tippe ich auf einjährig. Wenn du stirbst, dann wird es den Körper von Melanie Matzies-Köhler nicht mehr geben. So viel ist sicher. Der Körper, der deinem Selbst jetzt gerade als Schutz dient, den wirst du mit dem Tod ablegen. Du trägst auch noch andere Sachen, um zum Beispiel deinen Körper, aber auch dich selbst zu schützen. Kleidung, Mützen, Sonnenbrillen, Handschuhe, aber auch Schmuck. Diese legst du auch ab, wenn du sie nicht mehr brauchst und du ersetzt sie durch andere Kleidung, Mützen, Brillen, Handschuhe und Schmuck. In meiner Wahrnehmung ist es mit dem Selbst und dem Körper nicht anders. Das Selbst bleibt immer gleich, nur die Hülle ändert sich. Übrigens glaubt die Mehrheit der Menschen an ein Leben nach dem Tod, nicht wenige sogar an Wiedergeburt. Diese Menschen werden als Gläubige bezeichnet. Aber das sind nicht alles religiöse Menschen, sondern auch Menschen, die ihr Wissen um eine Wiederkehr aus anderen Quellen schöpfen. Die meisten Menschen scheinen sich aber nicht an vorherige Existenzen und Leben erinnern zu können. Vielleicht dient auch das als Schutz? Ich weiß es nicht. Es gibt aber auch Menschen, die sich bewusst sind, dass sie das gleiche Selbst in einem neuen Körper sind. Diese Menschen, die offen darüber sprechen, werden oft als Spinner bezeichnet.

Zurück zu den Pflanzen. Ich bin eine mehrjährige Pflanze oder vielleicht auch ein Baum. Der Baum ist auch in meinen Bildern ein immer wiederkehrendes Symbol. Siehe das Bild oben. Ich bin der Baum, der sich verbiegt, damit er im Sturm nicht bricht. Ich bin der Baum, der sich immer wieder aufrichtet, ich bin der Baum, der ewig lebt.

Ich hoffe, dass ich deine Fragen beantworten konnte, habe aber gleichzeitig das Gefühl, dass weitere Fragen entstanden sind. Ich freue mich auf deine Antwort,

liebe Grüße

Gee

2. Briefwechsel – Thema: Leben/Sterben: Das Leben ist ein Kreis

23.05.2015

Liebe Gee,

entschuldige, dass ich erst heute zum Antworten komme, aber bei mir war die letzten zwei Tage viel los. Wenn ich auf so ein wichtiges Thema antworte, möchte ich dafür auch die nötige Ruhe haben, aber nun ist es endlich soweit!

»Emotional berührt« hat mich dein Brief vom 21.05.15 auch wieder sehr tief. Dieses Berührt-Worden-Sein drückt aus, dass ich die darin liegende Tiefe und Bedeutung für mich (und andere) erkenne. Das war erst ein Berührt-Sein, ein Fühlen hinsichtlich einer Wichtigkeit, welches positiv ist. Aber es liegen auch andere Nuancen in diesem Gefühl. Sehnsucht nach Unsterblichkeit, wie du sie beschreibst, Hoffnung, dass es wirklich so ist und gleichzeitig Angst, es könnte doch nicht so sein. Faszination für das fremde Erleben, welches deins ist und welches ich gern nachempfinden würde, aber vielleicht aufgrund meines nicht-autistischen Wesens gar nicht kann?

Bei mir hat die Geburtserfahrung meiner ersten Tochter diese gefühlte Erkenntnis ausgelöst, dass Leben und Sterben nah beinander liegen und verbunden sind. Ansonsten lese ich darüber oder höre andere darüber sprechen.

Das, was andere als »Tiefgreifende Entwicklungsstörung« bezeichnen, kommt mir – zumindest in deinem Fall – viel eher vor wie eine grundlegend andere Form des Fühlens, Denkens oder Seins. Vielleicht ist deine Form des »Seins« viel näher an dem, was Kinder fühlen und viel näher an spirituellen Lehren als das mentale Denken, welches durch das Ich und Masken überformt ist und sich immer mehr vom einstigen »magischen und mystischen« Selbst entfernt hat.

Die Parallele zu Theorien der spirituellen Lehren ist jedenfalls frappierend. Ich vermute, dass es dein komplettes Erleben seit deiner Geburt umfasst? Du fühltest schon immer so? Andere meditieren oder hungern, um ein solches »Eins sein« mit allem erleben zu können. Das, was du beschreibst, kann ich leider nur intellektuell nachvollziehen. Da geht es mir vielleicht so wie dir, wenn du intellektuell nachvollziehst, wie ich »nicht-autistisch« funktioniere.

Ich sitze hier mit meinem mentalen Bewusstsein und frage mich: Kannst du alles, was du jemals erlebt hast, abrufen, weil es noch zugänglich ist? Wenn »alles da« ist, ist es bewusst erinnerbar? Ich kann fast gar nichts aus meiner Kindheit erinnern, nur einzelne Erlebnisse oder die Gefühle, die ich an Menschen oder Situationen gekoppelt habe. Ich erinnere mich ab meinem 7. Lebensjahr wirklich gut, aber auch ab diesem Zeitpunkt sind nur einzelne Bilder da. Ich weiß manchmal nicht einmal, was ich am Vortag gegessen habe oder wohin ich vor drei Jahren verreist war. Ich brauche Fotos oder andere Anhaltspunkte, um mich an Details zu erinnern. Du kannst es also immer und jederzeit abrufen und wieder erleben? Ich weiß, bei mir muss es auch noch da sein, aber es wurde überlagert. Im Moment des Todes, so sagen manche, soll alles bildlich vor einem ablaufen, als würde man den Lebensfilm abspulen. Daher wäre man mit allem, was war, konfrontiert. Dieses Erleben ist im christlichen Glauben wahrscheinlich dieser Moment des Partikulargerichts oder Jüngsten Gerichts, in dem man von Gott gerichtet wird – ob man nun ins Paradies kommt oder nicht.

Das, was ist, kannst du aber auch nur gedanklich vorwegnehmen oder meinst du damit so eine Art Vision? Hast du schon mal etwas vorher gesehen, bevor es passiert ist?

Dein Weltbild ist dann also holistisch wie das der Religionen oder der Mystik? Ist das bei den meisten Autisten so? Holismus ist ja die Ganzheitslehre, aber das widerspricht doch dem »Wissen« über Autismus, dass »ihr« die Dinge in Teilen oder Details und nicht als Kohärenz seht? Das Bild des Puzzles, welches oft für Autismus benutzt wird, stimmt das denn dann so überhaupt? Oder ist »holistisch« in diesem Fall gleichbedeutend mit »intuitiv« aufzufassen? Das Erkennen würde dann über einen anderen Prozess stattfinden, weniger über einen bewussten (beziehungsweise bewusst reflektierten). Das würde mit den Berichten über autistische Personen übereinstimmen, die intuitiv Lösungen (beispielsweise bei Mathematikaufgaben) finden, ohne einen bestimmten Weg (Rechenweg) angeben zu können.

Wenn ich im »Hier und Jetzt« lebe, dann meine ich den Moment, der gerade ist. Ich sitze hier und jetzt an meinem Schreibtisch, der ziemlich groß ist und auf dem sich lauter Bücher stapeln. Darüber ist eine Dachschräge und links direkt neben mir mein großes Bücherregal. Das nehme ich wahr, während ich auf die Tasten tippe und sich ein Text vor mir aufbaut. Ich höre zwar die Säge des Nachbarn und die Stimmen unserer Kinder, aber das ist dann jedoch auch alles, was in diesem Moment enthalten ist. Ich erlebe nicht gleichzeitig »alles« in mir. Der Vortrag von gestern ist nicht mehr da. Er liegt »hinter« mir, wenngleich ich ihn erinnern kann.

Deine Erzählbilder sind wunderbar, sie leben wirklich von der Stimmung, die sie ausstrahlen. Der Baum ... Ich wäre auch lieber so ein ewig lebender Baum als eine einjährige Pflanze (grins). Diesen Menschen, die sich bewusst sind, dass sie das gleiche Selbst im neuen Körper sind, bist du ihnen schon mal begegnet? Hast du dieses Wissen vielleicht sogar selbst?

Ich würde sehr gern glauben, dass das so ist mit der Wiedergeburt. Wäre es ein »Fakt«, würde es mich ungemein beruhigen. Aber ich kann leider nur daran glauben oder nicht. Niemand kann es beweisen. Oder ich habe nur noch nicht ausreichend mit Menschen gesprochen, die dieses Wissen über ihre früheren Körper haben.

Wenn man sich bei uns in der »Wissenschaft« oder in der Psychologie solchen Themen wie denen unseres letzten Briefwechsels widmet, wird man in die »Esoterik-Ecke« geschoben. Vielleicht ist es aber an der Zeit, darüber viel öffentlicher zu sprechen, denn das hat auch schon Dr. Peter Schmidt getan, der Wissenschaftler und Autist ist, und nun auch du.

Ich freue mich schon auf deinen nächsten Brief,

viele Grüße von Mel

27.05.2015

Liebe Mel,

vielen Dank für deinen Brief, der mich, wie die anderen auch, sehr zum Nachdenken anregt. Das ist anstrengend, aber gut, denn je mehr ich über mich und meine andere Art des Seins begreife, desto besser kann ich auch deine Art des Seins verstehen. Genau so entstehen die Brücken. Es macht mir überhaupt nichts aus, auch mal ein paar Tage auf deine Antwort warten zu müssen. In dieser Zeit lese ich mir dann auch meine Briefe an dich noch einmal durch und versuche ein Gefühl dafür zu bekommen, wie es für dich sein muss, wenn du das liest, was ich dir da schreibe. Nun aber zu deinen Antworten, die sobald sie dann bei mir sind, wieder zu Fragen werden.

Ich glaube, ich würde dieses »emotional berührt sein« von dem du geschrieben hast, als einen Schnittpunkt unserer beiden Selbst(e) bezeichnen. So jedenfalls empfinde ich es. Nur ein Selbst kann einem anderen Selbst wirklich beggenen. Das ist es, was du als »emotional berührt« bezeichnest, denn nur das Selbst kann wirklich fühlen. Wir haben uns also getroffen. Das Ich, die Maske, dient oftmals dazu, genau diese Gefühle zu verdecken oder abzuschwächen. Es gibt aber auch Momente, da schafft das Ich genau das nicht, dann fühlt das Selbst so stark, dass jeder noch so starke Damm bricht und die Maske fällt. Das passiert, wenn Menschen trauern oder aber auch, wenn sie richtig glücklich sind. Wenn einer in einem stillen Café plötzlich realisiert, dass er sechs Richtige im Lotto hat, dann bricht wahrscheinlich auch solch ein Damm. Es ist dann das Selbst, das die Freudenschreie ausstößt. Irgendwann reagiert aber auch das völlig überrumpelte Ich wieder, entschuldigt sich dann sofort und veranlasst den Glückspilz, sich mit einem hochroten Gesicht wieder hinsetzen. Du beschreibst dieses »berührt sein« als etwas Positives. Oftmals kommt es mir aber so vor, als hätten ganz viele Menschen auch Angst davor, dass sie ein anderer oder etwas »emotional berührt«. Es scheint ihnen eher unangenehm oder peinlich zu sein. Ist es die Begegnung mit dem eigenen Selbst, die sie scheuen? Weil sie es nicht mehr kennen oder sich nicht mehr erkennen? Weil die Maske so festsitzt? Immer wieder die Maske ... – darüber müssen wir auch nochmal schreiben.

Ich habe bei den Geburten meiner Kinder auch viel über meinen Kreis (lauf) Leben nachgedacht, vor allem deshalb, weil ich jedes meiner Kinder in meinen Kreis aufgenommen habe. Bei der Geburt von Elijah, die im Vergleich zu den anderen einfach verlief, da hatte ich ganz kurz vorher eine Art Gefühl, dass sich mein Kreis auch irgendwann mal auflösen kann. Ich selber hatte auch schon einmal eine sogenannte Nahtod-Erfahrung. Aber ich wusste, was mein Gehirn da macht und habe meine letzten Kräfte dafür aufgewandt, meinem Hirn bei der Lösungssuche zu helfen und habe mich mit Klopfen an die Heizung bemerkbar gemacht, um medizinische Hilfe zu erhalten. Es war knapp, aber wie du siehst, hat es funktioniert. Betrachten wir diese Situationen nüchtern und vom neurologischen Standpunkt, dann wissen wir, dass das Gehirn, wenn es mit einem Ende konfrontiert wird, plötzlich aufhört, aufhören muss, in der Zukunft zu leben, denn diese gibt es nun nicht mehr. Das ist eine sehr harsche Erkenntnis. Also geht es zurück in unsere Vergangenheit und sucht dort nach einer Lösung des Problems. Hast du schon mal einen Teenager beobachtet, der irgendetwas ganz Wichtiges in den Tiefen seines Schranks sucht? Da fliegen Hosen, Pullover, Jacken und Mützen durch die Gegend ... frenetische Aktivität ... wo ist das Auflagegerät für das Smartphone nur? So ähnlich geht es dem Gehirn auch. Es wühlt, sichtet, verwirft, sucht weiter. Damit wir dabei nicht in Panik geraten, denn das könnte sehr schnell passieren, wenn man die Umstände bedenkt, setzt uns unser Hirn in eine Art imaginären Kinosaal und spielt uns unsere besten Momente vor. Voilà, unser Leben zieht an uns vorbei, während unser Hirn versucht, genau dieses zu retten.

Ich vermute, dass viele Leser doch einige Probleme mit diesem Thema haben werden. Es wird schon einige geben, die mich als Spinner abtun oder als Wichtigtuer oder gar beides. Obwohl die meisten, wie schon geschrieben, an Leben nach dem Tod oder Wiedergeburt glauben, wird doch außer in den Kirchen nicht wirklich offen darüber gesprochen. Bei Autismus ist es ähnlich, er wird weiterhin als Störung bezeichnet, auch von Experten und Therapiezentren. Dass es sich um eine andere Art des Seins handelt, eine andere Wahrnehmung, ein anderes Denken (ganz ohne Box), das können (oder wollen) viele Menschen (noch) nicht akzeptieren. Es ist wohl zu anders oder sie sind so weit von ihrem Selbst, ihrer Wahrnehmung entfernt, um zu wissen, dass jeder von uns ein ganz eigenes Modell der Welt im Kopf hat. Das Ich (da ist sie schon wieder diese Maske) ist bestrebt zu passen, zu gefallen und dafür tut es einiges. Der Idealfall, dass Selbst und Ich im Einklang sind und aufeinander hören, sich umeinander kümmern, ist immer seltener anzutreffen. Die Gegenwart solcher Menschen empfinde ich als äußerst angenehm, weil dann Außen und Innen harmonieren und für mich in der Begegnung stimmig sind.

Meine Art des Seins kommt der Art und Weise von Kindern sehr nahe … bis zu dem Zeitpunkt, wo auch sie ihr Ich entwickeln und sich bereit machen für den Maskenball. Dann lassen sie dich nicht mehr in ihre Karten schauen oder rufen beim Versteckspiel: »Ich bin hier«. Es ist ein guter und wichtiger Schritt in der Entwicklung, aber sie müssen sich auch weiterhin ihres Selbst bewusst sein (dürfen). Die Umgebung jedoch will hauptsächlich ein funktionierendes Ich haben und tut dies dem Kind, welches immer noch in gutem Kontakt mit seinem Selbst steht, auch sehr deutlich kund. »Das macht man nicht«, »Jungen weinen nicht«, »Sei nicht so schüchtern«, »Das schmeckt doch gut« und so weiter. Sie formen die Maske und das Selbst wird nach und nach vergessen, manchmal sogar in einer strafenden Ecke. Ja, deshalb erscheint dir dieses Selbst, wie du schreibst, »magisch und mystisch«. Für mich ist eher das Ich ein Mythos, aber ich habe das Konzept dieser Maske nun sehr wohl verstanden. Deshalb habe ich mir ein Patchwork-Ich gebastelt, eine Maske, an der ich immer noch Verbesserungen vornehme und die mir jederzeit auseinanderfallen kann und es auch oft tut. Dann bin ich auch für meine Umgebung nur Selbst – autos – autistisch.

Wenn du »seit meiner Geburt« schreibst, dann meinst du die letzte? Ja, natürlich, da du nicht an die Unendlichkeit des Selbst glaubst. Ich weiß nicht, wie ich dir das so vermitteln kann, dass du es annehmen und vielleicht glauben kannst. In meinem Kreis ist alles. Aber nicht als Bilder abgespeichert, so wie du von deinen Erinnerungen berichtest, sondern als

Gefühle. Ich weiß allerdings nicht, ob dass das richtige Wort ist, um zu erklären, wie ich mich und mein Sein wahrnehme. Spüren ist vielleicht ein besseres Wort. Es gibt sicher auch andere Wege, zu dieser Daseins- und Wahrnehmungsform zu gelangen ... – ich würde schon gern mal mit einem buddhistischen Mönch darüber sprechen. Da würde ich mich dann aber garantiert nicht erst mit Smalltalk aufhalten. ☺ Es ist wirklich schade, dass wir uns unsere Wahrnehmungen nicht verbal vermitteln können und auch kein neuronales Kabel haben, mit dem wir unsere Hirne verbinden könnten. Dann würden wir beide aber staunen. Du würdest sagen: »Wow, so fühlt sich also dein Autismus an« und ich würde mich bestimmt sehr darüber wundern, wie es sich anfühlt, plötzlich ohne meinen Autismus zu sein. Uns bleibt nichts anderes übrig, als weiter miteinander zu reden oder, in unserem Fall, zu schreiben und uns so gut es geht zu erklären. Aber es wird immer wieder auch Dinge geben, die der eine dem anderen erzählt, bei denen es notwendig sein wird, sie einfach zu glauben, auch wenn man sie nicht nachvollziehen kann.

Das Abrufen von schon mal Erlebtem oder noch Kommenden ist mir durchaus möglich, aber eben nicht als Bilder und nicht immer in der richtigen Sequenz ... – ich habe nur dieses Spüren. Hätte ich genau datierte Bilder, dann würde ich mir wahrscheinlich eine Kristallkugel zulegen (das ist nur für die Kundschaft, brauchen würde ich sie ja nicht), mich Madame Gee nennen und mit meinem Zirkuswagen durch die Lande ziehen. Manchmal ist er sehr klar, dieser Kreisinhalt, und ich habe damit auch schon Menschen verblüffen können, aber meist ist es dafür zu diffus. Außerdem muss ich, um meiner Umgebung das widerzuspiegeln, was sie sehen will, sehr viel Energie dafür aufbringen, die mir dann fehlt. Ich meine damit, dass ich, damit ich dazugehören kann, meine Kanäle so wie du auch nach außen richten muss und nicht nach innen. Beides zur selben Zeit geht nur sehr schwer. Ich möchte kein Rainman sein, das heißt aber nicht, dass ich es nicht könnte. Verstehst du, was ich zu sagen versuche?

Warum brauchen Menschen immer Beweise? Warum hoffen sie nicht einfach? Warum können sie nicht auch an etwas glauben, ohne eine Garantie? Bei der Geburt gibt es auch keine Garantien. Trotzdem planen die Menschen das Leben. Sie glauben daran, dass ihre Kinder gesund und glücklich aufwachsen, dass sie sie gut versorgen können, ihnen mindestens ein Instrument oder eine sportliche Aktivität oder auch beides ermöglichen können. Die Kinder machen im Geiste der Eltern schon Abitur, da sind sie noch nicht aus den Windeln raus. Sie werden an Schulen angemeldet, da sind sie noch keine drei. Das mittlerweile obligatorische Auslandsjahr wird eine Probe für die Eltern, aber es muss sein, denn die Kinder sollen raus in die Welt, alles sehen, Sprachen lernen, Weltbürger sein. Natürlich studieren sie danach erfolgreich und verdienen noch besser als die Eltern. Sie heiraten, haben Kinder und ein Häuschen im Grünen. Nicht zu vergessen, die beiden Autos, der Hund und mindestens zwei Urlaube im Jahr. Wer diesen Glauben nicht hat, der schafft sich doch keine Kinder an. Wer denkt schon an Behinderung, Krankheit, Arbeitslosigkeit und Armut, wenn er sein Leben und eine Familie plant. Alles ist dann rosarot. Aber beim Sterben hört der Glaube auf. Warum? Vielleicht, weil zu wenige darüber reden? Weil ihr kein Gefühl dafür bekommt, was danach kommt. Und wenn es doch jemand tut, dann ist er ein Spinner. Warum hast du lieber Angst, als einem anderen Menschen, mir, zu vertrauen und zu glauben? Wir sind jetzt auf ganz dünnem Eis unterwegs. Das habe ich in meinem Kreislauf schon gelernt. Aber ich fühle mich in der Ecke der Spinner gar nicht so schlecht aufgehoben. Was andere über mich sagen und denken, definiert nur sie. Wie ich darauf reagiere, entscheidet, wer ich bin und auch wer ich sein möchte. Ich kann auch gut damit leben, wenn du sagst: »Also Gee, das geht mir dann doch zu weit«, denn wir haben unterschiedliche Wahrnehmungen. Das macht diesen Briefwechsel ja gerade so interessant.

Autismus und das Puzzle-Teil. Autismus ist keine einfache Sache, manche Puzzles sind es auch nicht. Ich denke, dass das Puzzle-Teil einfach ausdrücken sollte, wie konfus die Umgebung oft war und auch noch ist, wenn sie einem autistischen Menschen begegnet. Es ist ein Symbol, ein Logo, welches aber mittlerweile von vielen Autisten, vor allem in den USA, abgelehnt wird. Autismus ist dann kein Rätsel mehr, wenn autistischen Menschen die Chance bekommen, sich zu äußern, sich zu erklären und über ihre andere Art des Wahrnehmens und des Seins zu berichten. Für mich ist das Puzzle auch deshalb nicht stimmig, da jeder von uns ein Selbst hat und auch sein Dasein nur als Selbst beginnt. Am Anfang sind wir alle autistisch und ohne Maske sind wir auch alle autistisch. Wir sind doch irgendwie alle rätselhaft. Findest du nicht? Du hast recht, wenn du über das Detailsehen nachdenkst. Ja, ich sehe oft den Wald vor Bäumen nicht, aber ich habe gelernt, dass es den Wald gibt. Das große Bild ... – was ist das? Ich muss mir jeden deiner Briefe ausdrucken und strukturiere ihn mir farbig, damit ich ihn als einen zusammenhängenden Schatz an Worten von Mel wahrnehmen kann. Nur dann kann ich dir auch in derselben Form antworten. Es ist äußerst anstrengend, aber ich schaffe es.

Ich weiß leider nicht, wie es ist, wenn man wie du sein Dasein linear wahrnimmt. Ich stelle es mir geordneter vor. Kann dein Gehirn deshalb die Gemeinsamkeiten von Situationen und Erlebtem erkennen? Ich habe ganz selten dieses »Das hatten wir doch schon mal«-Gefühl und weiß nie genau und sicher, wie ich reagieren muss. Wenn ich es doch mal habe, dann überrascht es mich so sehr, dass es mich aus der Bahn wirft. Dein System hat den Vorteil, dass du auf deiner Lebenslinie laufen kannst, weil unter dir ein Sicherheitsnetz gespannt ist, das aus Erfahrungen gewebt ist. Mit so einem Netz unter dir kannst du oben auf deinem Seil sogar tanzen. In der Mitte meines Kreises ist ein Loch, tief und dunkel. In das falle ich, wenn ich abrutsche. Aber ich weiß jetzt, dass ich da immer wieder rauskomme. Ich habe gelernt, im Dunkeln nach dem Strick zu suchen und ihn zu greifen. Seit ich das weiß, kann auch ich auf meinem Seil tanzen ... – immer im Kreis, aber ich tanze. Dieser Tanz ist mittlerweile so gut, dass es auch einige gibt, die sagen, ich wäre gar nicht autistisch. Dabei habe ich nur gelernt, mir selbst und anderen zu vertrauen. Meine Erzählbilder helfen mir, wie der Name schon sagt, von meinem Sein und meinem Tanz zu erzählen. Schön, dass sie dir gefallen.

Du fragst am Ende deines Briefes nochmal nach der Wiedergeburt und ich möchte dir antworten. Ja, ich bin solchen Menschen begegnet, die auch dieses Wissen um die Wiedergeburt hatten und ich bin denen begegnet, die daran glauben, weil sich in ihrem Leben immer wieder kleine Fenster oder Türen zu einem anderen Dasein öffnen. Vielleicht ist es das, was ihr Déjà-vu nennt? Ich weiß, wer ich war, wer ich bin und wer ich sein möchte und auch sein kann. Es hilft mir auf ganz viele Weisen weiter. Ich glaube, das ist vielleicht ein Thema für einen neuen Brief. So wie die 208. So wie ganz vieles. Und wenn es denn als Esoterik bezeichnet wird, dann ist es wohl so. Ich sehe da nichts Schlimmes dabei. Am Ende ist es meine Wahrnehmung, über die ich versuche zu berichten, die aber nur ich wirklich erlebe. Ich kann nur auf mein Model der Welt in meinem Kopf reagieren und auch nur davon berichten. Mich interessiert ungemein, wie es anderen Menschen geht, wie sie ihr Dasein erleben und was sie mir davon berichten können. Genau deshalb schätze ich diesen Austausch so sehr und bin gespannt, was in deinem nächsten Brief stehen wird.

Beste Grüße

Gee

3. Briefwechsel – Thema: Therapie und Wahrnehmung

21.07.2015

Liebe Gee,

nach einer kurzen Sommerpause nun endlich die Antwort auf deinen letzten Brief zum Thema Wahrnehmung. Du sprichst darin an, dass du eher an deiner Wahrnehmung als an deinem (nach außen sichtbaren) Verhalten arbeiten möchtest, um besser angepasst zu sein. Ich frage mich, wie das gehen kann.

Wenn ich therapeutisch mit autistischen Menschen arbeite, wie müsste ich das anstellen? Ich kann nicht sagen: »Schieb diese Details ins Unterbewusstsein, denn sie sind gerade nicht wichtig«. Ich kann nicht darüber bestimmen, was ein anderer Mensch als wichtig erachtet oder doch? Ich kann auch nicht sagen: »Jetzt automatisiere das mal endlich, statt es wieder und wieder von vorne als »neu« zu betrachten!«. Ist die Art, wie jemand »wahrnimmt«, nicht fest in seiner Struktur verankert und somit unabänderlich?

3. Briefwechsel – Thema: Therapie und Wahrnehmung

In der Therapie schauen wir uns gemeinsam mit dem autistischen Klienten manchmal Bilder an, um diese aus autistischer sowie nicht-autistischer Sicht zu betrachten. Meistens sind das Fotos von Menschen, die sich an einem Ort oder in einem Zimmer aufhalten. Aus autistischer Sicht fallen immer die Details auf wie zum Beispiel eine Stereoanlage mit Plattenspieler, obwohl überall CDs herumliegen. Oder ein Kissen, welches vom Muster her nicht zum Teppich passt (typische Antworten). Es wird in der Regel nicht auf die auf den Fotos befindlichen Menschen geachtet. Ich als Therapeutin versuche dann, den Blick auf die Menschen zu lenken und darauf, was sie fühlen oder beabsichtigen könnten. Kein Blick ist falsch. Die Blicke sind nur anders. Beide sind in ihrer Ergänzung sinnvoll und für den Alltag scheint oft der nicht-autistische Blick – zumindest in Bezug auf den Umgang mit anderen Menschen – vorteilhafter zu sein. Daher üben wir ihn.

Wie ist denn deine persönliche Haltung zu diesem Vorgehen? Hilft es dir, wenn solche Übungen gemacht werden? Was genau tust du denn, um an deiner Wahrnehmung zu arbeiten, und hat es bislang etwas bewirkt?

Vielleicht hast du ja Lust, darüber ein bisschen zu schreiben. Ich bin gespannt wie ein Flitzebogen. ☺

Liebe Grüße von Mel

31.08.2015

Liebe Mel,

ich habe mich sehr über deinen Brief gefreut. Die Redewendung »gespannt sein wie ein Flitzebogen« kenne ich, sodass ich am Ende deiner Zeilen nicht verwirrt war, sondern schmunzeln konnte. Ich hoffe, ich habe deinen Bogen nicht überspannt, weil ich dir erst so spät antworte. Ich hatte mir eine kleine Auszeit genommen. Aber nun zurück zu den spannenden Themen Wahrnehmung und Verhalten. Beides ist ganz eng miteinander verknüpft, denn wir reagieren immer nur auf unsere Wahrnehmung. Diese Wahrnehmung ist subjektiv. Ich werde nie wissen, wie es sich für dich anfühlt, Mel zu sein, die die Welt wie Mel wahrnimmt. Man kann Wahrnehmung nicht abstellen, da hast du recht, aber ich glaube, dass man sie beeinflussen kann. Warst du schon einmal in einer Zaubershow? So etwas würde nicht funktionieren, wenn man keinen Einfluss auf die Wahrnehmung hätte. Vielen Menschen ist jedoch gar nicht bewusst, dass sie einzig auf ihre Wahrnehmung mit Verhalten reagieren und nicht auf die Realität. Unsere Wahrnehmung ist die einzige Realität, die wir kennen. Da sich meine Wahrnehmung erheblich von der nicht-autistischen Wahrnehmung unterscheidet, sollte es demzufolge nicht verwunderlich sein, dass auch mein Verhalten ein ganz anderes ist. Mein Verhalten ist aber keineswegs falsch. Autistisches Verhalten ist wahrnehmungs-adäquat, aber oftmals eben sozial-inadäquat, unerwartet, unverständlich und führt deshalb zu Enttäuschung, Intoleranz, Angst und letztendlich zu Ablehnung. Ich kann ganz gut nachvollziehen, dass die nicht-autistische Umgebung dieses Verhalten durch Therapien ändern möchte. Ich möchte ja auch keine Ablehnung und Ausgrenzung erfahren, sondern dazugehören und Teil sein. Aber die Hilfe muss bei der Wahrnehmung beginnen, nicht beim Verhalten. Natürlich kann kein Mensch darüber bestimmen, was ein anderer Mensch als wichtig oder nicht erachtet. Man kann überhaupt nicht über andere Menschen bestimmen, aber man kann ihnen helfen. Ich bin tagtäglich auf die Hilfe meiner Familie angewiesen, um mit meiner anderen Wahrnehmung besser klar zu kommen. Die meisten Therapien setzen allerdings weiterhin beim Verhalten an. Was bedeutet das? Du schreibst: »Ich kann nicht sagen: ‚Schieb diese Details ins Unterbewusstsein, denn sie sind gerade nicht wichtig‘ oder ‚Jetzt automatisiere das mal‘«. Du hast vollkommen recht. Aber genau das ist die Nachricht vieler Therapieansätze. Im Klartext: »Los, ändere einfach dein Verhalten!« oder »Mach das ab jetzt doch einfach so«. Wie oft habe ich solche und ähnliche Sätze in meiner Kindheit gehört. Das geht aber nicht und ist deshalb auch unsinnig, weil autistische Menschen auf ihre autistische Wahrnehmung ja genau richtig reagieren. Es ist unsere andere Wahrnehmung, die uns zu oft meldet, das Gefahr im Verzug ist, also reagieren wir entsprechend mit einer Flucht-, Kampf- oder Starre-Reaktion. So sichert unser Gehirn unser Überleben ab. Wenn du jetzt von diesem Brief hochschaust und vor dir würde ein Tiger sitzen, was meinst du, würde dann passieren? Genau, bei Gefahr hast du nur drei Verhaltensmöglichkeiten. An der Auswahl der passenden Option bist du nicht einmal bewusst beteiligt, das würde einfach zu lange dauern. Bei Gefahr brauchen wir kein bewusstes Denken, keine Logik und auch keine Handlungsplanung. Jetzt geht es nur um Überleben. Tja, und da entscheidet dein unterbewusstes System für dich und wählt das, was in deiner spezifischen Situation den größtmöglichen Erfolg verspricht. Bei der schrecklichen Katastrophe am 11. September 2001 in New York haben die Menschen in den Twin Towers sehr unterschiedlich reagiert. Aber ganz egal, wie sie reagiert haben, kein Verhalten war falsch. Es war immer das richtige Verhalten auf ihre individuelle Wahrnehmung. Bei autistischen Menschen lösen ganz viele Reize eine Gefahrmeldung aus. Alles Sachen, die für nicht-autistische Menschen »keine Hürde« sind, die sie zudem meist unterbewusst erleben und handhaben. Ich meine Blickkontakt, Händeschütteln, Gespräche führen, kleineste Veränderungen der täglichen Routine, Veränderungen in Räumen, schief hängende Bilder, unterschiedliche Stühle an einem Tisch, unregelmäßige Geräusche, Gerüche, Bewegungen, Lachen, auf etwas warten müssen, Fragen, Aufforderungen, Leerlauf, Rechtschreibfehler, um nur ein paar Dinge zu nennen. Jetzt stell dir vor, dein System würde auf all diese Dinge, die ungefährlicher Alltag sind, so reagieren wie auf den Tiger in deinem Garten. Such dir irgendeinen von den aufgezählten Reizen aus und spiel das Ganze mal im Kopf am Tiger-Beispiel durch. Du hast also nur eine von drei Möglichkeiten zu reagieren, die du noch nicht einmal selbst bewusst auswählen kannst. Ganz egal, was du dir ausgesucht hast und ganz egal, ob du eine Flucht-, Kampf- oder Starre-Reaktion zeigst, sozial-adäquates Verhalten wird es nicht mehr sein. Dein Verhalten, welches korrekt ist, denn deine Wahrnehmung sagt ja Gefahr, ist in den Augen der Gesellschaft nun inadäquat, inakzeptabel und vor allem auch völlig unerwartet. So, jetzt wird dir von eben dieser Gesellschaft gesagt, dass das so nicht geht und du dein Verhalten ändern musst. Mach es anders, dann gehörst du auch dazu! Sag das mal zu jemandem, der wirklich Angst vor Spinnen hat oder zu einem Menschen mit Flugangst. Sag es ihnen genau dann, wenn sie eine Spinne sehen oder in ein Flugzeug steigen sollen. Da wirst du keinen Erfolg haben. Diese Menschen können dich gar nicht mehr hören, denn sie befinden sich schon längst im Überlebensmodus und haben keine Möglichkeit, das zu verarbeiten, was du sagst. Auch wenn du noch so nützliche Tipps auf Lager hast. Sie haben jetzt keinen Zugriff auf bewusstes Denken. Genauso ist es bei Autismus. Willst du also einem autistischen Menschen wirklich helfen, in seinem Alltag besser oder überhaupt zurechtzukommen, dann musst du sie erst aus diesem Überlebensmodus herausholen. Du musst den Tiger zähmen. Genau das habe ich bei mir selbst gemacht und versuche es bei meinem Sohn zu tun. Wir schaffen es auch ... – in ganz kleinen Schritten. Ich bin davon überzeugt, dass wir bei der Wahrnehmung ansetzen müssen, um letztendlich auf das Verhalten Einfluss nehmen zu können bzw. dann ändert sich auch das Verhalten. Natürlich sind immer wieder die Motivation und der Wille des Menschen ausschlaggebend für den Erfolg. Ich habe sehr lange und wirklich hart dafür gekämpft, dass mein System all die oben genannten Dinge nicht als gefährlich einstuft und dann entsprechend reagiert. Ich nenne es mein Phönix-Programm, bei dem es darum geht, das System zu beruhigen, in dem man die Kraft des Unterbewusstseins nutzt, um neuronale Missverständnisse zu klären. Mit der Zeit habe ich eine Art »Wahrnehmungsblinzeln« entwickelt. Es ist ein ganz kurzer Moment, in dem mir eine Art Scheibenwischer durch ein einmaliges Wischen ein klares Bild verschafft, was aber gleich wieder verschwindet. Ich arbeite seit Jahren daran, das Intervall dieses Scheibenwischers besser einzustellen. Stelle ich mir mein Gehirn als Haus vor, dann fehlte bei mir ein ganz wichtiger Raum auf dem Bauplan. Ich musste ihn anbauen und muss ihn noch immer erweitern. Es ist der Raum zwischen Reiz und Handeln, in dem ich darüber entscheiden kann, wer ich sein will. Ich versuche mich so lange wie möglich in diesem Raum aufzuhalten, ehe ich nach außen reagiere.

Ich sehe es nicht als einen Eingriff in meine Persönlichkeit, wenn mir Menschen, denen ich etwas bedeute, die mich akzeptieren, wie ich bin, Hilfe anbieten, die ich auch annehmen kann. Ich entscheide, ob ich mich verändern möchte oder nicht.

Das ist eigentlich ein großes Thema für sich. Nochmal ganz deutlich, Therapie sollte bei der Wahrnehmung beginnen. Deshalb ist eine frühe Intervention so wichtig. Je früher wir bei Kindern feststellen, dass kein Blickkontakt hergestellt wird, keine geteilte Aufmerksamkeit da ist und auch die Zeigegestik nicht vorhanden ist, desto erfolgreicher können wir intervenieren. Bei Kleinkindern im Alter von zwölf Monaten haben wir auch noch keine große Verhaltensproblematik, ganz anders bei zwölfjährigen Asperger Autisten, die bis zu ihrer späten Diagnose allein klarkommen mussten und das auch irgendwie geschafft haben. Aber anstatt dafür gelobt zu werden, steckt man sie in Gruppen-Sozialtraining und arbeitet nur daran, ihr (richtiges) Verhalten zu ändern. Zurück zu deinem Brief. Du schreibst, dass du mit autistischen Menschen mit Bildern arbeitest. Das ist eine gute Methode, um dem Unterbewusstsein Abläufe zu vermitteln, so wie es hätte sein sollen und eben auch sein muss, damit der autistische Mensch einen Platz in der Gesellschaft erhalten kann. Du hast ganz recht, es geht wirklich darum, den vorteilhaften Blick zu üben. Das gefällt mir sehr gut. Du könntest auch mit Bildgeschichten arbeiten, in denen die Situation, die einem autistischen Klienten sehr schwer fällt, so abläuft, wie es von der Gesellschaft erwartet wird. Natürlich immer mit ausreichend Erklärungen zu den Gründen, aber auch zu den Konsequenzen, die jedes Verhalten nach sich zieht. Du kannst Plan A- und B-Szenarios aufzeigen und den Menschen selbst entscheiden lassen, welche Konsequenz er haben will. Dann erst könnt ihr gemeinsam schauen, welches Verhalten er zeigen muss, um diese gewünschte Reaktion zu erzielen. Wenn ich verstehe, warum mein Verhalten eine bestimmte Konsequenz auslöst und möchte diese nicht haben, dann schaue ich, was ich an meinem Verhalten ändern muss und wie ich das schaffen kann. Ich weiß, dass ich bei meiner Wahrnehmungder Situation beginnne muss. Ich habe dabei keinen Therapeuten zur Verfügung, aber ich habe meinen Lebensgefährten und meine Kinder, die mir eine unheimlich große Hilfe und Stütze sind. Von ihnen bekomme ich ehrliche Rückmeldungen, die immer mit Hilfsangeboten verbunden sind. Wir reden einfach über alles und ich bekomme immer wieder Erklärungen zu Dingen, die mir völlig fremd sind. Manchmal ist es aber auch so, dass ich eine soziale Regel einfach einhalte, ohne dass ich sie verstehe. Nur deshalb, weil ich die Konsequenz, die ein Nichteinhalten nach sich ziehen würde, nicht haben möchte. Von unserem Briefwechsel habe ich auch schon viel gelernt. Smalltalk fällt mir jetzt leichter. Zum einen verstehe ich besser, wozu er dient und zum anderen bin ich mir bewusster, dass er mir eben schwerfällt, was aber nicht mehr ganz so schlimm für mich ist. Rutscht mir ein »verkehrter« Satz raus, dann erkläre ich einfach, dass und warum Smalltalk nicht mein Ding ist ... – meist reden wir dann über Autismus und ich kann die Zeit nutzen, um Vorurteile abzubauen, Ängste zu nehmen und Lust auf Begegnungen mit autistischen Menschen zu machen. Defizit zu Potenzial!

Ich würde gern noch weiterschreiben, da mir dieses Thema sehr am Herzen liegt, aber nun bin ich erst einmal wieder neugierig auf deine Antwort.

Ich grüße dich ganz herzlich,

Gee

01.09.2015

Liebe Gee,

vielen Dank für deine ausführliche Antwort, über die ich mich wieder sehr gefreut habe. Auch weil ich diesen Brief für mich und meine Arbeit sehr aufschlussreich fand. Ich freue mich auch darüber, dass unsere Briefe dir bereits etwas geholfen haben, meine Welt zu verstehen. So geht es mir auch in Bezug auf deine Welt, die ich Brief für Brief besser begreife, auch wenn ich nicht in deinem Kopf sitzen und sie ganz genau nachfühlen kann (das wäre doch mal eine Idee für ein Computerspiel. Erlebe autistische Lebenswelten. Klicke auf: »Smalltalk führen« und sieh, wie deine autistische Figur zu schwitzen beginnt und erfahre, warum).

3. Briefwechsel – Thema: Therapie und Wahrnehmung

Ich fasse das, was du geschrieben hast, für mich wie folgt auf (und hiermit mal kurz zusammen): Deine Wahrnehmung signalisiert dir in vielen Fällen, dass Gefahr in Verzug ist. Diese vielen Fälle betreffen soziale Reize wie Smalltalk, Händeschütteln, Blickkontakt, schiefe Bilder und so weiter. Wenn Gefahr in Verzug ist, reagierst du mit Flucht, Kampf oder Starre. Das wäre das nach außen hin sichtbares autistisches Verhalten. Kann man denn dann vereinfacht sagen, dass Autismus in vielen Fällen durch permanente Angstempfindungen ausgelöst wird? Das würde zu dem passen, was Temple Grandin geschrieben hat, die autistisches Verhalten manchmal mit dem von Tieren verglichen hat, was das Empfinden von Angst betrifft. Denn auch Tiere zeigen ein solches angstbesetztes Verhalten.

Warum ist Verhalten und Geschehen für dich angstbesetzt? Weil du es nicht verstehst? Weil es eine reale Gefahr für dich ist? Nehmen wir das Händeschütteln. Warum meldet da die Amygdala Gefahr? Weil Angst vor Keimen da ist oder vor körperlicher Nähe, weil sie als unangenehm empfunden wird? Warum meldet sie Angst, wenn ein Bild schief hängt? Weil das die Ordnung durcheinander bringt? Weil Ordnung so wichtig ist, um nicht durchzudrehen in einer Welt, die sowieso schon chaotisch genug ist? Oder weil Muster, Klarheit und Struktur als sehr wichtig empfunden werden?

In der Autismus-Therapie kann ich den Aspekt »Angst, weil nicht verstanden« aufgreifen und gegebenenfalls korrigieren. Das ist, was ich im Rahmen des Sozialtrainings versuche. Dort arbeiten wir nicht nur mit Bildkarten, sondern auch mit Bildgeschichten, wie auch du vorgeschlagen hast. Dort gibt es sogar die Möglichkeit, mit Bildkarten zu arbeiten, die verschiedene Handlungsoptionen aufzeigen, aus denen gewählt werden kann. Wir arbeiten auch mit Social Stories, Comic Strip Conversations und Fotogeschichten.[4] Das ist also ein Ansatz, der die Kognition einschließt und Veränderungen herbeiführen kann, die dann weniger Angst zur Folge hätten (im Idealfall).

Ansonsten geht es um Ursachenforschung. Warum verhält sich genau diese Person in dieser Situation so und nicht anders? Wenn Angst vor Keimen der Grund für die Aversion vor dem Händeschütteln ist, muss eine andere Lösung gefunden werden, als wenn es das Problem taktiler Berührungen an sich ist. In beiden Fällen wäre trotzdem wichtig zu erklä-

---

[4] Für weiterführende Informationen zu diesen Methoden siehe z. B. »Sozialtraining für Menschen im Autismus-Spektrum« von Melanie Matzies-Köhler im Kohlhammer Verlag

ren, warum andere manchmal auf das Händeschütteln bestehen oder zumindest seltsam finden, wenn es ausbleibt oder der andere gar eine entgegengestreckte Hand nicht schüttelt. Erst dann kann an alternativen Verhaltensweisen gearbeitet werden. Entweder der Betroffene entscheidet sich dann doch entgegen seiner Neigung, die Hand zu schütteln, weil er versteht, warum es für den anderen wichtig ist (so wie du manch sozialer Regel folgst, obwohl du sie nicht verstehst). Oder aber er sagt etwas wie: »Tut mir leid, ich schüttele einfach nicht gern Hände. Das hat nichts mit Ihnen zu tun.« Man könnte auch so tun, als sei einem just in diesem Moment etwas heruntergefallen und das Aufheben der Sache lenkt von der anderen Hand ab, die dann hoffentlich bereits zurückgezogen wurde, wenn man sich mit dem aufgehobenen Gegenstand erneut der Person zuwendet. Das ist aber vielleicht doch etwas plump – mutiger und ehrlicher wäre einfach zu sagen: »Ich mag es nicht, anderen die Hände zu schütteln, weil …«. Wie machst du das denn?

Wenn man Ordnungssysteme braucht, die vielleicht auf andere rigide wirken und daher als pathologisch eingestuft werden, ist es komplizierter. Wie überleben in einer Welt, die nicht immer geordnet und vorhersehbar ist? Was therapeutisch dagegen tun? Diese Systeme geben Sicherheit, sollten also grundsätzlich akzeptiert werden, aber was, wenn der Drang, Routinen unbedingt einhalten zu müssen dazu führt, dass andere Bereiche des Lebens negativ davon beeinflusst werden? Ein Kind zum Beispiel zu spät zur Schule kommt oder eine leichte Veränderung im Alltag zu Panikattacken führt?

Verhaltenstherapien fokussieren in die Richtung: Störendes (= unerwünschtes) Verhalten muss abgebaut, erwünschtes Verhalten aufgebaut werden. Störend wäre also der Hang zur Routine oder der Wutanfall. Wenn ich aber nur darauf fokussiere, etwas Erwünschtes aufzubauen, übersehe ich, dass das »unerwünschte Verhalten« eine Funktion hat. An dieser darf ich nicht vorbeitherapieren. Hier weiß ich aber manchmal therapeutisch nicht weiter, da zum Beispiel der Hang, alles gleichförmig zu machen oder keine Veränderungen zuzulassen, an der Realität vorbeigeht, die ich auch nicht immer entsprechend gestalten kann. Und vielleicht auch gar nicht sollte. Man könnte ein Kind sukzessive mit leichten Veränderungen am Tag konfrontieren, die es gut aushalten kann, und diese Änderungen immer mehr steigern. Wäre das ein Weg?

Liebe Gee, das ist schon wieder viel Stoff für einen Briefwechsel. Es gibt auch noch so viel, dass ich dich fragen möchte, zum Beispiel wüsste ich gern einiges über deine Erfahrungen in der Schulzeit. Aber zunächst hast du ja genug zu tun, um auf diese Zeilen zu antworten. Ich bin schon wieder sehr neugierig.

Einen herzlichen Gruß von

Mel

01.09.2015

Hallo Mel,

ein Computerspiel, in dem die autistische Welt erlebt werden kann? Gar keine schlechte Idee. Das Spiel zu unserem Buch. Aber wenn ich mir die Spiele anschaue, die die Menschen an ihren Computern spielen, da frage ich mich, inwieweit sie das Geschehen auf dem Bildschirm an sich heranlassen und ob sie dabei überhaupt mitfühlen. Sie zerstören und töten online ohne groß mit der Wimper zu zucken. Weil es nur ein Spiel ist? Nicht real? Weil jeder ein Dutzend Leben hat? Ein weiteres Problem bei einem solchen Spiel wäre, dass jeder Mensch seine eigene Wahrnehmung hat. Demzufolge müsste es dieses Spiel dann wirklich für jeden von uns geben, da wir sonst wieder Gefahr laufen zu verallgemeinern. Wir sind alle anders, das ist das Erste, was wir gemeinsam haben ... – und genau das macht unser Miteinander so schwierig. Vor allem dann, wenn es sich um autistische Menschen handelt, die keine *Ich*-Masken zur freien Verfügung haben, um einerseits ihr Selbst zu schützen und sich andererseits in die Gemeinschaft einzufügen. Da wir nun mal nicht in den Kopf des anderen hineinkönnen, um die Welt aus seiner Wahrnehmung heraus zu erfahren, bleibt uns am Ende nichts weiter übrig, als dem anderen das, was er uns über sein Erleben erzählt, einfach zu glauben. Das tust du hier in diesem Austausch mit mir und dafür danke ich dir.

Nun aber zu deinem Brief. Ich habe heute weniger Angst als ich als Kind hatte, aber ich denke, ich habe viel mehr Angst und auch viel schneller Angst als nicht-autistische Menschen. Aus meiner Sicht ist Autismus schon eine Art Angststörung. Warum diese Angst, fragst du. Ich erlebe es bei mir, aber auch bei Elijah folgendermaßen: wir alle haben vor neuen Sachen, Begegnungen oder Herausforderungen Angst, in unterschiedlichen Ausmaßen (weil wir alle anders sind). Alles, was uns unbekannt ist, ist immer auch potenziell gefährlich. Das Unterbewusstsein kann nicht zwischen Bild und echtem Erleben unterscheiden, das heißt, allein ein Gedanke kann eine Gefahr für uns darstellen. Bei einer Gefahrmeldung gerät unser

Gehirn in hellste Aufregung, da nun unser Überleben auf dem Spiel steht. Wir haben in unseren Köpfen sozusagen eine hochsensible Alarmanlage, die immer dann reagiert, wenn ein Reiz als gefährlich bewertet wird. Außerdem haben wir einen neuronalen Filter, genannt Thalamus, der wie eine Art Pförtner agiert und alle eintreffenden Reize vorsortiert und feststellt, ob etwas gerade wichtig für uns ist oder nicht. Ist es nicht wichtig, bleiben wir oft außen vor und uns wird gar nicht erst bewusst, was wir gerade gesehen, gehört, geschmeckt, gerochen oder ertastet haben. Nur wenn es für uns wichtig ist, wird es uns auch bewusst. Diese Alarmanlage ist eine Hirnregion, die Amygdala genannt wird. Sie bekommt jede Information zu den eingehenden Reizen immer zuerst, egal ob sie wichtig ist oder nicht. Was bedeutet das? Die Amygdala ist die Erste am Ort des Geschehens. Sie bewertet alles, was wir erleben, emotional. Außerdem holt sie sich zusätzliche Informationen aus anderen Hirnregionen, z. B. vom Hippocampus, der so eine Art Hirn-Archiv ist und auf ganz viele Erfahrungen zurückgreifen kann. Er stellt immer die Frage, ob wir dies schon kennen bzw. ob wir es für die Zukunft brauchen. Bei drohender Gefahr löst die Amygdala ganz schnell ein Verhalten aus. Dies ist entweder eine Flucht-, Kampf- oder Starre-Reaktion und kann bis zu sieben Sekunden, bevor uns überhaupt etwas bewusst wird, geschehen. Das alles ist enorm wichtig für unser Überleben. Ich bezeichne die Amygdala als meine Queen Amygdala, weil sie über mich herrscht. Sie hat das Steuer in der Hand. Da sie und ihr Team sich in meinem Fall aber immer wieder irren, musste ich mich aktiv zu ihrem Co-Piloten machen, um ihr immer dann ins Steuer zu greifen, wenn sie droht, falsch abzubiegen. Ich empfinde es so, dass in meinem Gehirn der Pförtner (Thalamus) viel zu viele Reize als nötig als wichtig einstuft und dies dann sofort eine Art Ausnahmezustand zur Folge hat. Die Alarmanlage (Amygdala) ist überempfindlich und reagiert auf ungefährliche Reize mit Gefahrmeldungen. Außerdem bekommt sie vom Archiv (Hippocampus) immer wieder die Meldung, dass es sich hierbei um etwas komplett Neues handelt, unbekannt und daher potenziell gefährlich. Da der Thalamus dies immer wieder bestätigt, kann sie gar nicht anders als anzuschlagen und einen Großalarm (Flucht, Kampf oder Starre) auszulösen. Mein autistisches System sucht immer nach den Unterschieden und findet sie, da es sie ja gibt. Nichts ist, wie es war, und damit ist alles gefährlich. Auch Händeschütteln, Blickkontakt, schiefe Bilder ... – alles neu und unbekannt, obwohl schon hundertmal erlebt. Das nicht-autistische System verfolgt eine viel bessere Strategie. Es sucht nach den Gemeinsamkeiten, die genauso da sind wie die Unterschiede, egal wie klein. Etwas Bekanntes zu entdecken, gibt Sicherheit. Was du schon einmal ähnlich erlebt hast, beruhigt, da du ungefähr weißt, wie du dich verhalten musst. Du kannst die Konsequenz vorhersehen. Das ist dein Sicherheitsnetz. Begegnet dir doch einmal etwas Neues, dann ist es auch für dich anders, aber auch hier sucht dein System (Hippocampus) nach schon mal Erlebtem, bei dem es ähnlich war. Dir ist es in dem Sinne egal, ob du mir in Berlin die Hand schüttelst oder Herrn Dr. Poensgen in Stuttgart, auch wenn du ihm noch nie begegnet bist und Stuttgart nicht kennst. Mein System würde sofort Gefahr melden, obwohl ich auch schon ganz vielen Menschen an ganz vielen Orten die Hand geschüttelt habe. Aber eben noch nie Herrn Dr. Poensgen. Noch nie in Stuttgart. Noch nie bei dem dann im Moment des Händeschüttelns herrschenden Wetter. Noch nie in dieser Kleidung. Noch nie mit diesen Stiften auf dem Schreibtisch ... – das heißt, dass es auch beim zweiten Mal wieder neu sein wird. Auch dann, wenn es wieder Herr Dr. Poensgen ist und wir in Stuttgart die Hände schütteln. Verstehst du, was ich meine? Die körperliche Nähe beim Händeschütteln und beim Blickkontakt spielt auch eine große Rolle, da ich bei zu großer Nähe den anderen zu intensiv wahrnehme und dann nicht mehr weiß, welche Emotionen meine sind und welche seine. Dann muss ich räumlichen Abstand herstellen, um zu wissen, wer ich bin und wer er ist.

Das schiefe Bild an der Wand stellt einen klaren Regelbruch dar. Es stört mich heute noch, aber ich bekomme deshalb keine Wutausbrüche mehr so wie als Kind. Für mich ist ganz vieles und für Elijah immer wieder alles neu und somit potenziell gefährlich. Die Amygdala macht aus dem Leben mit Autismus ein Gefängnis oder aus dem Kätzchen einen Tiger. Um das zu verhindern, versuche ich alles auf der bewussten Ebene zu machen. Ich kann mich nicht auf mein Unterbewusstsein verlassen, also nutze ich meine 30%ige höhere bewusste Wahrnehmung, um immer wieder gegenzusteuern. Das ist enorm anstrengend, aber es ist eben auch extrem erfolgreich.

Ich weiß nicht genau, was du damit meinst, wenn du schreibst: Angst, weil nicht verstanden. Aber ich habe seit dem Wissen um meinen Autismus, also seit der Diagnose und dem damit verbundenen Wissenserwerb über Fremdwahrnehmung und Konsequenzen von Verhalten, eine Art soziale Angst entwickelt, die sich über lange Zeit immer mehr etabliert hat. Nun muss ich zusätzlich dieser neuen Angst bewusst entgegenwirken, da sie ansonsten zu einem weiteren Gefängnis zu werden droht. Ich habe nun oft schon Angst, bevor ein Ereignis stattfindet, da mir mittlerweile bewusst(er) ist, dass und wie mich die Menschen sehen und dass jedes Verhalten, das ich zeige, Konsequenzen für mich und meine Umgebung haben wird. Es sind diese Konsequenzen, die ich nur schwer oder gar nicht abschätzen kann. Irgendwann vergesse ich, dass es die anderen gibt, dass sie mich sehen und wie sie mich sehen. Mir fehlen immer wieder die Fremd- und oft auch die Andere-Wahrnehmung. Dies ist gleichzeitig sowohl ein Vorteil als auch ein Nachteil. Nachteilig ist, dass ich mich dadurch nicht so sozial-adäquat verhalten kann, wie es erwartet wird (mir ist die Erwartungshaltung dann nicht bewusst). Der Vorteil aber ist, dass ich in der Situation verbleiben kann. Warum? Weil aufgrund der mir nun fehlenden Anderen- und Fremdwahrnehmung keine Selbstwahrnehmung ausgelöst wird, die ich dann bewusst regulieren müsste (zum Beispiel durch Stimming), damit sie nicht zur Selbstkonfrontation wird. Dies alles würde zu einem höheren Energieverbrauch führen mit dem Ergebnis, dass mir diese Energie später fehlt und ich die einfachsten Dinge dann nicht mehr tun kann. Vor all dem habe ich logischerweise Angst. Es ist nur ein weiterer Kreislauf innerhalb meines großen Lebenskreises, an dessen Unterbrechung ich jeden Tag neu arbeiten muss. Vor der Diagnose habe ich all diese Gedanken nicht gehabt und bin unbefangen in jede Situation (und jedes Fettnäpfchen) hineingegangen. Ich war ich selbst, ohne Maske, immer. Die Konsequenzen kannst du dir sicher gut vorstellen. Menschen wandten sich von mir ab, es gab kaum zweite Begegnungen, ich wurde ausgeschimpft, kritisiert und abgestempelt als Besserwisser, Rüpel und Versager. Aber ohne die Fähigkeit, mich in mein Gegenüber hineinzuversetzen, war es mir nicht möglich, die Ursache von all den Konsequenzen zu finden, geschweige denn zu verstehen. Selbst wenn ich damals darauf gekommen wäre, dass es mein anderes (autistisches) Verhalten ist, dann hätte ich sehr wenig daran ändern können, weil es nun mal das richtige Verhalten auf (m)eine andere Wahrnehmung ist. Wieder ein Kreis im Kreis.

Als Kind hatte ich vor allem Angst. Die anderen Kinder hatten meiner Meinung nach entweder viel weniger Angst oder sie gingen komplett anders mit ihr um. Da die Angst so eng mit meiner Wahrnehmung meines Daseins verbunden war, nahm ich sie so gut es ging als gegeben an. Du sprichst die wunderbare Temple Grandin an, die ich 2012 in London kennenlernte und die mit dem, was sie mir dort sagte, den endgültigen Schlusspunkt unter das Kapitel »Ich bin ein Versager, ich kann nicht, es geht nicht« setzte. Sie hat ganz recht, wenn sie autistisches Verhalten mit dem Verhalten von Tieren vergleicht. Ich würde es am ehesten an Pferden festmachen. Pferde und Autisten haben ganz viel gemeinsam. Neues Thema? ☺

Ich denke, dass Social Stories, Bildkarten, ständiges Erklären sehr dabei helfen können, diese Angst des Nichtverstehens abzubauen. Ich habe als

Kind nachts jedes Erlebnis des Tages wie einen Film immer und immer wieder in meinem Kopf ablaufen lassen. Bei jeder Version habe ich Dinge geändert, die ich anders haben wollte bzw. die anders hätten sein müssen, damit am Ende die Konsequenz, die von mir gewünschte war. War ich zufrieden mit dem Ergebnis, ließ ich diesen Film immer wieder ablaufen. Heute weiß ich, dass ich damit mein Unterbewusstsein beeinflusst habe. Ich nutze diese Strategie deshalb auch heute noch, allerdings eher vor einem Ereignis. Das heißt, ich erlebe meinen Tag im Kopf, so wie ich ihn haben will und so wie er sein muss, damit er erfolgreich wird, bevor ich ihn in echt erlebe. Dadurch gelingt es mir, mein System ein bisschen auszutricksen. Ich schaffe es so, die Amygdala und Co. GmbH etwas beruhigen und sie in dem Glauben zu wiegen, dass die Situation nicht neu ist. Das System scheint so gelegentlich doch etwas wiederzuerkennen. Ich mache mir in jeder Minute meines Erlebens bewusst, dass und welche Ähnlichkeiten zu schon einmal Erlebten es gibt und da mein Unterbewusstsein es nun nicht zum ersten Mal erlebt, ist es bereit, mir zu glauben. Es ist ein mühseliges Unterfangen, aber lohnenswert. Das Unterbewusstsein kann nicht zwischen Bild (meine Visionen vom kommenden Tag/Ereignis) und Realität (der wirkliche Tag mit seinen Geschehnissen) unterscheiden. So gelingt es mir, meine Wahrnehmung zu beeinflussen und so zu gestalten, dass mein Verhalten, also Reaktion auf meine Wahrnehmung mehr dem entspricht, was die Gesellschaft sehen will und muss, um mich annehmen zu können.

Es ist enorm wichtig, Ursachenforschung zu betreiben. Wenn ich nicht weiß, warum ich ein Problem habe, dann ist es fast unmöglich, es zu beheben. Ich habe den Eindruck, dass viele jüngere Autisten dieses Bewusstsein, dass sie ein Problem haben entweder nicht haben oder nicht haben wollen. Dann wird es wirklich schwierig. Wir sollten wieder dahin zurückkehren, die Dinge beim Namen zu nennen. Jeder von uns hat Probleme und Defizite. Das ist wieder eine Gemeinsamkeit. Kenne ich mein Defizit, dann kann ich entscheiden, ob und was ich dagegen tun kann. Erst dann kann ich Kompensationsstrategien suchen und ausprobieren. Beim Händeschütteln habe ich keine 08/15-Strategie, sondern entscheide in der Situation. Meist gebe ich die Hand, da es ein wichtiges Ritual zu sein scheint, welches mir allerdings noch nie hinreichend erklärt wurde. Wie beim Blickkontakt gibt es bestimmt auch Völker auf der Erde, wo Händeschütteln unhöflich ist, aber hier in Deutschland ist es nun mal ein fester Bestandteil des sozialen Miteinanders. Ich akzeptiere das ohne es zu verstehen und leide manchmal darunter. Natürlich könnte ich auch eine Erklärung abgeben, warum ich keine Hände schütteln möchte, aber das ist oft viel zu kompliziert und würde den Rahmen der Begegnung sprengen. Deshalb Augen zu und durch, immer mit dem Gedanken, dass es endet. Ordnung ist das halbe Leben, heißt es. Diesen Spruch sage ich mir immer, wenn zum Beispiel ein Bild schief hängt, ein Tisch im Chaos versinkt oder im Supermarkt alles durcheinander ist. Ich würde am liebsten alles immer und überall ordnen, stapeln, nach Größe, nach Farbe oder nach Anfangsbuchstaben. Da dies nicht geht, habe ich mir Gebiete ausgesucht, in denen ich Ordnung einfach so vorfinde. Zahlen zum Beispiel oder Grammatik … – dort kann keiner etwas ändern, dort herrscht Ordnung. Im geschützten Umfeld erlaube ich mir auch, die Bilder gerade zu rücken oder die Sachen in den Schubladen so anzuordnen, dass es für mich Sinn ergibt. Dort befriedige ich diesen Drang. Du solltest mal meinen Aktenschrank sehen. Natürlich kommt es im Supermarkt oder in Buchläden immer wieder vor, dass ich anfange, das Gemüse oder die Bestseller zu ordnen, aber es ist nunmehr eher selten und meist freut sich der Ladenbesitzer auch noch drüber. Vor allem die Kisten mit den Mängelexemplaren ziehen mich magisch an.

Warum ist der Hang zur Routine für dich störend? Du hast ihn doch auch. Allerdings steht er bei dir nicht so im Vordergrund. Er ist nicht überlebenswichtig. Du erkennst in jeder Änderung der Routine auch wieder Ähnlichkeiten zu schon einmal Erlebten. Ich verstehe, dass und warum autistisches Verhalten von der Umgebung oft als störendes Verhalten wahrgenommen wird. Ich verstehe, dass dieses Verhalten für meine Umgebung und manchmal sogar auch für mich ein unerwünschtes Verhalten ist. Aber ich sage es immer wieder, um dieses Verhalten für beide Seiten erfolgreich zu verändern, muss bei der Wahrnehmung begonnen werden. Für mich beginnt und endet Autismus mit der Amygdala. Wäre sie ein Schalter, so würde er bei mir zu oft auf AN stehen, klemmt dort fest oder kippt unkontrolliert zwischen der AN- und AUS-Position hin und her. Bei dir funktioniert er zu 99 % einwandfrei. Ich denke, dass dieses Umschalten in den ersten Lebensjahren eines Menschen trainiert wird und bei mir irgendwie nicht eingesetzt hat. Aber das heißt nicht, dass man den Schalter nicht auch im Nachhinein reparieren kann. Ich denke, dass die Amygdala ihr »Fehlverhalten« erlernt hat. Demnach kann sie es auch wieder verlernen. Sie ist dabei auf mich angewiesen. Ich arbeite daran, ihr die richtigen Rückmeldungen zu geben. Schritt für Schritt. Meinen Erfolg siehst du an dem, was ich jetzt schaffe: Blickkontakt, Händeschütteln, Smalltalk, schiefe Bilder schief sein lassen, nicht jede Autonummer bewusst registrieren … Veränderungen aushalten, ja, mich auf Begegnungen mit Menschen zu freuen, mich darauf einzulassen und sie genießen können … – immer in

Maßen, die für nicht-autistische Menschen wohl noch nicht messbar sind, aber sie sind es für mich. Ich vergleiche mich nur mit mir selbst und stelle fest, dass ich durchaus eine Erfolgsgeschichte bin.

Apropos Schule: da war das mit dem Erfolg eine ganz andere Geschichte. Was möchtest du denn gern über meine Schulzeit wissen. Übrigens habe ich vor genau 25 Jahren das letzte DDR-Abitur gemacht. Ich bin der Wendejahrgang. ☺

Gee

4. Briefwechsel – Thema: Schule

09.09.2015

Liebe Gee,

dein letzter Brief zum Thema Wahrnehmung war so ergiebig, dass ich noch eine Weile darüber nachdenken werde. Du hast am Ende aber das Thema Schule angesprochen und das brennt mir ja schon eine Weile unter den Nägeln, daher schwenke ich einfach mal zu diesem Thema hin.

Da wir ja zufälligerweise am selben Tag Geburtstag haben, du aber nur ein Jahr älter bist, habe ich in einem sehr ähnlichen Zeitraum mein Abitur gemacht wie du. Nur eben »auf der anderen Seite« in der Bundesrepublik. Du hast recht, ich wollte dich schon lange zum Thema »Schule« befragen, denn die meisten Kinder (mit denen ich arbeite, aber auch insgesamt) wissen erst ab einem bestimmten Alter, was es genau ist, was sie im Schulkontext belastet. Oft sind es die Jugendlichen, die mir ihre Motive für »Störverhalten« oder psychische Probleme benennen können (wenn auch oft diffus).

Die Probleme, die aus Sicht der Lehrer immer wieder auftauchen, sind etwa folgende:

4. Briefwechsel – Thema: Schule

- Kind provoziert, ist frech, ungezogen, korrigiert ständig Lehrer
- Kind ärgert andere, verhält sich im sozialen Rahmen unangemessen
- Kind lernt nichts, nicht genug, zu langsam, ist abgelenkt usw.
- Kind macht Geräusche, rennt raus
- Kind greift andere an
- Kind trägt vor anderen nichts vor, mag keine Gruppenarbeit und so weiter und so fort

Die Kinder (meist mit Asperger-Syndrom und etwas älter) sagen in etwa:

- Zu laut, zu grell (Licht), zu viele andere Kinder
- Farbe des Teppichs/Gebäudes gefällt mir nicht
- Lehrer mag ich nicht
- Die machen in der Gruppe einfach nicht, was ich will
- Verstehe die anderen nicht und sie mich nicht
- Sie ärgern mich ständig

Das ist in der Regel eine diffizile Ausgangssituation, in die ich immer gerate. Es gibt so viele Faktoren, die die Ursachen für das »Störverhalten« sein können. Wenig Wissen über das Autismus-Spektrum ist vorhanden, so dass ich meistens mit allgemeiner Grundlagen-Aufklärung beginne und mich dann zu den einzelnen Problembaustellen vortaste. So erkläre ich zum Beispiel, dass das Kind Sprache oft wörtlich versteht und daher oft absurd wirkende Fragen stellt, die aber für seine Denkweise typisch und keineswegs provozierend gemeint sind. Auch erkläre ich, dass das Kind Personen korrigiert, wenn Fehler auftreten und es ihm um korrekte Fakten geht und nicht darum, Menschen bloßzustellen.

Es ein ständiges Ausprobieren, Hypothesen generieren und Überprüfen, was genau welches Verhalten auslöst.

Gestern hatte ich ein Gespräch mit einem erwachsenen Mann mit Asperger-Syndrom. Er hat einige Ausbildungen abgebrochen und als Hauptgrund wieder und wieder »die anderen Menschen« genannt. Ist es denn überhaupt von Vorteil, Autisten auf Schulen mit so vielen »anderen Menschen« zu schicken, wenn sie all die sozialen Fragezeichen vielleicht sogar vom eigentlichen Lernen abhalten? Ist das soziale Treiben überlastend? Könnte man Sozialverhalten auch andernorts lernen (vorher üben) oder gehst du mit denen mit, die sagen, am besten lernt es sich unter den anderen (nicht-autistischen) Menschen?

Kannst du zusammenfassen, welche »Baustellen« in der Schule für dich die größten Hürden waren? Aber vor allem – und das erfährt man viel zu selten von Betroffenen selbst – was hättest du dir gewünscht, was anders gelaufen wäre und vor allen Dingen, *wie* hätte man das bewerkstelligen können? Viele Autisten mit der Diagnose *Frühkindlicher Autismus* landen ja an Förderschulen. Kinder und Jugendliche mit *Asperger-Syndrom* werden an Regelschulen beschult, wenn das möglich ist. Glaubst du, dass das mit der Inklusion eine gute Idee ist?

Ich weiß, dass das nicht so einfach zu beantworten ist, aber ich wäre sehr froh, wenn du es versuchen könntest. Auf die nun folgenden Briefwechsel freue ich mich sehr, da ich mir auch wieder viel praktischen Nutzen für meine Arbeit verspreche.

Viele liebe Grüße und ich wünsche dir heute einen schönen Tag in Berlin,

Mel

09.09.2015

Liebe Mel,

Maria Montessori hat einmal gesagt, Schule ist jenes Exil, in dem der Erwachsene das Kind solange hält, bis es imstande ist, in der Erwachsenenwelt zu leben ohne zu stören. Für mich war die Schule wirklich der Ort, der mich zwang, mich zu verändern. Ich begann mir vermehrt darüber Gedanken zu machen, was mit mir nicht stimmte bzw. warum so viele Dinge immer wieder schiefliefen. Dazu muss ich ehrlich sagen, dass mir aufgrund meiner fehlenden Fremdwahrnehmung viele Erkenntnisse lange Zeit verborgen blieben. Erst nach meiner Diagnose wurde mir bewusst, warum Menschen in bestimmten Situationen so reagierten oder warum ich auch immer wieder allein dastand, obwohl ich mich doch oft auch nach Kontakt zu meinen Altersgenossen sehnte. Die Schule ist eine Art Gesellschaft en miniature. Es ist ein Übungsfeld, auf dem sich austesten lässt, welche Konsequenzen das eigene Verhalten hat, wozu Regelbrüche führen und welche Vor- und Nachteile die Gemeinschaft hat. Ist dir das während deiner Schulzeit bewusst gewesen?

Ich hatte das Glück, dass ich meinen Schulstart mit den Kindern begehen konnte, die ich schon aus Krippe und Kindergarten kannte. Diese Kinder waren mein Anker, mein Halt. Trotzdem war es eine riesige Strukturänderung, auf die mich niemand vorbereitet hatte. Mir hätte sehr geholfen, die Schule und die Lehrer vorher schon kennenzulernen und Abläufe im Schulalltag (als Bildkarten) immer wieder erklärt zu bekommen. Ich hätte gern schon vorab gewusst, wo mein Platz ist. Stattdessen begann meine Schullaufbahn mit einer großen Pleite. Nachdem wir unsere Zuckertüten bekommen hatten, wurden wir von der Lehrerin und der Horterzieherin in unser Klassenzimmer geführt. Dort wurde jedem Kind ein Platz zugewiesen. Mein Stresslevel war zu diesem Zeitpunkt schon sehr hoch und stieg in dem Wissen, dass gleich mein Name (Selbstkonfrontation) genannt würde, immer weiter an. Am Ende standen noch ein Junge und ich vorn und die gesamte Klasse starrte uns an. Die Lehrerin und die Horterzieherin setzten sich auf die beiden einzig noch freien Plätze und sagten, dass für uns beide kein Platz mehr sei, wahrscheinlich hätten uns unsere Eltern nicht angemeldet. Während alle Kinder lachten, fiel mein Selbst tief in mein schwarzes Loch und musste all meine restliche Energie dafür aufbringen, meinen Körper weiterhin stehen zu lassen. Die Fluchtreaktion hatte man mir ja schon im Kindergarten genommen, also erstarrte ich. Die Welt drehte sich immer schneller, der Kreis, der mein Leben ist, wurde immer enger. Irgendwann wurde ich zu einem Stuhl geschoben und dort niedergedrückt. Ich saß da und in meinem Kopf war nun nur noch ein Gedanke übrig: ich gehöre nicht dazu. Ich gehöre nicht dazu. Ich gehöre nicht dazu. Damals hatte ich mein Phönix-Programm noch nicht, so dass ich mich diesem Gedanken schutzlos hingeben musste. Man könnte meine Schulzeit so überschreiben. Ich gehörte nicht dazu. Aber mit der Zeit lernte ich, es so aussehen zu lassen, als gehörte ich dazu. Ich begriff die Notwendigkeit des Kompensierens. Das war entscheidend für mein Überleben in einer sehr hostilen Umgebung. Dennoch empfand ich auch sehr viele Aspekte des Schulalltages als sehr wohltuend. So zum Beispiel die Sicherheit, die mir all die Strukturen gaben, die eine Schule ausmachen: Klassenstufen, Stunden- und Zimmerplan, Sitzordnung und all die anderen Regeln. Das waren Anker für mich, die mir Halt gaben. Natürlich wurde es jedes Mal stürmisch, wenn ein oder mehrere Anker wegfielen, d. h. wenn es Stundenausfälle oder Vertretungen durch andere Lehrer gab. Wenn zum Beispiel meine Biologielehrerein, die ich ja kannte und von der ich auch wusste, dass sie auch Chemielehrerin ist, unsere Chemie-Stunde übernahm, weil mein Chemielehrer erkrankt war, dann war das für mich trotz alledem eine ungeheure Herausforderung. Ich habe in solchen Fällen von meiner Fähigkeit, die anderen beobachten und imitieren zu können, profitiert. Blieben meine Mitschüler ruhig, dann versuchte ich es auch zu bleiben. Ich verstand zwar nicht, warum sie ruhig blieben, aber ich wusste, dass dies bedeutete, dass keine Gefahr herrschte. Ich übernahm einfach deren Wahrnehmung. So begann ich ganz langsam meine Amygdala umzutrainieren. Sie meldete Gefahr, ich steuerte dagegen. Immer und immer wieder sagte ich mir mein »Stopp, Stopp Stopp, es ist nicht so« im Kopf oder leise vor mich her. Nachts ließ ich diese Situationen wieder und wieder in meinem Hirn ablaufen und schaute dem Ganzen noch einmal aus sicherer Distanz zu. Ich kopierte das Verhalten meiner Mitschüler, vor allem derer, die ich gut wahrnehmen konnte und zog mir diese Kopie wie einen Mantel über. Ich verbrachte meine Nächte damit, mir ein Ich zu basteln. Ich hatte begriffen, dass ich diese Schutzmaske nicht hatte, aber dringend brauchte. Es wurde ein Patchwork-Ich aus meinen Mitschülern, TV- und Kinohelden aber auch Menschen wie Nelson Mandela, der seit meiner Kindergartenzeit mein Held war. Es scheint immer unmöglich, bis man es tut, hat er einmal gesagt. Das ist sehr früh zu meinem Lebensmotto geworden. Ich möchte meine Problemfelder oder Baustellen, wie du es nennst, in der Schule einmal übersichtlich für dich aufschreiben, weil dir das vielleicht einige Ansätze für deine therapeutische Arbeit gibt:

Sinneswahrnehmungen

- Reizüberflutung auf allen Sinneskanälen, Mono-Wahrnehmen, abgelenkt sein, »falsche Aufmerksamkeit«, hoher Energieverlust, stark wechselnde Tagesform, zu langsame Informationsaufnahme, unerwartetes Verhalten (Flucht-, Kampf- und Starre-Reaktionen)

Selbstwahrnehmung

- Selbstkonfrontation, verträgt weder Lob noch Tadel, will nicht im Mittelpunkt stehen, (auto)aggressives Verhalten, Meiden anderer Menschen, Festhalten an strikten Abläufen oder Regeln/Strukturen als Sicherheit, zum Teil für Schule unpassendes Stimming, Neigung zu Zwängen, Abneigung gegen eigenen Namen, ungewollter, spontaner Mutismus, alles, auf sich beziehen, fehlender Blickkontakt

Andere-Wahrnehmung

- *fehlende*: kein Beobachten und damit Imitieren der anderen möglich, fehlende Interaktion mit anderen, wenig Reaktion auf Ansprache
- *übermäßige:* Überforderung in der Begegnung und im Zusammensein mit Anderen, Gefahr der Selbstkonfrontation, Rückzug aus der Gemeinschaft, unangemessenes Verhalten mit anderen

Fremdwahrnehmung

- *fehlende (kognitiv – Theory of Mind):* unangemessenes, unerwartetes Verhalten, nicht in den anderen hineinversetzen können, Ablehnung wahrnehmen, wo keine ist, Unverständnis gegenüber anderen, und sich selbst unverstanden fühlen, nicht wissen, was von einem erwartet wird, Erwartungshaltung der anderen nicht erfüllen können
- *übermäßige (empathisch):* zu viele Emotionen, die nicht benannt bzw. zugeordnet werden können, was fühle ich selbst, was der andere, Verwirrungen durch die Unterschiede der inneren und äußeren Haltung der Menschen, fehlende Abgrenzungsmöglichkeiten, Rückzüge aus scheinbar normalen Situationen, Verweigerung körperlicher Nähe oder Suche nach zu großer körperlicher Nähe, Emotionen wahrnehmen, aber nicht verbal ausdrücken können, (auto)aggressives Verhalten, Ablehnung bestimmter Menschen, unerklärbares Verhalten

Körperwahrnehmung

- *fehlende:* schlechte Balance, Probleme bei Stillsitzen und im Sportunterricht, Schwierigkeiten bei der Benutzung von Werkzeugen wie Füller, Schere etc., konstantes Körperstimmen, Anrempeln von Gegenständen und Menschen, zu nah oder zu weit weg, grob und derb im Umgang mit anderen
- *übermäßige:* (auto)aggressives Verhalten, Überreaktion auf kleinste Berührungen, Vermeiden von Kontakt, Gefahr von Selbstkonfrontation, wenig Blickkontakt

Soziale Interaktion

- Nichteinhalten von sozialen Regeln, weil sie nicht bekannt sind und/oder nicht verstanden werden, Angst vor sozialer Interaktion durch teilweise Fremdwahrnehmung (bei älteren Autisten), Sicherheitsverlust durch Strukturänderungen, Abläufe werden nicht abgespeichert (was kommt wann dran), fehlende Andere- und Fremdwahrnehmung kann zu inadäquatem Verhalten führen, schnelle Ablehnung von Menschen, Anforderungen und Situationen, Flucht-, Kampf und Starre-Reaktionen

Kommunikation

- *sprechend:* geringes Sprachverständnis trotz hohem Sprach-Output, niedriges Mitteilungsbedürfnis, kein Nachfragen, wörtlich nehmen, wenig Sinn und Verständnis für Humor, Schwierigkeiten bei Redewendungen und Sprichworten, kein oder wenig Verständnis für Ironie und Sarkasmus, sich deshalb ständig geärgert und ausgelacht fühlen, Monologisieren über Lieblingsthemen, wenig Zuhören, Überforderung in Gesprächen mit zwei oder mehr Menschen, erhöhtes Stimming, ständig vorhandener Cocktail-Effekt, wenig Blickkontakt, Nicht-Wahrnehmen oder Nicht-Verstehen von Mimik und Gestik (70 % des Gesagten fehlen dann), plötzlich auftretender ungewollter Mutismus, unerwartetes Verhalten durch Flucht-, Kampf- und Starre-Reaktionen

- *nicht-sprechend:* wenig Gestik und Mimik bzw. nicht zur Situation passend, keine Zeigegestik, wenig Blickkontakt, zu hohe Selbstwahrnehmung, um Hilfsmittel nutzen zu können, unerwartetes Verhalten durch Flucht-, Kampf- und Starre-Reaktionen, auch ausgelöst durch ständiges Missverstanden werden

So, dass sind nur einige Dinge, die ich von mir und auch von Elijah sagen kann. Diese Probleme habe ich zum Teil heute noch, vermag aber viel besser mit ihnen umzugehen, da ich entsprechende Kompensationsstrategien gefunden habe. Mein Phönix-Programm hilft sowohl mir als auch Elijah, die Amygdala zu beruhigen, um nicht überall nur mit Flucht, Kampf oder Starre reagieren zu müssen. Nun fragst du mich sicher, was man tun kann, damit die oben aufgezählten Probleme minimiert werden können oder handhabbar werden. Wie du weißt, bin ich der Meinung, dass Autismus mit der Amygdala beginnt und aufhört. Das bedeutet, dass ich glaube, dass dieses System beruhigt werden muss. Es gilt, die Alarmanlage so einzustellen, dass sie weder über- noch unterreagiert. Sie muss Schutz sein, nicht Kerker. Ich glaube, das ist nochmal ein Thema für sich, über das ich auch wirklich gern mit dir schreiben möchte. Bei den vielen Problemen da oben stellt sich auch für mich die Frage, ob es Sinn macht, Asperger-Autisten auf Schulen zu schicken, die für nicht-autistische Kinder konzipiert wurden. Dazu muss gesagt werden, dass die Mehrheit der Schulen nicht einmal diesen Kindern wirklich gerecht wird. Können autistische Kinder unter solch schwierigen Verhältnissen überhaupt lernen, fragst du. Ja, das können sie. Die kognitiven Fähigkeiten der meisten Asperger-Autisten reichen vollkommen aus, um einen guten Schulabschluss zu machen. Daran liegt es nicht. Es sind wirklich die Probleme in der sozialen Interaktion und die eingeschränkten bzw. andersartigen kommunikativen Fähigkeiten, die aber auf den ersten oder zweiten Blick nicht zu erkennen sind, die den Kindern (und auch Lehrern und Mitschülern) so große Probleme bereiten, dass es bei vielen von ihnen zu häufigen Auseinandersetzungen und zahlreichen Schulwechseln kommt. Also muss dort angesetzt werden. Ich kann nicht nachvollziehen, inwieweit ein Sozialtraining mit anderen Autisten hilfreich sein kann. Ich habe alles, was ich kann, von Nicht-Autisten gelernt. Ich habe die Menschen um mich herum zu meinem Spezialinteresse gemacht und studiere sie seit nunmehr über 40 Jahren. Frühere Diagnostik bzw. Intervention würde einen großen Unterschied machen, da bei einem Kleinkind die Verhaltensproblematik noch nicht so ausgeprägt ist wie bei einem 10-Jährigen, dem plötzlich gesagt wird, dass er Asperger-Autist ist und nun Therapie braucht. Meine Hauptprobleme liegen in der anderen Wahrnehmung der Welt um mich herum. Ich kann viele der Probleme gut erkennen und benennen und habe für viele von ihnen auch gute Kompensationsstrategien gefunden. Es gibt auch noch jede Menge Dinge, die ich (noch) nicht verstehe, aber schon deshalb, weil ich mir dessen bewusst bin, dass ich sie (noch) nicht verstehe, geht es mir besser. Der erste Schritt ist das Erkennen des Problems, dann kann ich nach einer Lösung suchen. Wenn mein Auto (ich habe gar keins ☺, ist nur ein Beispiel) kaputt ist und beim Fahren (ich habe auch keinen Führerschein) gefährlich klappert, dann weiß ich doch, dass da was nicht stimmt. Das Auto hat ein Problem und ich somit auch. Wenn ich möchte, dass das Auto weiterhin fährt (weil ich es brauche), dann muss ich etwas tun. Ich kenne mich mit Autos nicht wirklich aus, du etwa? Nein? Ich habe nun verschiedene Möglichkeiten. Ich kann es in eine Werkstatt bringen, ich kann meinen Nachbarn fragen, ob er mal schaut oder ich setze mich an den Computer und versuche mich im Internet schlau(er) zu machen. Je länger ich das Ganze vor mir herschiebe und weiterhin mit dem kaputten Auto fahre, desto größer wird auch das Problem. Manchmal ist dann ein neues Auto die letzte Möglichkeit, um wieder mobil zu sein. Deshalb ist es besser, wenn ich mein Problem früh erkenne. Nun kann ich schauen, wie ich das Problem lösen kann. Ich kann mir zum Beispiel Hilfe von außen, professionelle oder auch in der Familie, suchen. Ich stelle unheimlich viele Fragen. Wahrscheinlich mache ich erst jetzt mit über 40 Jahren diese wieso-weshalb-warum-Phase durch. ☺ Früher kam es mir nie in den Sinn zu fragen. Schade. Da hätte ich mir schon einen erfahrenen Autisten als Begleiter und Erklärer gewünscht oder ein entsprechendes Buch oder das Internet. All diese Hilfsmittel stehen mir und allen anderen autistischen Menschen nun zum Glück zur Verfügung.

Du schreibst, dass du einen erwachsenen Asperger-Autisten beraten hast, der als Grund für all seine Schwierigkeiten die anderen Menschen nennt. Das kann schon sein, denn Andere-Wahrnehmung löst immer Selbstwahrnehmung aus und die wird, wenn man nicht entgegenwirkt, ganz schnell zur Selbstkonfrontation und dann geht gar nichts mehr. Ich würde mir wünschen, dass nicht-autistische Menschen uns Autisten viel von dem, was wir erzählen, einfach glauben würden, auch dann, wenn sie es überhaupt nicht nachvollziehen können. So ist das eben mit Wahrnehmung, sie ist und bleibt subjektiv. Ich würde mir wünschen, dass man mich öfter ernst nehmen würde, denn dann würde ich mich angenommener fühlen in meiner Art, in meinem Sein. Dies würde es leichter machen, gemeinsam nach neuen Wegen zu suchen, damit jeder von uns ein Teil dieser Gemeinschaft sein kann. Es fehlt noch viel zu oft an einem wirklich tiefen Verständnis und damit letztendlich auch an der Akzeptanz für die andere Wahrnehmung Autismus. Gerade mein Sohn ist darauf so angewiesen. Verständnis und Akzeptanz sind auch die ersten Schritte in Richtung Inklusion.

Du fragst, ob ich glaube, dass das mit der Inklusion Sinn macht. Es ist der Glaube daran, dass etwas Sinn macht, egal, wie es ausgeht, der mich Dinge tun lässt. Inklusion ist weder schwierig, noch muss sie teuer sein. Inklusion bedeutet für mich, dass ich den anderen so annehmen kann, wie er ist, egal, wie anders er ist. Es beginnt also mit der Akzeptanz. Akzeptanz kostet uns keinen Cent und ist doch das wertvollste Geschenk, das wir einem anderen Menschen machen können. Natürlich muss unser Anderssein immer auch mit den Regeln unserer Gemeinschaft vereinbar sein. Ich denke, dass ich mich zu einem bestimmten Punkt in die Gemeinschaft integrieren muss, das heißt, dass ich als autistischer Mensch auch an mir Veränderungen vornehmen muss. Ich muss gewisse Regeln einhalten, damit ich einen Platz in der Gesellschaft bekommen kann. Die Gesellschaft allerdings muss endlich begreifen, dass Autismus keine falsche, sondern eine andere Wahrnehmung ist und diese neben der vorherrschenden nicht-autistischen Wahrnehmung als gegeben akzeptieren. Es gibt drei Elefantenarten auf der Erde und keine davon ist falsch!

Ich bin sehr gespannt, ob ich dir mit meinen Ausführungen etwas helfen konnte. Ich freu mich auf weitere Fragen, denn jede Frage von dir bringt auch mich ein Stück näher zu mir. Unser Briefwechsel ist eine wirklich spannende Sache für mich. Wusstest du, dass ich früher Brieffreunde in aller Welt hatte?

Ich grüße dich und wünsche dir ein schönes Wochenende,

Gee

4. Briefwechsel – Thema: Schule

13.09.2015

Liebe Gee,

zugegebenermaßen brummt mir ein bisschen der Schädel nach diesem langen Brief. Nicht, weil du etwas Schlimmes geschrieben hättest! Mir dämmert nur mal wieder, wie schwerwiegend viele deiner Probleme sind. Die »tiefgreifende Störung« (es würde mich auch noch mal interessieren, wie du die Bezeichnung *Störung* für dich wertest!) beginnt mit der autistischen Wahrnehmung, die es zu beeinflussen gilt, wie du sagst. Das ist die erste, sehr wichtige Erkenntnis: Therapie setzt bei der Wahrnehmung an!

Du schlägst für dich das »Phönix-Programm« vor, welches die Amygdala zu beruhigen sucht. Die Amygdala ist das System des Gehirns, welches Gefahr meldet. Bei deinem Autismus (und offenbar dem vieler anderer) meldet die Amygdala zu häufig Gefahr. Mir ist jetzt aber noch nicht ganz klar geworden, wie genau du diese Beruhigung durchführst. Du nutzt die Kraft des Unterbewussten dafür, schriebst du an anderer Stelle. Dieses »Wahrnehmungsblinzeln«, von dem du in diesem Zusammenhang berichtetest, habe ich noch nicht ganz verstanden. Es handelt sich dabei um einen Moment der »Klarheit«, der aus dem Unbewussten kommt? Du siehst also eine (soziale) Situation einen kurzen Moment lang ganz klar und deutlich wie ein Nicht-Autist oder wie ein solcher eine Situation beurteilen und bewältigen würde? Oder du siehst in diesem »Raum zwischen Reiz und Handlung« deutlich vor dir, wie ein Situation einzuschätzen oder zu beurteilen ist und kannst deine Handlung dann entsprechen modulieren?

Außerdem kann ich noch immer nicht so viel mit dem Begriff »Selbstkonfrontation« anfangen. Bedeutet das, dass du dich selbst (zu sehr) spürst oder dich mit dir selbst auseinander setzt, also konfrontierst? Diese »Selbskonfrontation« kommt aber häufig im Zusammenhang mit autoaggressivem Verhalten vor? Ist das also vielleicht etwas wie eine Überforderungssituation mit dir selbst?

Warum verträgst du kein Lob? Dass du keinen Tadel verträgst, kann ich nachfühlen. Die meisten Menschen werden nicht gern kritisiert, wobei ich persönlich konstruktiv vorgetragene Kritik sogar gut finde. Lob dagegen ist mir manchmal etwas unangenehm, da ich aber auch nicht wirklich gern im Mittelpunkt stehe. Die meisten anderen Menschen reagieren aber eher positiv auf Lob und Anerkennung, es motiviert sie zu besseren Leistungen. Ist es bei dir wie bei mir, dass du »geniert« bist durch Lob? Und was hat es mit dem Nennen deines Namens auf sich? Warum ist das so schwer auszuhalten?

Ich habe das Gefühl, dass all diese Fragen in einem Zusammenhang stehen. Vielleicht lassen sie sich daher sogar gemeinsam beantworten.

Ich glaube, wenn wir alle so tief in die Psyche autistisch wahrnehmender Menschen eintauchen, dann können wir auch die Schule erträglicher gestalten. Alles wird sich nicht lösen lassen, da die Mehrheit nicht-autistisch ist. Daher ist selbstredend alles mehr oder weniger auf diese Norm eingestellt. Geräuschkulisse, Lichtpegel, Unterrichtsstoff, Pausengestaltung und so weiter. Wobei ich überzeugt bin, dass einiges, was man Autisten zuliebe ändern müsste, den anderen »normgerechteren« Kindern ebenso zu Gute käme.

Für heute reichen meine Fragen. Ich hoffe, du kannst meine derzeit etwas überstimulierte Amygdala ein bisschen durch deinen Antwortbrief beruhigen.

Liebe Grüße

Mel

13.09.2015

Liebe Mel,

dann ist es wohl ganz gut, dass es ein Briefwechsel ist, weil du den Brief ja immer mal zur Seite legen kannst. ☺

Meiner Erfahrung mit meinem Autismus nach kann Therapie bzw. Veränderung nur bei der Wahrnehmung beginnen, denn dort liegt der Schlüssel zu unserem Verhalten. Mit meinem Phönix-Programm versuche ich, meiner Amygdala die Rückmeldung zu geben, die zutreffend ist. Das heißt, dass ich mich, seit ich denken kann, sehr genau beobachte und mir genau merke, wie ich in welcher Situation reagiert habe. Außerdem beobachte ich die Menschen um mich herum, wie sie in ähnlichen Situationen reagieren. So habe ich gelernt, dass Händeschütteln nichts Schlimmes und schon gar nichts Gefährliches ist, vor allem dann nicht, wenn es ein mir bekannter Mensch in vertrauter Umgebung ist, der mir seine Hand reicht. Nun muss ich »nur« noch meine Amygdala davon überzeugen. Vereinfacht gesagt, mache ich das so, dass ich solche Situationen immer wieder im Kopf abspiele und zwar so, wie es hätte sein müssen. Ich nutze dabei den Fakt, dass das Unterbewusstsein nicht zwischen Bild und Realität unterscheiden kann, weshalb wir im Kino auch Angst vor Dinosauriern haben. Außerdem verstärke ich die Amygdala jedes Mal, wenn sie einen Reiz richtig bewertet hat. Das heißt, ich gebe ihr eine positive Rückmeldung. Manchmal wird es auch in meinem Kopf noch heikel, dann nutze ich auch hier mein »Stopp, Stopp, Stopp«, um die Amygdala zu beruhigen oder wende paradoxe Intervention an, um sie abzulenken. Sie muss das, was sie »falsch« gelernt hat, wieder verlernen und das kann sie auch. Ich versuche dies auch direkt in den Situationen zu tun, aber das ist wesentlich schwieriger. Hierbei helfen mir mein Stimming, mein Wahrnehmungsblinzeln oder auch das Übernehmen der Wahrnehmung meines Gegenübers. Anfangs gab es nur diesen winzig kleinen Moment, in dem ich fühle, was richtig ist. Ich arbeite ständig daran, diesen Moment oder diesen Raum auszudehnen. Du machst das auch, aber es fällt dir so leicht, dass es dir nicht bewusst wird. Bei dir ist es ein unterbewusst ablaufendes Programm. Wenn Menschen noch einmal über eine Sache schlafen, ehe sie etwas entscheiden, dann ist dies etwas Ähnliches. Dieser Moment fühlt sich so an, als würde ich etwas in den Sand Geschriebenes sehen, kurz bevor die Wellen es verwischen. Einen Blick erhaschen, auf das was sein sollte. Es geht aber nicht darum, dass ich etwas sehe, sondern, dass ich es fühle. Es fällt mir so schwer, es in Worte zu fassen, denn es ist kein Bild da, das ich dir beschreiben könnte. Ich meine, dass mein Wahrnehmungsblinzeln etwas Bewusstes ist. Ich nutze meine bewusste Wahrnehmung, um zu kompensieren, was als unterbewusstes Programm nicht vorhanden ist. Aber da das Unterbewusstsein ein Goliat ist, hat das Bewusstsein am Ende wenig zu sagen. Die Macht liegt im Unterbewusstsein. Allerdings gelingt es David im Alten Testament, Goliath zu besiegen. Er vertraut auf Gottes Hilfe und ich vertraue auf mich selbst und mein Phönix-Programm. Es scheint immer unmöglich, bis man es tut (Mandela).

Selbstkonfrontation steht am Ende einer nicht unterbrochenen immer weiter ansteigenden Selbstwahrnehmung. Selbstwahrnehmung ist die Wahrnehmung des eigenen Selbst. Um funktionieren zu können, muss ich meine Selbstwahrnehmung auf einem Minimum halten. Dies ist sehr schwierig, da allein schon die Anwesenheit eines anderen Menschen bei mir eine Andere-Wahrnehmung auslöst, die sofort zur Erhöhung der Selbstwahrnehmung führt. Ich muss dann sehr hart arbeiten, damit diese erhöhte Selbstwahrnehmung nicht zur Selbstkonfrontation wird. Ich kann noch immer keine lange und intensive Begegnung mit dem eigenen Selbst aushalten. Ich benötige noch einen großen Sicherheitsabstand zu meinem Selbst. Als Kind dachte ich, dass ich gegen mein Selbst allergisch bin. Ich schaue nicht gern in Spiegel. Wenn Spiegel im Raum (z. B. Friseur) sind oder sich mein Gesicht irgendwo reflektiert, dann richte ich meinen Blick sofort nach innen, so dass es nur so aussieht, als würde ich mich im Spiegel betrachten. Auch das Nennen meines Geburtsnamens löst sofort Selbstkonfrontation aus, was in meiner Schulzeit ein riesiges Problem war. Selbstkonfrontation bedeutet, dass ich jedes Detail meines Selbst an meinem Selbst und durch mein Selbst wahrnehme. Ich habe dann eine Art erhöhte Wahrnehmung des inneren Körperbewusstseins, wohingegen die Körpergrenzen, die ich sowieso nicht sehr gut wahrnehmen kann, sich völlig auflösen. Das kleine bisschen *Ich*-Maske, was ich mir so mühevoll zusammengebastelt habe, zerfällt plötzlich in tausend Teile. Ich bin dann nackt unter Angezogenen und habe das Gefühl, dass die gesamte Aufmerksamkeit der Welt auf mich gerichtet ist. Tausende Spotlights und Blitzlichtgewitter, hunderte Stimmen, die zur gleichen Zeit meinen Namen rufen und das Ganze findet in einem Spiegelkabinett statt, aus dem ich keinen anderen Weg herauskenne, als alles um mich herum zu zerschlagen oder in dieses schwarze Loch zu springen. Lange Zeit war eine autoaggressive Reaktion meine einzige Möglichkeit, mich, mein Selbst und die anderen wieder in eine Art Balance zu bekommen. Ich habe es geschafft, von dort wegzukommen, obwohl der erste Gedanke in solchen Situationen, die ich immer noch beinahe täglich erlebe, stets der ist, meinem Selbst mit Autoaggression zu begegnen, um wieder sein zu können. Bei meiner Autoaggression geht es nicht darum, meinen Körper zu verletzen. Dies würde wenig Sinn machen, da ich ihn ja kaum wahrnehme. Es geht nicht um Schmerzen, sondern um das Regulieren, um wieder an den Punkt zu gelangen, wo mir ein Funktionieren möglich ist. Ich habe von nicht-autistischen Menschen schon oft die Redewendung gehört, dass sie »im Boden versinken« wollen. Dabei geht es um Scham und sich schämen oder auch beschämt worden sein. Vielleicht ist meine Selbstkonfrontation eine extreme Variante dieses Gefühl des Schämens? Und kein schützendes Ich in Sicht. Hattest du denn noch nie einen Moment, wo du dir gewünscht hast, dass der Erdboden sich auftut und dich einfach verschluckt? Mir geht es auch dann so, wenn ich gelobt werde. Das wirklich Traurige daran ist, dass ich schon immer gelobt werden wollte, es aber nie aushalten konnte. Genau aus diesem Grund, habe ich auch in meiner Schulzeit bestimmte Dinge nicht getan oder absichtlich Fehler gemacht. Obwohl ich es jetzt besser annehmen und aushalten kann, ist es trotzdem noch sehr schwierig für mich und ich muss ganz viel tun, damit alles gut geht und die Amygdala nicht die Oberhand gewinnt. David vs. Goliath – jeden Tag, aber jeden Tag ein bisschen besser.

Inklusion bedeutet, dass sich die Umwelt (Schule) an die jeweiligen Voraussetzungen der Menschen (Schüler) anpasst. Bei Autismus ist das eine große Herausforderung, die meiner Meinung nach nur dann zu meistern ist, wenn auch der autistische Mensch bereit und fähig ist, an den Voraussetzungen, die er mitbringt, zu arbeiten, diese zu verbessern. Das ist es, was ich tue. Das ist es auch, was du tust. Erst mit dem Willen und der Bereitschaft, dazugehören zu wollen, macht Inklusion doch Sinn. Aber die Grundvoraussetzung für Inklusion ist die Akzeptanz und die beginnt bei jedem Einzelnen von uns. Erst, wenn ich mich selber so annehmen kann, wie ich bin, kann ich einen anderen Menschen so annehmen, wie er ist, egal, wie anders er ist.

Wenn es deine Amygdala nicht zu sehr aufregt und du Lust hast, dann würde ich mich gern mit dir ein bisschen mehr zum Thema Ich, mein Selbst und die anderen austauschen. Was meinst du? Und was sagt dein Selbst?

Herzliche Grüße und bis demnächst

Gee

5. Briefwechsel – Thema: Selbst und die anderen

16.09.2015

Guten Morgen Gee,

meine Amygdala regt sich bei dem Thema »Ich, mein Selbst und die anderen« nicht auf und ich schreibe gern darüber mit dir. Ich bin mir aber derzeit nicht ganz sicher, worüber ich genau schreiben soll, da diese Begriffsdifferenzierung nicht ganz deutlich für mich ist. Ich bin ich, aber das wäre in der Psychoanalyse zum Beispiel das »Erwachsenen-Ich«. Daneben gibt es ein Über-Ich und ein Kindheits-Ich. Auf welches »Ich« beziehst du dich?

Es kommt nämlich immer darauf an, in welcher Rolle ich mich gerade befinde. Hoffentlich meistens im Erwachsenen-Ich, welches die Dinge klar und vernünftig und eben »erwachsen«, also reif betrachtet. Das Über-Ich wertet, das sind die »internalisierten«, also übernommenen Überzeugungen der Eltern zum Beispiel. Das Kindheits-Ich ist eben die kleine Melanie, die sich (emotional »unreif«) wie ein Kind benimmt und manchmal immer noch überhandnimmt. Richtig gut ist es, wenn alle drei Ichs zusammenwirken und sich positiv beeinflussen, denn das Kindheits-Ich hat auch Vorteile, da es so ehrlich, direkt und oft auch begeisterungsfähig ist (gesundes Kindheits-Ich wohlbemerkt... Es gibt auch noch andere Formen, aber das führt jetzt wohl zu weit).

Und wenn ich Martin Buber richtig verstanden habe, dann sagt er, dass das Ich sich erst in der Begegnung zum Du von der Umwelt abgrenzt, sich also konstituiert.

Auch die Frage, was mein »Selbst« dazu sagt, kann ich aus diesen Gründen nicht ganz beantworten. Ich weiß nicht, welche Definition von »Selbst« du zugrundelegst. Das »Selbst« ist ein sehr uneinheitlich verwendeter Begriff. Spontan sehe ich keine große Unterscheidung zum »Ich«. Wie es auch auf Wikipedia heißt (was ich mir kurz mal beim »Selbst«-Begriff zur Hilfe genommen habe): »Im Sinn der *Selbstbeobachtung*, also in Bezug auf die *Empfindung*, ein einheitliches, konsistent fühlendes, denkendes und handelndes *Wesen* zu sein, dient er zur *Reflexion*, Verstärkung und Betonung des Begriffs *Ich*.«

Herzliche Grüße von

Mel

17.09.2015

Liebe Mel,

gute Frage. Worüber genau reden wir? Auf alle Fälle ist das wohl kein Smalltalk-Thema. ☺

Du hast ganz recht, wenn du mit einer Begriffsdifferenzierung beginnst. Ich bitte dich, nicht zu vergessen, dass Worte nicht meine Sprache sind und es mir sehr schwer fällt, das, was ich tief in mir drin fühle und wie ich die Welt wahrnehme, mithilfe von Worten zu dir nach außen zu tragen. Ich glaube, dass Worte dafür niemals ausreichen werden. Aber lass es uns bitte immer wieder versuchen.

In meiner Wahrnehmung ist dein »Erwachsenen-Ich« das, was ich als das *Ich* bezeichne. Dieses *Ich* ist der Agierende, der Schauspieler, der die zur Situation passende Maske trägt und den passenden Text vorträgt. Das *Ich* ist erwachsen und es hat Fremdwahrnehmung, das heißt das *Ich* weiß, dass es ein *Du* gibt. Es weiß auch, dass dieses *Du* das *Ich* sieht und, ganz wichtig, wie das *Du* das *Ich* sieht. Das *Ich* steht in konstanter Verbindung mit der Umgebung und kann sich an diese anpassen. Es kann Konsequenzen des eigenen Verhaltens abwägen und Einfluss auf diese nehmen, in dem es das Verhalten entsprechend ändert. Das *Ich* verfügt über Sprache bzw. ist in der Lage, effektiv mit seiner Umgebung zu kommunizieren. Das *Ich* sollte im Idealfall auch mit dem Selbst kommunizieren, also nach innen schauend agieren. Es hat eine Schutzfunktion gegenüber den anderen, aber auch gegenüber dem eigenen Selbst. Jedes Selbst ist kindlich. Meines empfinde ich als zwischen 4 und 7 Jahre alt. Aber mehr dazu später.

Mit deinem Über-Ich kann ich nicht so viel anfangen. Um die Überzeugungen der Eltern in der Kindheit übernehmen zu können, bedarf es doch einer ganzen Menge an Andere-Wahrnehmung. Ich habe bis zum Grundschulalter nicht gewusst, dass die Frau, die sich um mich kümmerte, meine Mutter war. Ich nannte sie so, weil mir das beigebracht wurde, aber ich verstand nicht, was eine Mutter ist. Ich kann dir nicht sagen, welche Überzeugungen meine Mutter hatte, als ich Kind war. Meine einzige echte Bezugsperson war mein Großvater. Er starb, als ich sieben war. Dass ich selbst ein Kind und die anderen um mich herum auch Kinder waren, begriff ich erst mit acht Jahren, als es bei uns in der DDR das Jahr des Kindes gab. Bis dahin fühlte ich keinerlei Zugehörigkeit, sondern war allein mit meinem Selbst. Ich habe kein funktionales *Ich* entwickeln können und somit war mein Selbst den anderen und auch sich selbst mehr oder weniger schutzlos ausgeliefert. Ich schwebte ständig in der Gefahr an Selbstkonfrontation kaputt zu gehen. Da wir hauptsächlich über Imitieren lernen, musste ich zwangsläufig die anderen beobachten. Dies führte zu einer Anderen-Wahrnehmung, die immer wieder Selbstwahrnehmung auslöste. Ohne ein schützendes *Ich* führte dies bei mir sofort zur Selbstkonfrontation, zu Autoaggression und zum Zerfall. Ich machte mich also relativ früh daran, mir ein Patchwork-*Ich* zu basteln, welches mir zumindest ein Überleben in einer Gesellschaft von *Ich*-Menschen ermöglichen könnte. Ohne die *Ich*-Maske bist auch du Autist, denn dann bist du nur Selbst (autos). Ich glaube aber nicht, dass *Ich*-Menschen die Maske komplett ablegen können, vor allem, wenn andere *Ich*-Menschen anwesend sind. Das *Ich* würde dies um jeden Preis verhindern. Überhöhter Konsum von Alkohol jedoch oder die Einnahme von Drogen führen ganz schnell zu einer Demaskierung bei *Ich*-Menschen. Ich schaffe es heute, dass ich mein Patchwork-*Ich* eine ganze Weile sehr erfolgreich aufrechterhalten kann. Es braucht allerdings nur eine geringe Erhöhung der Selbstwahrnehmung und die Maske rutscht weg. Dann erschrecken sich die Menschen vor mir, denn dann stehen sie meinem Selbst gegenüber. Deshalb ist mein Künstlername auch Bareface (engl. nacktes, unverdecktes Gesicht). Nur ein Selbst kann ein anderes Selbst wahrnehmen, das *Ich* vermag das nicht. Deshalb können viele *Ich*-Menschen bei Tragödien einfach zuschauen oder an einem frierenden Obdachlosen einfach vorbeigehen. Nur das Selbst fühlt mit und hat Emotionen.

Autistischen Menschen wird oft abgesprochen, Gefühle zu haben, aber das stimmt ganz und gar nicht. Im Gegenteil, wir fühlen viel zu viel und zu tief, weil wir nur oder sehr viel Selbst sind. Wir spüren eben auch das, was vom Inneren unseres Gegenübers kommt und sind dann verwirrt, wenn die äußere Reaktion eine ganz andere ist. »Man sieht nur mit dem Herzen gut. Das Wesentliche ist für die Augen unsichtbar.«, schrieb Antoine de Saint-Exupéry in »Der kleine Prinz«. Dieses Buch ist seit meiner Kindheit mein Lieblingsbuch. Es behandelt sehr viele Autismus-Themen, ohne Autismus ein einziges Mal zu erwähnen.

Noch einmal zum Selbst. Du schreibst, es ist »so ehrlich, direkt und oft auch begeisterungsfähig«. Ich finde, das kann man auch über sehr viele Autisten sagen, oder? Wir sind oftmals zu ehrlich oder am falschen Ort zu den falschen Leuten mit dem falschen Worten ehrlich, weil uns die Fremdwahrnehmung fehlt. Mir fehlt die richtige Beziehung zum *Du*, was wahrscheinlich daran liegt, dass ich dem *Du* so lange kein *Ich* als gleichwertigen Partner bieten konnte. In der Kindheit ging es noch, aber während der Pubertät, als ich zum ersten Mal den Drang verspürte, mit anderen zu interagieren, merkte ich, dass ich »zurückgelassen« worden war. Ich hatte das Gefühl, man hatte mich vergessen. Immer wieder versuchte ich verzweifelt auf den Zug aufzuspringen, bis ich begriff, dass dieser Zug auf meiner Strecke nie gefahren ist. Das machte mich sehr traurig und während dieser Zeit begann ich mein Selbst zu hassen. Ich richtete alle Energie auf mein Patchwork-Ich und meinte, so könne es gehen. Eine Weile tat es das, aber das reichte nicht zum glücklich sein. Ludwig Marcuse schrieb einmal in »Philosophie des Glücks«: Glück ist der Augenblick tiefster Übereinstimmung mit mir selbst«. Elijah ist trotz all seiner Probleme, die wesentlich schwerer wiegen als die meinen, immer noch glücklicher als ich. Aber ich arbeite daran. Ich arbeite an und mit meinem Selbst, mit dem Ziel, es so annehmen zu können, wie es ist. Ich arbeite daran, eine Verbindung zwischen meinem Selbst und meinem Patchwork-*Ich* zu schaffen. Bonding nennt man das. Dazu habe ich vor einiger Zeit ein Gedicht geschrieben, dass ich dir mitschicken möchte:

5. Briefwechsel – Thema: Selbst und die anderen

An mein Selbst
wie oft nur ließ ich dich erfrieren
wollte dich loswerden, dich verlieren
wie oft ließ ich dich einfach verbrennen
konnte dich nicht einmal beim Namen nennen
wie oft schickte ich dich weg, zu anderen Leuten
und wusste doch immer, du wirst ihnen nichts bedeuten
wie oft ließ ich dich in tiefem Wasser ertrinken
und musste doch immer mit dir zu Boden sinken
wie oft ließ ich dich im Dunkeln allein
mit dir selbst und deinem Sein
wie oft schaute ich weg, sah deinen Schmerz nicht
und doch liefen die Tränen auch über mein Gesicht
wie oft hielt ich mir die Ohren zu, wollte nichts mehr hören
und empfand dein Rufen nur als Stören
wie oft ließ ich dich fallen, reichte dir keine Hand
und begriff nicht, was uns beide verband
wie oft schickte ich dich immer wieder ins Verderben
und ließ uns beide damit erneut sterben
wie oft war ich nicht da, wenn du mich gebraucht hast
oder versuchte, dich abzuschütteln wie eine Last
wie oft wollte ich deine Angst einfach nicht sehen
und konnte deshalb meinen eigenen Weg nicht gehen
wie oft habe ich dir und auch mir einfach nur weh getan
und immer gehofft, die würden sich kümmern, die es doch sah'n
jetzt reiche ich dir beide Hände und öffne mein Herz
denn gefühlt habe ich ihn schon immer, deinen Schmerz
es hat lange gedauert, bis ich endlich begriff
ich bin dein Anker, dein 5589, dein Schiff
ich bin dein Hafen, deine Insel, deine Sicherheit
und es ist nicht zu spät, wir haben noch alle Zeit
ich liebe dich, auch wenn ich es dir noch nicht sagen kann
aber unser Weg fängt jetzt gerade erst an
ich bitte dich, vertrau mir noch dieses eine Mal
beide verlassen wir nun dieses dunkle, kalte Tal
gemeinsam werden wir unseren Berg besteigen
ich werde uns den Weg zu mir zeigen

Vielleicht siehst du keinen großen Unterschied zwischen deinem Selbst und deinem *Ich*, weil bei dir dieses Bonding vorhanden ist. Dein Selbst und dein *Ich* befinden sich in einer Balance, die es dir ermöglicht, dein Leben erfolgreich zu meistern, einen Platz in der Gesellschaft zu haben, Mutter zu sein und Frau, aber auch noch kindliche Begeisterung zu erleben und im geschützten Rahmen auch mal etwas emotionaler zu sein. Vielleicht würdest du mich besser verstehen, wenn du mich kennenlernen würdest? In meiner Abitur-Zeitschrift stand folgender Spruch: Mich kann man nicht beschreiben, mich muss man erleben.

Ich bin gespannt auf deine nächsten Zeilen.

Gee

18.09.2015

Liebe Gee,

ein wunderschönes, mich sehr berührendes Gedicht! Vielen herzlichen Dank dafür, dass du es mir geschickt hast. Ich musste kurz innehalten, nachdem ich deinen Brief las, um mir einige Gedanken zu deinen »Ich«- und »Selbst«-Begrifflichkeiten zu machen.

Wenn ich dich richtig verstanden habe, ist mein »Selbst« die Melanie, die »ungeschliffen« von der Umwelt ist. Die Melanie ohne Maske. Die Melanie, die ich sein würde, ohne mich für und durch andere zu verstellen oder anzupassen. Das »Ich« dagegen ist die Person (also Melanie) mit Maske. Die Melanie, die also so tut als ob oder taktiert, damit andere etwas Bestimmtes von ihr denken oder von ihr halten. Die sich anpasst, um dazuzugehören. Ist das korrekt?

Ich kann nicht ganz erkennen, wie Selbst und Ich voneinander getrennt sein sollen. Ein Baby wird ja sofort mit der Umwelt und den darin befindlichen Personen konfrontiert, da es sofort in die Interaktion mit ihnen geht (anders als das bei autistischen Personen der Fall zu sein scheint) und somit »geschliffen« wird. Ich denke, Selbst und Ich sind immer ein Gemisch, aber unter gewissen Umständen tritt das Selbst in Erscheinung oder eben das, was tief im Innern brodelt. Wie du auch sagst, unter Alkoholkonsum oder auch unter massiver emotionaler Anspannung. Aber selbst dann (sofern der Kontrollverlust nicht überwiegt) ist immer ein Ich da, welches das Selbst in Schach hält – wie ein Korken, der aufschäumende Flüssigkeit in die Flasche zurückdrängt.

Ich stelle mir gerade eine Welt voller Menschen vor, die alle nur »Selbst« wären. Da gäbe es wahrscheinlich keine »Ordnung« mehr, es wäre ein Chaos ohne erkennbare Strukturen und Regeln. Jeder würde machen, tun und sagen, was er will. Alles ohne Rücksicht auf andere. Ich denke, dass aus diesem Grund das »Sozialverhalten« eingeführt wurde. Damit wir uns eben nicht die Köpfe einschlagen oder überall nur für Chaos sorgen. Stell dir nur mal vor, jeder würde immer sagen, was er über einen anderen wirklich denkt oder permanent darüber reden, wie er sich gerade wirklich fühlt. Nehmen wir mal an, ich habe einen schlechten Tag und muss eine Fortbildung geben. Ich käme dann also mit miesepetrigem Gesichtsausdruck an, würde niemanden begrüßen und vielleicht vor mich hin stöhnen. Angesprochen darauf, was los sei, würde ich sagen: »Ich hab heute so überhaupt keine Lust auf euch alle«. Was würde passieren? ☺ ... Ich würde den fürsorglichen Fragenden brüskieren, alle anderen gleich mit beleidigen und hätte im Nu keine Fortbildungsteilnehmer und wahrscheinlich auch für eine ganze Weile keine Neuen mehr. Und gerade aus diesem Grund nehme ich mich zusammen, lächle (obgleich mir nicht danach zumute ist), begrüße alle freundlich und beginne mit meiner Fortbildung. Am Ende sind alle glücklich und ich fühle mich dadurch wahrscheinlich nach einer Weile auch besser.

Es ist also auch sinnvoll, sich Masken aufzusetzen, damit man andere Menschen nicht unnötig verprellt und sich damit am Ende selbst verletzt. Aber ich gebe dir recht: Unter bestimmten Bedingungen wäre es durchaus vorteilhaft, Selbst zu sein. Wenn es um Gefühle geht zum Beispiel. Weißt du noch, als du mir neulich unter eine E-Mail zum Schluss »mfg« gesetzt hast? Ich (oder mein Selbst) war sofort geknickt, weil ich »mfg« als eine Höflichkeitsfloskel unter Fremden kenne. »Mfg« – wie ich es kenne – schreibt man in Geschäftsbriefen oder bei Menschen, die einem fremd sind, manchmal sogar bei solchen, die man nicht mag, zu denen man eine Distanz wahren will. Ich fragte mich kurz: »Huch, warum ist sie auf einmal distanziert? Wir sind doch eng miteinander«. Dann dachte ich mir, dass wir sehr wahrscheinlich eine verschiedene Wahrnehmung der Abkürzung »mfg« haben könnten und fragte dich dann einfach, warum du »mfg« geschrieben hast. Zum Glück antwortetest du sofort, dass ich doch wissen müsste, wie du zu mir stündest und dass das keineswegs eine Distanz ausdrücken sollte. Du erklärtest, dass »mfg« für dich etwas Positives, da ja »freundlich« etwas Nettes sei.

Wenn es also um zwischenmenschliche Gefühle geht, wäre Offenheit und Ehrlichkeit ganz sicher oft besser als das Taktieren, Andeuten, »durch die Blume« sprechen oder Herumeiern. So kann es zu vielen Missverständnissen kommen. Dahinter steckt natürlich – wie auch bei dir so oft – Angst. Aber Angst ist ein schlechter Begleiter. Der Angst muss man sich stellen. Nur, wer durch die Angst geht, kommt an. Das Problem beginnt aber damit, dass die meisten Menschen sich selbst belügen. Sie denken: *»Das darf ich nicht denken/fühlen. Das ist nicht recht.«* Da komm das »Über-Ich« zum Vorschein, das moralisiert und blockiert. Wenn man aber annimmt, wer man wirklich ist, dann erst kann man auch im Außen die entsprechende Resonanz erhalten.

Denken und Fühlen und Handeln sind dann aber immer noch oft getrennt. Selbst wenn ich vor mir zugebe, dass ich eigentlich ganz anders bin, als ich vorgebe oder anderes möchte, als ich lebe, kann ich nicht immer sofort danach handeln. Denn es gibt noch andere Menschen, auf die man Rücksicht nimmt oder innere Blockaden, die man erst noch lösen muss oder gar Steine, die andere einem dann in den Weg legen. Wenn jemand zum Beispiel eine Familie hat und an die Finanzen denkt, wird er möglicherweise keinen neuen Job annehmen wollen, der unsicher oder befristet oder gar weniger Geld einbringt. Dabei wäre der neue Job gegenüber seinem bestehenden für seine Psyche viel besser. Diese Person zögert dann, einen Job anzunehmen, der sie glücklich machen würde, von dem sie auch weiß, dass es so wäre, aber Pflichtgefühl würde sie davon abhalten. Wäre das richtig? Ich glaube nicht. Ich glaube, die Person sollte alles geben, auch im Job glücklich zu werden, denn dann wird auch das Außen reagieren und immer wieder dafür sorgen, dass auch das Geld stimmt. Aber daran muss man felsenfest glauben und die Umstände müssen es auch irgendwie zulassen.

Im Zwischenmenschlichen gibt es aber auch Grenzen. Man kann dem anderen nicht immer alles (!) sagen, was man wirklich denkt. Manchmal wäre es wirklich viel zu verletzend und würde mehr Kummer als Gutes bewirken, auch für einen selber. Diese Balance zwischen Ehrlichkeit (zu anderen) und »schützender Maskenfunktion« zu finden (oder wie du sagst, Bonding zu betreiben) ist sicher eine Lebensaufgabe!

Ja! Ich würde dich sehr gern mal »live« erleben, das habe ich bereits die ganze Zeit über gedacht. So du das auch möchtest und es sich ergibt, bin ich sofort dabei! Ich freu mich auf deine Antwort.

Viele sehr herzliche Grüße von

Mel

22.09.2015

Liebe Melanie,

ich glaube, dass du meine »Selbst« und »*Ich*«-Begriffe richtig verstanden hast und ich glaube zu verstehen, dass es dir und vielleicht den meisten nicht-autistischen Menschen schwerfällt, das eine vom anderen zu trennen. Der ideale Zustand ist ja eine funktionierende Einheit zwischen dem Selbst, demjenigen, der wir wirklich sind, und dem *Ich*, demjenigen, der wir sein müssen, um Teil der Gemeinschaft sein zu können. Das wünsche ich mir auch. Viele meiner Probleme wären dann sofort gelöst. Genau deshalb arbeite ich daran, mir ein funktionierendes *Ich* zu schaffen, welches mein Selbst nicht nur schützt, sondern sich auch ausreichend darum kümmert. Ein *Ich*, das erwachsen genug ist, um in der Erwachsenenwelt bestehen zu können. Mit der Geburt eines Kindes beginnen sich auch die Selbst- und die Andere-Wahrnehmung zu entwickeln. Im Alter von ca. 15 Monaten kann sich ein Baby im Spiegel erkennen, was wohl die Geburt des *Ich* ist. Was es im Spiegel sieht, ist sein Körper, die äußere Hülle, die erste Maske des Selbst, die ich auch habe und die wir erst wieder mit unserem Tod ablegen. Im Alter von vier bis fünf Jahren erkennt das Kind auch das *Du* und es weiß, dass dieses *Du* das *Ich* sehen kann. Es hat auch schon eine gute Vorstellung davon, wie das *Du* das *Ich* sieht und kann deshalb Konsequenzen seines eigenen Handelns vorhersagen. Das ist eine großartige Fähigkeit, die mir leider fehlt. Dadurch ist das *Ich* imstande, sein Verhalten so zu verändern, dass es genau die Konsequenz bekommt, die es haben möchte. Es kann sich anpassen. Du beschreibst in deinem Brief sehr gut, wie die Welt aussähe, wenn wir alle nur Selbst wären und als solche agieren würden. Die Existenz jeder Gesellschaft, Gemeinschaft oder Gruppe beruht auf Regeln und Strukturen. Das beginnt in der Familie, der kleinsten Einheit und endet mit uns allen als Bürger dieser Erde. Nur wenn wir uns als Mitglieder dieser Gemeinschaften an die Regeln eben dieser halten, die ja zu ihrem und unserem Wohle sind, ist die Gemeinschaft (über)lebensfähig. Damit steht eigentlich fest, dass es absolut notwendig ist, dass wir unser Selbst bis zu einem gewissen Grade maskieren und ihm ein *Ich* zu Seite stellen müssen, dass es schützt, sich um es kümmert und vor allem auch liebt, so wie es ist. Diese Liebe ist ganz wichtig, denn sie ist es, die jeder von uns am dringendsten braucht. Die Liebe, die uns von unseren Eltern, Familie und später vom Partner und unseren Kindern gegeben wird, ist ein Bonus. Um einen anderen Menschen zu lieben, annehmen zu können, so wie er ist, egal, wie anders er ist, muss man sich zuerst selbst lieben und so annehmen können, wie man ist. Vielleicht schreiben wir auch mal über die Liebe? Sind das dann Liebesbriefe?

Zurück zu diesem Maskenball, der das Leben ist. Unter all den Masken muss das Selbst noch zu spüren sein. Das *Ich* muss immer auch ein nach innen gerichtetes Hörrohr haben, damit es weiß, wie es dem Selbst mit dem geht, was gerade abläuft. Manchmal muss das *Ich* entgegen den Wünschen und vielleicht auch Bedürfnissen des Selbst entscheiden. Dann muss das Selbst Vertrauen haben, denn nur das *Ich* kann Konsequenzen vorhersehen und auch schon wieder deren Folgen abwägen. Gleichzeitig muss aber auch das *Ich* dem Selbst vertrauen und manchmal auch Emotionen und Gefühle einfach zulassen. Dann geht man nämlich nicht mehr einfach an einem Obdachlosen vorbei und sagt sich, na, der hat doch einen Schlafsack, man zappt nicht zum nächsten Kanal, wenn eine Telefonnummer für Spendenaufruf nach einer Naturkatastrophe eingeblendet wird, sondern man überlegt, wie man diesen Menschen helfen kann und wird aktiv. Das Selbst fühlt mit. Wenn es dann mit dem *Ich* ein Team bildet, dann sind großartige Dinge möglich. Ich denke, dass Nelson Mandela so ein Mensch war, bei dem sich eine solche Einheit zwischen Selbst und *Ich* gebildet hat. Ich erachte es für mich als enorm wichtig, alles dafür zu tun, um diese Einheit auch zu erreichen.

Natürlich ist das nicht einfach mit einem Selbst, welches kein *Ich* gewohnt ist. Geh mal mit jemandem zum Fasching, der Verkleiden und das ganze karnevalistische Drumherum nicht mag. Das ist kein Vergnügen. Und wenn dann noch das Kostüm, das *Ich*, nicht richtig passt und immer wieder verrutscht, dann kann das schnell in einer Katastrophe enden. Deshalb arbeite ich jetzt hauptsächlich daran, mein Selbst besser kennenzulernen, es trotz der vielen dunklen Seiten anzunehmen und zu lieben. Mir fällt da immer wieder der Begriff »zähmen« ein. Ich glaube, dass trifft es gut. Ich bin dabei, mein Selbst zu zähmen, so dass ich sicher mit ihm unter Menschen gehen kann. Wie ein Pferd, das noch nie einen Sattel auf sich gespürt hat, bäumt es sich immer wieder in Protest auf, aber Schritt für Schritt geht es voran. Es ist so, als würde mein Selbst merken, dass es ihm mit dem Schutz des *Ich* in der Begegnung mit anderen *Ich*-Menschen (*Du*) besser geht. Es muss dann keine Angst mehr haben, denn es hat jetzt einen Verbündeten, auf den es sich verlassen kann, der mit den anderen *Ich*s super klarkommt. Mein Patchwork-*Ich* kann leider sehr schnell verrutschen, weshalb immer wieder auch die Angst da ist. Mithilfe des *Ich*s habe ich auch gelernt, nicht immer mit der manchmal brutalen Wahrheit zu kommen, sondern sie zu verpacken oder zu portionieren. So richtig will mir das nicht einleuchten, aber ich merke, dass es oftmals einfach so sein muss. Da komme ich noch mal auf die Blumen zurück ... – weißt du noch? Blumen als Dankeschön sind eine Geste der nicht-autistischen Menschen. Das verstehe ich, aber ich denke, dass es trotzdem richtig und gut ist, wenn ich den Menschen erkläre, warum ich Schnittblumen als Dankeschön nicht so toll finde. Würde ich mich freuen und sie dankend annehmen, ohne etwas zu sagen, dann käme ich mir wie ein Lügner vor. Die Menschen müssen vielleicht erst wieder lernen, einander wirklich zuzuhören. Ich denke schon, dass man einem anderen alles sagen kann, was man wirklich denkt. Man sollte es sogar tun. Der andere muss sich aber bewusst sein, dass das, was ich sage, nur mich definiert, nicht aber ihn. Ich kann einen Menschen mit Worten nur dann verletzen, wenn er es zulässt. Fühle ich mich durch die Worte eines Anderen verletzt, dann habe ich das entschieden! Dann habe ich ihn in den Raum gelassen, in dem ich entscheide, wer ich sein will. Aber du hast recht, viele Menschen fühlen sich nun mal sehr schnell angegriffen und gehen deshalb sofort zur Verteidigung über. Wie sie dann reagieren, definiert sie sehr wohl. Oftmals ist dann kein Gespräch auf der Sachebene mehr möglich. Auch das schnelle Interpretieren des *Ich*s empfinde ich als großes Problem. Dein *Ich* hat das mit meinem »mfg«-Kürzel getan und ich bin heilfroh, dass dein Selbst ihm zugeflüstert hat: »frag sie doch«. Das Leben ist ganz schön kompliziert, schreibst du ... und ja, das stimmt. Helen Keller, eine taubblinde amerikanische Schriftstellerin, hat einmal geschrieben: »Das Leben ist entweder ein Abenteuer oder gar nichts«. Ich habe mich für das Abenteuer entschieden. Und du?

Ganz viele und ganz herzliche Grüße schickt dir Gee, die das mit dem »mfg« jetzt kapiert hat. ☺

23.09.2015

Liebe Gee,

in deiner Antwort sind bereits wieder so viele neue Themen und Fragen enthalten. Vor allem das große, das riesige, das allumfassende Thema der *Liebe*! Diesem Thema widme ich mich dann im nächsten Brief. Wir schreiben uns dann zwar keine Liebesbriefe, aber vielleicht »Liebe(s)-Briefe« ☺.

Kann ich jemandem wirklich *alles* sagen, was ich denke? Du sagst, das müsste zwischen Menschen eigentlich möglich sein, denn das, was der Empfangende daraus macht, definiere dann ihn und nicht den Sprechenden. Das stimmt wohl, aber hier sehe ich weitere Komponenten. Stell dir vor, Person A sagt zu Person B: »Du hast einen scheußlichen Charakter. Du bist unaufrichtig, gefühlskalt und krank im Kopf.« Person B wird von dieser Aussage je nach eigener innerer Festigkeit schockiert oder nur kurzfristig betroffen sein. Sie könnte sich sagen: »Das ist eine persönliche Ansicht. Andere Menschen empfinden mich anders«. Die Aussage von Person A macht deutlich, dass sie Person B als unehrlich und gefühlskalt empfunden hat, aber sagt nichts darüber aus, dass Person B anderen Menschen gegenüber auch tatsächlich so auftritt. Der Mensch hat diverse Charakterzüge, die immer in Verbindung mit bestimmten Menschen auf bestimmte Weise zum Vorschein kommen. Der eine Mensch bringt »das Gute« zum Vorschein, der andere »das Dunkle«. Ist Person B in ihrer Mitte, wird sie die Aussage von Person A gar mit einem Schulterzucken wegstecken können.

Ist Person B dagegen mit geringem Selbstwertgefühl und diversen psychischen Schwierigkeiten ausgestattet, wird diese Aussage sie möglicherweise im Kern erschüttern. »Krank im Kopf« ist für sie eine das Fundament des Selbst erschütternde Äußerung, die sie in ihren eigenen Selbstzweifeln bestätigt. Sie denkt: »Stimmt. Ich bin nichts wert. Ich bin krank«. Im schlimmsten Fall nimmt sie sich einen Strick. Ich übertreibe jetzt etwas, aber was ich damit sagen will, ist Folgendes: Man muss sehr genau aufpassen, *was* man in welcher Situation zu *wem* sagt. Wenn man einen Menschen nicht gut kennt oder wenn man ihn bereits sehr gut kennt, kann man mit »zu großer« Ehrlichkeit Schaden anrichten. Wenn man ihn noch nicht so gut kennt, weil man noch nicht weiß, welche Dämonen da im Unterbewussten schlummern. Wenn man jemanden sehr gut und somit auch seine Schwachstellen kennt, dann sind bestimmte Äußerungen unter der Gürtellinie, weil sie bewusst auf einen bestimmten Effekt zielen. Das kann einfach nur bösartig sein (man weiß, das verletzt den anderen und man sagt es trotzdem) und hat mit Ehrlichkeit nichts zu tun.

Wir haben daher in der Gesellschaft gewisse Tabu-Themen »ungeschrieben verabredet«, die man mit unbekannten Menschen nicht anspricht und mit engen oder sehr engen Freunden/Verwandten oder dem Partner dann bespricht, wenn sie passen. Bestimmte Themen »triggern«, das heißt, sie lösen etwas aus, was unkontrollierbar sein könnte. Der richtige Moment ist auch bei sehr engen Beziehungen daher wichtig. Solche Tabu-Themen sind zum Beispiel Krankheiten, Tod nahestehender Verwandter, äußere Makel, körperliche Gebrechen und dergleichen mehr.

Aber im Großen und Ganzen weiß ich, was du meinst. Wir sollten offen und ehrlich mit unseren Gefühlen umgehen und darüber auch mit dem anderen sprechen. Wir sollen uns nichts vormachen, sondern die Wahrheit in uns selbst finden und nur diese dann auch nach außen transportieren, damit es keine Missverständnisse gibt und wir unserem ureigenen Weg folgen können. Ich wollte aber den Satz: »Ich denke schon, dass man einem anderen alles sagen kann, was man wirklich denkt. Man sollte es sogar tun.« ein wenig relativieren.

Das Leben ist ein Abenteuer, und ob! Die spannendsten Abenteuer erlebt man ja, wenn man sich auf die Reise in sein eigenes Unbewusstes begibt. Den eigenen Schatten zu erforschen finde ich zum Beispiel äußerst aufregend. In diesem »Dunkel« liegt so eine große Macht und Kraft. Ich finde, der Schatten ist deshalb so mächtig, weil er das Potenzial zu großer Liebe, zu Licht in sich trägt.

Das führt mich unweigerlich zum Thema *Liebe*. Was ist Liebe, das ist ja das große Thema der Menschheit. Darum frage ich dich auch diesmal: Um welche *Liebe* geht es dir? Zwischenmenschliche? Spirituelle? Um beides, weil nicht trennbar? Ich freue mich unheimlich (hier steckt *Freude*, aber auch das Wort »unheimlich« drin ... (warum eigentlich? Warum hat Freude etwas Unheimliches? Oder warum gebraucht man das Wort »unheimlich« mal so, mal so?) auf deine nächste Antwort.

Äußerst herzliche Grüße von

Mel

6. Briefwechsel – Thema: Liebe

28(20+8).09.2015

Liebe Mel,

es ist gut, wenn wir am Anfang unseres Austausches versuchen, uns gegenseitig den Begriff zu erklären. Liebe ist das große Thema, das in Vergessenheit zu geraten droht. Mir geht es bei der Liebe um das starke Gefühl der Verbundenheit, das zwischen uns Menschen da sein sollte. Es geht mir nicht um die Liebe, die mit Fortpflanzung zu tun hat. Ich bemerke in meinem Leben immer wieder, dass die meisten Menschen, denen gegenüber ich mit meinem Satz: »Ich liebe dich« meine stärkste Zuneigung und auch Wertschätzung ausdrücken möchte, zum Teil sehr erschrocken darauf reagieren. Wahrscheinlich, weil sie den Begriff »Liebe« eben nur mit Sexualität assoziieren. Auf die Frage, was Liebe für mich ist, möchte ich dir in diesem Brief mit einem weiteren meiner Gedichte antworten.

Liebe ist
Liebe ist ein Kosmos, ein Universum
Liebe ist in uns und um uns herum
Liebe ist Halten und Gehalten werden
Liebe ist beides, Sein und Werden
Liebe ist Vergangenheit und Gegenwart
Liebe gibt der Zukunft den besten Start
Liebe gibt es auf Erden überall
Liebe gibt es vielleicht auch im Weltenall
Liebe ist viel mehr nur als Leben
Liebe wird es auch nach dem Tod noch geben
Liebe ist Suchen, Erkennen, ist Begegnen
Liebe ist der Sonnenschein nach dem Regnen
Liebe ist der Baum, der Wurzeln schlägt
Liebe ist der Wind, der die Vögel trägt
Liebe ist ein Meer, ein Fluss, ein Bach
Liebe ist Schutz, ein Haus mit sicherem Dach
Liebe ist ein Berg, den man nicht bezwingen muss
Liebe macht mit Hass ein für alle Mal Schluss
Liebe, das sind Wiesen, Wald und Feld
Liebe kostet noch nicht einmal Geld
Liebe ist Erde, Wasser und Luft
Liebe ist Geschmack, Musik und Duft
Liebe ist die Welle vor dem Bug
Liebe ist immer echt, niemals Betrug
Liebe macht uns zu dem, was wir wirklich sind
Liebe ist das lachende Kind
Liebe ist das wertvollste Geschenk überhaupt
Liebe ist überall und immer erlaubt
Liebe ist die Antwort auf alle Fragen
Liebe ist JA zu sich selber sagen
Liebe lässt ein UNS erst zu
Liebe gibt dem ICH ein DU
Liebe gibt und Liebe nimmt
Liebe zeigt, was richtig ist und stimmt
Liebe ist für- und miteinander sein
Liebe ist offen, ehrlich und rein
Liebe ist endlos und für immer
Liebe lässt dich nicht im Stich, nie und nimmer
Liebe ist in uns allen drin

6. Briefwechsel – Thema: Liebe

Liebe gibt dem Dasein Sinn
Liebe ist ein Vergissmeinnicht
Liebe bist du und Liebe bin ich

Nun nochmal zu deiner »unheimlichen« Freude, die dich am Ende deines Briefes so beschäftigt hat. Ich würde da so rangehen: die Vorsilbe un- ist zum einen eine Negation, was bedeutet, dass unheimlich das Gegenteil von heimlich ausdrücken soll. In deinem Fall stimmt das, denn du freust dich nicht heimlich, sondern teilst mir deine Freude mit, also freust du dich un-heimlich. Zum zweiten kann ein Wort mit un- auch ein Augmentativum sein, das heißt, es entsteht eine durch das Präfix un- gekennzeichnete Vergrößerungsform. In deinem Beispiel macht das Präfix un- aus dem Wort heimlich das Augmentativ unheimlich. Das sagt mir dann, dass du dich sehr auf meine Antwort freust. Aber ich verstehe auch deine Irritation bei dem Wort unheimlich, denn das Unheimliche ist auch ein Gefühl der Angst.
   So, nun bin ich aber schrecklich gespannt auf deine Antwort.

Liebe Grüße wie immer von

Gee

30.09.2015

Liebe Gee,

ich denke schon, dass die meisten Menschen, so sie das Wort »Liebe« hören, an die Beziehung zwischen Menschen denken. Es wird oft im Sinne der romantischen Partnerliebe aufgefasst.
   Ich habe in dem Buch von Michaela Hartl mit dem Titel »Emotionen und affektives Erleben bei Menschen mit Autismus« gelesen, dass sich im Zuge ihrer Untersuchungen 32 % der Liebesäußerungen von Menschen im Autismus-Spektrum auf andere Menschen beziehen, aber ebenso sind es 32 %, die sich auf Wahrnehmungen und 21 %, die sich auf Dinge beziehen. Der Rest der Liebesbekundungen (die Frau Hartl anhand von Autobiografien untersucht hat) bezogen sich auf Situationen oder etwas Allgemeines. Wenn man das zusammenzählt, zeigt sich (zumindest in ihren Studien), dass es 53 % an Liebesäußerungen gibt, die sich nicht auf Menschen beziehen. Bei der Durchschnittsbevölkerung, so Hartl, bezieht sich ein höherer Prozentanteil auf die Liebe zu Menschen.[5] Dein Gedicht be-

findet sich also auf den ersten Blick mit diesen Untersuchungsergebnissen in Einklang.

Allerdings würde ich sagen, dass es in der sogenannten Durchschnittsbevölkerung auch viele Menschen gibt, die den Liebesbegriff weiter fassen. Liebe ist für mich zum Beispiel auch – wie für dich – die Liebe zu Naturphänomenen. Der »rote« Mond vorgestern war so ein Phänomen. Dieser kupferfarbene Ball am Horizont, der das ganze Sternenmeer erleuchten ließ, war ein Moment, der Liebe zur Schöpfung bei mir auslöste. Das mag nun schwülstig klingen, ist aber eine Liebeserklärung an das Leben, an das Universum. Ich bin der Meinung, dass diese Energie, die das Universum und jede einzelne Zelle unseres Seins durchdringt, Liebe ist. Andere sagen »Gott« dazu. Liebe ist Licht, Energie und alles umfassend. Eine Kraft, die alles erschaffen und alles zerstören kann. Zerstörung ist manchmal nötig, um Neues zu schaffen. Licht und Schatten gehen daher ineinander über.

Liebe ist *alles*, weil sie alles durchdringt. Sie kann auch Gegenstände umfassen oder Tätigkeiten.

Liebe ist aber natürlich auch das Gefühl für Menschen. In dieser Hinsicht bezieht sich das auf Partnerschaften, aber auch auf Familie und Freunde. Die Art der Gefühle unterscheidet sich qualitativ jeweils auf spezielle Weise. So ist die Liebe zu einem Partner meistens auch an Sexualität gebunden, die Liebe zu Freunden nicht. Dort mag es auch körperliche Zuneigungsbekundungen geben, aber das ist anders. Mit der Liebe zu den Eltern und eigenen Kindern verhält es sich noch mal anders.

Man kann die Zuneigung sprachlich auch ein wenig differenzieren. Da gibt es Liebe, das ganz große Gefühl. Dann kann man jemanden »lieb haben« oder »sehr mögen« oder einfach nur »mögen«. Das »große Wort Liebe« verwendet man im Alltag in Bezug auf Menschen eher nicht, wenn man über Freunde spricht, wobei ich das durchaus auch kenne, dass man seine besten und engsten Freunde liebt und das zu manchen Gelegenheiten auch so äußert.

Liebe, die sich auf Partner (gleichgeschlechtlich oder gegengeschlechtlich) bezieht, ist sicher das komplizierteste, rätselhafteste und zugleich spannendste Gefühl, das es gibt. Was bedeutet Liebe zu deinem Partner für dich? Wie würdest du das Gefühl beschreiben? Liebe kann so verschiedene Formen annehmen. Die ruhige, freundschaftliche Liebe. Die stürm-

---

5 Vgl. Michaela Hartl, Emotionen und affektives Erleben bei Menschen mit Autismus. Eine Untersuchung unter analytischer Betrachtung autobiographischer Texte. VS-Verlag, 2010, S. 179.

ische, sexuell aufgeladene Liebe. Das ruhige Meer. Der Vulkan. Die große Liebe, die kleine Liebe. Der Hafen, der Halt, die Beständigkeit. Aber auch das Wachstum miteinander beziehungsweise aneinander gehört für mich dazu. Menschen müssen sich entfalten können, um zu wachsen. Lieben heißt auch manchmal Loslassen. Ich muss das loslassen, was ich liebe, damit es den für sich vorgeschlagenen, ureigenen Weg gehen kann. Wenn mein Partner zum Beispiel einen Beruf ausführen will, der von ihm verlangt, dafür eine Weile ins Ausland zu gehen, dann sollte ich ihn gehen lassen, auch wenn ich Verlustängste habe. Oder wenn mein Kind sich abnabeln möchte, muss ich es frei lassen, damit es fliegen lernt. Ich lass frei, was ich liebe. Das kann sehr schmerzhaft sein, aber notwendig. Liebe heißt auch, sich selbst in seinen eigenen Bedürfnissen zurückzunehmen, wenn es darauf ankommt.

Liebe ist auch Veränderung. Im Idealfall kann man sich miteinander verändern und weitergehen. Dabei freut sich jeder an der Entwicklung des anderen, ohne diese als Bedrohung zu empfinden. In Zeiten der freien Partnerwahl gibt es neue Herausforderungen für die Liebe, die früher arrangiert und für den Zweck der Familiengründung (und Familienerhaltung) vorgesehen war (und in vielen Ländern ist es ja heute auch noch so).

Aber wir wachsen mit unseren Aufgaben, nicht wahr, Gee?

Alles *Liebe* erneut,

Mel

05.10.2015

Liebe Mel,

bei dem Wort Liebe wird mir wieder einmal klar, wie unterschiedlich die Menschen einzelne Begriffe definieren und verstehen. Ich denke, dass es, solange wir uns bewusst sind, dass auch Sprache unserer Wahrnehmung unterliegt, noch relativ gut mit der Kommunikation klappen kann. Allerdings entstehen wohl viele Missverständnisse gerade deshalb, weil die meisten Menschen sich der Subjektivität ihrer Wahrnehmung eben nicht (mehr) bewusst sind. Da wird bei der Liebe keine Ausnahme gemacht. Ich denke bei Liebe nicht an romantische Partnerliebe, sondern an eine starke Emotion, die tief in mir drin ist und die alles und jeden einschließen kann. Natürlich ist zu hoffen, dass bei der Mehrzahl der Paare, die zusammenleben und Kinder bekommen und großziehen, genau diese tiefe Liebe auch vorhanden ist. Oftmals ist sie das aber wohl nicht. Daran siehst du, dass die Fortpflanzung sehr wohl auch ohne Liebe funktioniert. Liebe kann, muss aber nicht Teil hierbei sein. Trotzdem sagst du, dass die meisten Menschen gerade das als Liebe verstehen? Ich denke nicht, dass die Liebe zum Partner an Sexualität gebunden ist. Ich meine, dass das zwei sehr verschiedene eigenständige Dinge sind, die in einer Partnerschaft jedoch gleichzeitig auftreten können und es auch sollten. Sexualität ist um ein Vielfaches schöner, wenn die Liebe mit an Bord ist. Vielleicht verwechseln die Menschen deshalb Liebe mit sexuellem Begehren, weil beides vorhanden ist? Ist es wie mit dem Selbst und dem *Ich*, dass der Unterschied einfach nicht wahrgenommen wird? Aber ein Mensch muss nicht unbedingt eine sexuelle Beziehung zu einem anderen Menschen haben, um eine tiefe Liebe für ihn zu empfinden. Diese Liebe bedarf keiner Erwiderung. Deine als »romantische Partnerliebe« beschriebene Liebe allerdings schon. Fehlt die wahre Liebe in einer Beziehung, dann hält diese nur so lange, wie sich die Partner gegenseitig sexuell begehren.

Du erwähnst das Buch »Emotionen und affektives Erleben bei Menschen mit Autismus« von Michaela Hartl. Die Untersuchungsergebnisse überraschen mich nicht. Ich wusste schon als Kind, dass ich wahrscheinlich der einzige Mensch weit und breit war, der Liebe für ein Verkehrsschild empfunden hat. Als ich das erste Mal die Formulierung »er hat ein Stoppschild überfahren« gehört habe, habe ich geweint. Man versuchte mich zu trösten, indem man mir sagte, dass dem Fahrer nichts passiert sei, aber mir ging es einzig und allein um das Schild.

Wenn ich über deinen Brief nachdenke, dann wird mir immer bewusster, dass wir eigentlich für die unterschiedlichen Sachverhalte, die mit dem Begriff »Liebe« bezeichnet werden, differenzierende Bezeichnungen bräuchten, die zum Beispiel den Unterschied zwischen der begehrenden Liebe, der freundschaftlichen Liebe oder Zuneigung oder auch der Liebe ohne Begehren deutlich machen. Da wir diese nicht haben, müssten wir uns vor einem Gespräch über die Liebe erst einmal im Klaren sein, wer was mit dem Begriff Liebe meint und wie und warum. Das ist sehr umständlich, aber es würde zum einen viele Missverständnisse vermeiden und zum anderen zum Nachdenken über das eigene Empfinden anregen.

Du fragst, was für mich die Liebe zu meinem Mann bedeutet. Welche Liebe meinst du jetzt? Ich spreche jetzt von der starken und tiefen Liebe, die ich ihm gegenüber empfinde. Ich fühle mich Hans auf eine Art und Weise verbunden, die viel mehr ist als eine zwischenmenschliche Beziehung, eine Partnerschaft im herkömmlichen Sinne. Wir sind eins. Eine Instanz, aber zwei Körper. Die Körper spielen bei unserer Liebe zueinander keine Rolle. Sie kommen wiederum nur beim körperlichen Begehren ins Spiel. Ich habe keine Erwartungshaltung an Hans, sondern befinde mich in einem konstanten Dialog auf vielen verschiedenen Ebenen mit ihm und erkenne mich selbst darin wieder. Durch ihn lerne ich mich verstehen. Indem er mich annimmt, kann auch ich die Teile von mir annehmen, die sich mir bisher nicht erschlossen haben oder die ich aus anderen Gründen nicht annehmen konnte. Mit und durch seine Liebe zu mir macht mich Hans nicht nur zu dem Menschen, der ich sein möchte, sondern auch zu dem Menschen, der ich sein kann. Unsere Liebe ist stark und sicher. Sie ist ein Halt, der endlos ist. Sie übersteht alle Zeit und auch den Tod. Sie ist unsere einzig wahre Garantie. Wie fühlt sich das an, fragst du? Ich kann nur versuchen, dir zu beschreiben, wie es sich für mich anfühlt. Dieses Gefühl, es ist wie ein weicher, wärmender Mantel, der sanft auf meinen Schultern ruht. Es ist wie eine laue Brise, die meine Haut umspielt und mich mich selbst spüren lässt. Es ist wie Barfußlaufen auf weißem, warmen Sand und zugleich das Rauschen des Meeres wie ein zauberhaftes Musikstück zu empfinden. Es ist wie ein Sommerregen, der mich nicht nur naß, sondern lebendig macht. Es ist wie Farben sehen, wo eben noch nur schwarz und weiß gewesen. Es ist wie geborgen sein, gehalten sicher und fest. Es ist alles, was ein Mensch zu fühlen imstande ist. Es ist Liebe.

Ganz liebe Grüße

Gee

05.10.2015

Liebe Gee,

Liebe kann platonisch sein. Dann ist sie nicht an Sexualität gebunden. Ich bin sicher, dass die Liebe viele Facetten hat, die man nicht immer angemessen in Worte kleiden kann und dass auch die meisten nicht-autistischen Menschen das so empfinden. Dennoch versuchte ich, die Begrifflichkeiten so zu fassen, wie es – meiner Ansicht nach – für die meisten Menschen (außerhalb des Autismus-Spektrums) gilt. Wir könnten es auch noch mal in »bedürftige« Liebe, »abhängige« Liebe oder sonstige Liebe unterteilen, aber die Frage ist, ob das dann wirklich mit »Liebe« zu tun hat oder nur Kompensationsmechanismen umfasst.

Um aber klare Begrifflichkeiten für all diese Zustände zu finden, müssten die Menschen sich aber über diese diversen Facetten sehr bewusst sein. Manche verwechseln Liebe ja mit äußerlicher Attraktivität, Bewunderung bestimmter Eigenschaften oder – wie du schon sagtest – Sexualität. Sie kann kopflastig sein, aber die wahre Liebe trifft einen wohl tief im Herzen.

Was ein jeder unter »wahrer Liebe« oder »große Liebe« versteht, bleibt wohl sein Geheimnis.

Die Liebe zu einem Straßenschild kann ich bisher nicht teilen. ☺ Ich kann überhaupt nichts für ein Straßenschild empfinden. Straßenschilder regeln den Verkehr, aber haben noch nie in meinem Leben auch nur irgendeine Regung ausgelöst. Vielleicht eine Dankbarkeit darüber, dass mich ein anderer Autofahrer nicht einfach über den Haufen fährt, aber dann finde ich eher die Menschen toll, die sich so etwas ausdenken.

Gemälde lösen Gefühle aus. Das sind Kunstwerke, die voller Emotionen sind (einem menschlichen Schaffen entspringen). Menschen hängen auch an Dingen wie Kleidung, Büchern, vielleicht Schmuck, Autos, Häusern. Viele Frauen hängen ihre Herzen an Juwelen, was ich allerdings nicht nachempfinden kann. Wenn ich persönlich an Gegenständen hänge, dann vor allem an Bildern, Büchern, manchen Möbeln und persönlichen Dingen, die mir aus Liebe geschenkt wurden oder die ich mir selbst gekauft und mit einer bestimmten Lebensphase assoziiert habe.

Insgesamt aber würde ich sagen, hängt meine Liebe schon überwiegend an Menschen und nicht an Gegenständen, da ich mich eindeutig mehr gedanklich mit Menschen als Gegenständen befasse.

Die Frage, die sich vielleicht bei allem stellt, ist, ob die Selbstliebe die Voraussetzung für die Liebe zu anderen Menschen ist. Mit Selbstliebe ist auch kein egozentrischer Prozess gemeint, im Rahmen dessen man sich selbst ganz toll und bewundernswert findet. Ich verstehe darunter, dass man sich selbst annimmt, wie man ist, mit all seinen Ecken und Kanten und sogenannten Schattenseiten. Nicht, dass man sich darauf ausruht, aber sich zu vergeben, dass man nicht perfekt ist und eben auch »nur ein Mensch, der Fehler macht«. Der auch gegebenenfalls in den Spiegel guckt und etwas ändert. Das ist Selbstliebe für mich.

Oder ist es genau anders, nämlich eher so, dass man zunächst die Liebe per se empfinden sollte, also die Liebe zum Universum meinetwegen, um dann zu erkennen, dass man ein Teil davon und ebenso liebenswert ist? Wäre das ein Weg hin zur Selbstliebe?

Grüße, wie immer liebe, von

Mel

05.10.2015

Und gleich weiter … liebe Mel,

wenn wir über platonische Liebe schreiben wollen, dann geht es mit der Begriffsklärung sofort weiter. Heutzutage wird dieser Begriff meistens mit einer Liebe assoziiert, bei der es keine sexuellen Interessen der Partner gibt oder diese aus verschiedenen Gründen bewusst nicht ausgelebt werden (können). Platon meinte allerdings etwas anderes. Er sprach von der mit heftigem Begehren verbundenen erotischen Liebe, wobei der Liebende nach immer höheren, wertvolleren Objekten strebt. Ich denke, du meinst ersteres. Ich denke nicht, dass man Liebe unterteilen kann. Es gibt die eine wahre Liebe und dann gibt es noch verschiedenste Gefühle der Zuneigung und Verbundenheit, die einfach auch unter dem Begriff Liebe laufen – niemanden scheint das zu stören. So bekommt dann wohl jeder scheinbar etwas von der Liebe ab. Irgendwie erinnert es mich an die Zellstofftaschentücher, die es ja auch von den unterschiedlichsten Herstellern in verschiedensten Qualitäten gibt. Und doch fragen wir alle nach einem »Tempo«-Taschentuch, wenn uns die Nase läuft. Der Markenname, der nur dieses eine Produkt bezeichnen sollte, hat sich zum Gattungsnamen verselbständigt. In England ruft man übrigens nach einem »Kleenex«. Man überlegt nicht mehr, sondern benutzt die Namensbezeichnung einfach unbewusst. Vielleicht ist den Menschen die Liebe als das ursprüngliche Gefühl gar nicht mehr bewusst. So ist es wahrscheinlich mit der Selbstliebe. Sie ist ganz und gar nicht egozentrisch. Bei der egozentrischen Liebe liebt der Mensch sein Ich, seine Maske. Er liebt das Abbild, welches die anderen von ihm sehen. Erst wenn ich mich selbst (autos) liebe, kann ich einen anderen Menschen lieben. Ich denke, die wahre Selbstliebe ist die Liebe, nach der wir alle suchen, weil sie es ist, die wir am dringendsten brauchen. Aber vielen Menschen ist das wiederum gar nicht bewusst. Jede andere Liebe, also bei mir zum Beispiel die Liebe, die Hans für mich hat … ist ein Bonus, der wunderbar ist, kein Zweifel. Aber diese Liebe vom Partner, von den Kindern, auch von Mutter und Vater reicht nicht aus, um uns wirklich sicher und geliebt zu fühlen. Lieben wir uns nicht selbst, dann wird uns in unserem Leben immer etwas Entscheidendes fehlen. Es scheint mir, als würden die Menschen genau dieses »Loch« mit anderen Dingen zu stopfen versuchen. Für einige ist es Shopping, für andere der tolle Sportwagen. Manche brauchen Luxusurlaube oder immer neue fordernde Erlebnisse wie Fallschirmspringen oder an Häuserwänden herunterlaufen. Meist sind es wohl materielle Dinge, die diese emotionale

Wunde heilen sollen. Aber auch ein Partner, den man nicht wirklich liebt, sondern vielleicht nur den Gedanken daran, jemanden irgendwann mal zu lieben, muss oft dafür herhalten, dass die Erkenntnis, dass man eigentlich sich selbst lieben lernen muss, einfach fehlt. Warum ist das so? Die Selbstliebe sollte zuerst kommen und sich entwickeln dürfen, aber sie wird oftmals unterdrückt. Ich denke, wenn man von klein auf von Menschen umgeben ist, die sich nicht selbst lieben, dann ist es schwer, dies im eigenen Dasein anders zu machen und zu erleben. Aber es ist immer möglich, auch später zur Selbstliebe zu finden. Es ist dann allerdings oftmals ein schmerzhafter Prozess, da das Selbst eine sehr dunkle Seite hat, die anzunehmen einem Ich-Menschen fast unmöglich erscheinen muss. Wenn man sich selber liebt, dann ist man auch immun gegenüber Hänseleien, Beleidigungen und unfairer Kritik. Man hört die Worte, aber sie haben nicht die Wirkung, die der Sprecher ihnen zu verleihenversucht. Aber niemand kann uns mehr hänseln, beleidigen, beschimpfen oder anders verbal wehtun. Wir entscheiden selber, was wir von wem wie weit an uns heranlassen. Selbstliebe ist im Gegensatz zum *Ich*, der Maske, der ultimative Selbstschutz. Lernen wir also uns zu lieben, so wie wir sind, roh und kantig, ungeschliffen, aber immens wertvoll. Kannst du dich im Spiegel anschauen und dir laut sagen, dass du dich liebst?

Liebe Grüße

Gee

7. Briefwechsel – Thema: Kindheit(serinnerungen)

07.10.2015

Liebe Gee,

als ich neulich ein Kinderfoto von mir als Profilbild bei Whatsapp verwendet habe, fragtest du sehr neugierig, ob ich das sei. Du sandtest mir dann umgehend eines von dir zu, auf dem du sechs Jahre alt warst. Auf den ersten Blick sah ich da ein kesses, aufgewecktes, ziemlich freches kleines Mädchen. Du schriebst daraufhin: »Ha, much more than that«. Wie hast du das gemeint?

7. Briefwechsel – Thema: Kindheit(serinnerungen)

Kinderfotos von Gee und Mel

Hast du, wie andere Autisten auch, bereits eine lang zurückliegende Erinnerung an deine Kindheit? Ich weiß von mir und anderen Nicht-Autisten, dass Erinnerungen erstmalig durchgängig so ab dem sechsten Lebensjahr einsetzen, manchmal durchaus auch schon früher. Vor allem einzelne Erinnerungen an Ereignisse, die für das Kind offenbar besonders prägend waren, werden auch schon vor diesem Lebensalter benannt. Persönlich habe ich einige wenige Einzelerinnerungen im Alter von circa drei Jahren, aber viele weitere Erinnerungen habe ich nur, weil es Fotos aus dieser Zeit gibt. Die Frage ist daher oft, sind das Erinnerungen oder rekonstruiere ich nur etwas anhand eines Fotos?

Ich hörte und las von einem nicht vorhandenen Erinnerungsverlust bei Autisten. Was hat es damit auf sich? Ist es nicht wichtig, bestimmte Erinnerungen zu begraben? Ist es nicht gut, durch diesen Erinnerungsverlust in der Gegenwart sein zu können?

An meine Grundschulzeit kann ich mich fast überhaupt nicht erinnern. Ich habe Bilder der Einschulung im Kopf, wie ich da erstmals im Klassenzimmer sitze, auch der Hort ist mir zumindest in Form des Hofes draußen noch in Erinnerung geblieben. Ich erinnere mich an Claudio, den ersten Jungen, in den ich verliebt war und an einige meiner kleinen Freundinnen. Auch habe ich Erinnerungen an unsere damalige Wohnung, an mein

Hochbett und meinen besten Freund in der Siedlung, an den Spielplatz und das Spielhaus. Anhand einzelner Fotos rekonstruiere ich meine Vergangenheit, aber sie ist nicht permanent abrufbar. Da haben es Kinder heutzutage leichter, deren Kindheit fast komplett auf digitalen Medien und Filmen gespeichert ist.

Woran denkst du zuerst, wenn du an deine Kindheit denkst? Ich denke zuerst an Geborgenheit bei meinen Eltern und daran, dass man mich im Sportunterricht immer zum Schluss gewählt hat.(

Viele und liebe Grüße von

Mel

08.10.2015

Liebe Mel,

ich erinnere mich an das Foto von der kleinen Mel. Ich habe ja so meine Schwierigkeiten beim Erkennen von Gesichtern und deshalb frage ich lieber nach. Niedlich warst du da. Da ich nun von dir weiß, wie du als Kind aussahst, habe ich dir auch ein Bild von mir geschickt. Wir sind ja ungefähr ein Alter und sahen demnach etwa um die gleiche Zeit so aus wie auf den Bildern. Ich frage mich, woran du siehst, dass ich »ziemlich frech« gewesen bin. Ist es der Gesichtsausdruck, die Augen oder was ist es?

Mein Kommentar »Ha, much more than that«, also »viel mehr als das«, was du zuerkennen glaubst (kess, aufgeweckt und ziemlich frech), bezog sich auf das alles, was du mit den Augen auf diesem Bild nicht sehen kannst. Auf dem Foto siehst du ja nur einen Teil meines Körpers, hier hauptsächlich mein Gesicht, so wie er in diesem Abschnitt meiner Kindheit aussah. Aber du kannst nur wenig über mein Selbst erfahren. Solche Fotos zeigen eher das *Ich* bzw. die körperliche Hülle. Dieses Foto von mir, was mir wegen meiner Zöpfe und des Rollkragenpullovers (der lila-weiß war) so gut gefällt, zählt zu den wenigen Bildern, auf denen ich mich auch immer wieder sofort selbst erkenne. Wenn ich dieses Bild heute so betrachte, muss ich lächeln, denn der Gesichtsausdruck ist schon etwas komisch. Ich kann mich genau an den Tag erinnern, als es aufgenommen wurde. Ein Fotograf kam zu uns in den Kindergarten und machte von jedem von uns zwei oder drei solcher Aufnahmen. Es war das Jahr vor der Einschulung und sollte wohl der Erinnerung an die Kindergartenzeit dienen. Ich bin ja, so wie du, ein Juli-Kind und deshalb erst mit sieben eingeschult worden. Trotzdem hatte ich hier noch alle Milchzähne. Andere Kinder sahen mit ihren Zahnlücken zum Teil schon sehr gruselig aus und wurden vom Fotografen gebeten, den Mund geschlossen zu halten. Ich jedoch, da im Besitz eines vollständigen, wenn auch mittlerweile etwas zu kleinem Gebisses, sollte lächeln.

Ah, das Lächeln.
Auf meinem ersten bei einem Fotografen aufgenommenen Foto habe ich so verängstigt geschaut, dass es viel Schimpfe von der ganzen Familie dafür gab. Schließlich hatte man kein teures Geld für ein Bild mit traurigem Kind bezahlen wollen. Um es noch schlimmer zu machen, sitzt mein Bruder neben mir und grinst wie ein Honigkuchenpferd. Jedenfalls habe ich daraus gelernt und aus Angst vor weiteren Foto-Desastern das Lächeln geübt. Im Kindergarten war das Bild, welches ich dir geschickt hatte, übrigens der zweite Versuch. Ich durfte den komischen Teddy weglegen und meine geliebten Zöpfe nach vorn legen. Ich finde, dass ich es ganz gut hinbekommen habe. Es ist doch fast schon ein Duchenne-Lächeln, also eines, das auch um die Augen erzeugt wird. Auf dem ersten Foto ist davon keine Spur zu sehen.

Ich schaue ängstlich, die Stirn gerunzelt, weil mich der fremde Mensch und das Angestarrt-werden durch die anderen Kinder total irritiert haben. Ich hätte bald geheult, weil ich so viel Angst hatte, es wieder zu vermasseln. Aber dann hätten alle gelacht und das hätte das Ganze noch viel schlimmer gemacht. Lächeln hat ja auch ganz viel mit Ängstlichkeit zu tun und kann auch ein Ausdruck dieser sein. Aber ich habe mir beim zweiten Anlauf ganz viel Mühe gegeben und tapfer gelächelt. Wie du auf dem Foto unschwer erkennen kannst, hatte ich es 1977 noch nicht ganz zur Perfektion gebracht.

Die Erinnerung an meine Kindheit liegt so lange zurück wie meine Kindheit, also über 40 Jahre. ☺ Ich habe definitiv Erinnerungen an Zeiten, weit bevor ich sechs Jahre alt war. Natürlich vor allem sehr prägende Erlebnisse wie von den Knöcheln bis zu den Hüften eingegipst zu werden, als ich neun Monate alt war. Es kam mir so vor, als wöllte man mich für mein beginnendes Krabbeln strafen und mir die neu errungene Freiheit gleich wieder nehmen. Ich konnte nur noch die Füße bewegen, mit denen ich dann mit aller Kraft ein Loch in die Schlafzimmerwand hämmerte. Keine leichte Aufgabe, denn ich wuchs in einem Altneubaublock der Art Q3A (Querwandtyp 3 Variante A) auf, dessen Wände aus Betonblöcken gefertigt waren. Des Weiteren erinnere ich mich an das tägliche Chaos der Kinderkrippe, vor allem die Vielfalt der Gerüche. Wusstest du, dass

7. Briefwechsel – Thema: Kindheit(serinnerungen)

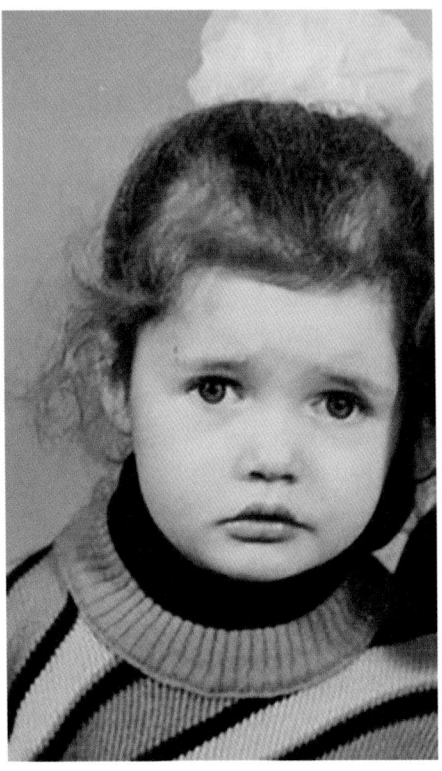

Kinderfoto von Gee

die olfaktorischen Reize sofort zur Amygdala gehen und nicht über den Thalamus laufen, um dort vorbewertet bzw. herausgefiltert zu werden? Deshalb spielen sie auch bei unseren Erinnerungen eine so große Rolle. Wenn ich zum Beispiel »Speik«-Seife rieche, dann bin ich sofort wieder im September 1978 und sitze angespannt auf dem Sofa im Wohnzimmer, mein Honigkuchen-Bruder wieder neben mir. Wir haben Westbesuch (das kennst du ja gar nicht ... auch komisch) und sind in freudiger Erwartung von kleinen Gaben aus genau dem Wunderland, das wir nur aus dem Fernsehen kennen. Ein Ü-Ei zum Beispiel oder eine Tafel Schokolade, vielleicht sogar ein Matchbox-Auto oder gar ein Schlumpf standen damals ganz oben auf meiner Liste. Stattdessen gab es, du ahnst es vielleicht, ein Probestückchen »Speik«-Seife, von dem ich annahm, es sei weiße Schokolade und herzhaft reinbiss. Mein Bruder war schlauer und lachte mich aus, aber dafür weiß er bis heute nicht, wie »Speik«-Seife schmeckt. Ich kann mich auch gut daran erinnern, wie mein Großvater mir das Fahrradfahren ohne Stützräder beibrachte. Ich kann den gesamten Tag fühlen. Manchmal habe ich auch vereinzelte, zum Teil sehr klare Bilder. Aus meiner Kindheit gibt es leider nur sehr wenige Fotos. Die, die es gibt, sind oft sehr unscharf oder verschwommen. Erinnerungen werden immer wieder auch durch neue Erfahrungen gefärbt. Dies erklärt auch, warum unseren Eltern Geschehnisse aus unserer Kindheit ganz anders in Erinnerung geblieben sind. Es findet oftmals auch ein Schönfärben statt. Erinnerungen sind die Momente aus unseren Leben, die wir für immer behalten dürfen. Wir fädeln sie auf eine Kette wie bunte Perlen, die uns unsere Geschichte immer wieder erzählen. Aber nicht jede Erinnerung ist eine gute. Ich spreche auch hier aus Erfahrung. Da ist dann ein Erinnerungsverlust schon wünschenswert. Aber werden die Erinnerungen auch im Unterbewusstsein gelöscht oder nur auf der bewussten Ebene? Ist es nicht besser, sich zu erinnern und sich aus der Erinnerung das Positive (und das gibt es immer) mitzunehmen und das Negative bewusst »abzuschneiden«, als immer wieder zu versuchen, die gesamte Erinnerung zu verdrängen? Ich denke, dass es ganz vielen Menschen im Alltag passiert, dass sie an etwas erinnert werden, aber nicht wissen an was und durch was, sondern sie erleben dann nur die mit der Erinnerung verbundenen Emotionen.

Oh, meine Schulzeit ... Grundschule ... es ist, als wäre es gestern gewesen. Was willst du wissen? Meine erste Liebe hatte ich schon in der Kindergrippe mit ca. 1,5 Jahren. Daniel, große braune Augen, braune Haare, dicke Augenbrauen, dunklere Haut als die anderen Kinder. Er fühlte sich weich an und ich mochte ihn sehr. Er bekam auch meinen ersten Kuss. Dann trennte uns irgendwann die Mauer. Unsere Wohnung und das Umfeld, die Stadt ... alles ist sofort wieder da ... allerdings selten in Farbe ... eher grau in grau. Ob das an der DDR liegt, weiß ich nicht? Ich war als Kind zweimal in der CSSR und da sind die Erinnerungen auch grau, obwohl ich mich an die Pepsi-Cola-Flaschen dort in Farbe erinnere. Mein erster Westbesuch, Berlin, 05.12.1989, hat mich fast erschlagen ... auch wegen der Farben.

Woran ich denke, wenn ich an meine Kindheit denke? An meinen Großvater. Nur an meinen Großvater.

Liebe Grüße

Gee

7. Briefwechsel – Thema: Kindheit(serinnerungen)

09.10.2015

Liebe Gee,

eine autistische Kindheit. Eine nicht-autistische Kindheit.
Wo liegt da wohl der zentrale Unterschied?

Kinder leben in der Bilderwelt, sind in ihrem Körper und ihren Sinnen verortet. Der mentale Zustand setzt erst ungefähr ab dem Schuleintritt ein. Meine fünfjährige Tochter befindet sich gerade an diesem Übergang. Ich kann regelrecht zusehen, wie sie beginnt, ihren magischen Raum zu verlassen. Das ist schade, denn lange wird sie die Geschichte vom Weihnachtsmann nicht mehr glauben. Mir hat es große Freude gemacht, sie in den letzten Jahren in der Welt der Feen, Elfen, Kobolde und Wichtel zu begleiten. Eine herrlich bunte, zauberhaft phantasievolle Welt ist das. Sie lebt auch jetzt noch ihre unmittelbare Freude aus ebenso wie andere Basisemotionen, die ungefiltert aus ihr herausbrechen. Und sie darf das noch! Sie darf vor Freude umherspringen, etwas wütend in die Ecke schmeißen oder in ihr Spiel versinken, ohne sich um andere (Alltags-)Fragen Gedanken machen zu müssen. Diese sinnliche Welt erleben autistische Kinder sicher genauso, wobei ihr Fokus offensichtlich viel weniger auf Menschen liegt. Und wenn ich das aus unseren bisherigen Briefwechseln richtig herauslese, dann befindest du dich jetzt doch auch immer noch viel mehr in dieser »Kinderwelt« als ich es tue? Zumindest würde ich nicht laut kreischend auf einem Trampolin herumspringen. Vielleicht unter bestimmten Umständen, aber die Ich-Maske wäre schnell griffbereit.
   Schreiben ist für mich ein Weg oder Ventil, in diverse Zustände zu gehen, ohne sie wirklich ausleben zu müssen.
   Angeblich schubsen oder schlagen autistische Kinder andere »ohne Grund«. Ich weiß, dass das nicht wahr ist, denn es gibt immer Auslöser, aber diese sind für uns Nicht-Autisten nicht (immer) erkennbar. Neulich beobachtet: Ein Kind begleitet seine Mutter in einen Kindergarten, um die Schwester dort abzuholen. Das Kind ist zuvor in der Schule gewesen. Aus heiterem Himmel geht es auf ein anderes Kind los und schubst es um. Alle empören sich lauthals. Kennst du solche »Anwandlungen« von dir als Kind? Was war der Grund?
   Ich weiß, dass es vielfältige Ursachen geben kann, aber vielleicht fällt dir eine Situation ein, in der du ein ähnliches Verhalten gezeigt hast und könntest mir helfen, es zu verstehen. Auch aus meiner Beratungstätigkeit weiß ich, dass das »aggressive« Verhalten das problematischste für das

Umfeld ist. Dazu zählt auch das »oppositionelle« Verhalten, also wenn Kinder sich dauerhaft weigern umzusetzen, was von ihnen gefordert wird. Das verursacht schon im Kindergarten die meisten Schwierigkeiten und steht der Inklusion oft im Weg.

Was waren die größten Barrieren für dich als Kind? Hast du überhaupt schon eine Art Bewusstsein dafür gehabt, dass dich etwas von anderen unterscheidet oder hast du die anderen überhaupt wahrgenommen? Wann wusstest du, dass sich deine und fremde Gefühle voneinander unterscheiden? Das zu trennen fällt dir ja heute noch schwer.

Wäre es fair zu sagen, dass (einige) autistische Menschen auf der Stufe der emotionalen Entwicklung kleiner Kinder hängen bleiben können oder diese Stufe einfach nicht verlassen?

Viele Grüße von

Mel

12.10.2015

Hallo Mel,

autistische Kindheit, nicht-autistische Kindheit ... – eine Kindheit ist immer so einzigartig, wie wir es selbst sind. Deine frühen Jahre waren anders als meine und meine wiederum unterscheiden sich von Elijahs. Er kann uns natürlich (noch) nicht mitteilen, wie es für ihn ist, (m)ein Kind zu sein. Ich bin glücklich, wenn er lacht, auch wenn ich oft nicht weiß, warum er lacht. Das ist doch auch egal, wenn ein Kind lacht, dann geht es ihm gut. Das sind unsere besten Momente und die genießen wir. Apropos Lachen und Kindheit, da muss ich schon wieder an meinen Großvater denken. Mit ihm habe ich viel gelacht. Ich denke ja sonst nicht in Bildern, aber meinen Opa sehe ich vor mir. Knollnase inmitten tiefer Falten, lachende Augen unter buschigen Augenbrauen, das graue (er hat es blond genannt ()) Haar gekonnt dahin verlegt, wo es seiner Meinung nach am dringendsten gebraucht wurde, große Hände, die nach jahrelanger harter Arbeit als Schmied trotzdem noch sanft streicheln konnten und eine warme Stimme, die mich Mausi nannte und mir die Welt erklärte. Mein Großvater war und ist mein Held. Mit ihm habe ich die meiste Zeit meiner Kindheit verbracht. Er starb als ich sieben Jahre alt war. Er ist immer bei mir.

Ich lebte und lebe in keiner Bilderwelt, sondern in einer Welt der Emotionen und des Spürens. Sowohl als Kind als auch als Erwachsener bin ich immer wieder ausschließlich in meinem Kopf zuhause. Mein eigener Geist ist mein Palast, mein magischer Raum, wie du es nennst. Ich habe und werde ihn nie ganz verlassen. Es ist der sicherste Ort, den ich kenne. Ich erkenne mich sofort in deiner kleinen Tochter wieder. Ja, so bin ich. Aber auch ich habe gelernt, so wie sie es gerade lernt, mich zurückzuhalten, mich zu zähmen, mir selbst Einhalt zu gebieten. Im Gegensatz zu ihr habe ich das allerdings erst mit 38 Jahren gelernt und bin immer noch nicht fertig. Erst als ich begriff, was Fremdwahrnehmung ist, wurde mir klar, dass und wie andere Menschen mich sehen und wie ich auf sie wirke. Ein Selbst ohne *Ich*-Maske, das ist wie ein Kind in einem erwachsenen Körper. Das ist schon ein Schock für die Umgebung, wenn ein offensichtlich erwachsener Mensch sich plötzlich wie ein kleines Kind freut oder auch wütend gebärt. Ich verstehe das jetzt und versuche, den Balance-Akt zwischen Selbstsein und Erwartungshaltung der Gesellschaft hinzubekommen, damit ich meinen Platz innerhalb der Gesellschaft bekommen kann. Ich möchte eben dazugehören. Wenn das Kind in mir sich freuen will, wenn das Selbst sich Luft machen muss oder, wenn ich wirklich so sein möchte, wie ich bin, dann ziehe ich mich von den Menschen zurück. Aber wehe, wenn ich irgendwo eine Hüpfburg sehe oder die Zahl 208 entdecke, dann rutscht mein Patchwork-*Ich* weg und es gibt kein Halten mehr. Zum Glück habe ich als Künstlerin etwas Narrenfreiheit. In meiner Kindheit habe ich andere Menschen nicht wirklich wahrgenommen beziehungsweise erst sehr spät und nur bruchstückhaft. Ich wusste aber damals schon, ich war anders. Allerdings schaffe ich es bis heute nicht wirklich, auch meine Emotionen von denen anderer Menschen erfolgreich zu trennen und auch benennen zu können. Ich weiß oft nicht, wo ich aufhöre und wo der andere beginnt. Ich muss dann Abstand zwischen mich und die Menschen bringen, um zu wissen, was ich wirklich fühle und wer ich bin. Dies wird oftmals als unhöflich empfunden, obwohl es das gar nicht ist.

Du fragst mich in deinem Brief nach Rat zu einem Thema, welches ich sehr gut kenne. Dieses von nicht-autistischen Menschen oftmals als fremdaggressives Verhalten wahrgenommene Sein autistischer Menschen kann unzählige Ursachen haben. Einem anderen absichtlich weh zu tun, liegt solchem Verhalten aber selten zugrunde. Dafür müsste ich ja Fremdwahrnehmung gehabt haben, also das Wissen um die Konsequenz meines Verhaltens, welche ich dann voll in Kauf genommen hätte, ja, gewollt haben müsste. Aber lass mich dir eine Geschichte hierzu erzählen.

Komm mit in meine Kindheit, zurück ins Jahr 1978. Ich bin sieben Jahre und habe meinen engsten Vertrauten und Welterklärer, meinen Großvater, gerade erst verloren. Als wäre das nicht Veränderung genug, bin ich nun auch ein Schulkind. Zum Glück sind die meisten meiner Kita-Kollegen mit in die Schule gewechselt, so dass ich mich auch weiterhin an ihnen festhalten kann. Aber ich befinde mich in einem einzigen Chaos, das mir niemand erklärt. Warum auch? Allen anderen scheint immer alles klar zu sein. Ich dagegen bin ständig am Rande eines sensorischen Overloads, konstant hochgradig gestresst und verstehe die Welt nun gar nicht mehr. Die Unterrichtspausen sind ein Horror, den ich mit Worten gar nicht beschreiben kann. Jedenfalls passiert am Ende einer solchen Pause Folgendes: Wir sollen an unsere Plätze gehen. Ich gehe auf einen Jungen M. zu, der kleiner ist als ich, hebe ihn hoch und stopfe ihn ziemlich aggressiv in den Papierkorb, was dazu führt, dass er einen Zahn verliert. Ohne Grund, wie die Lehrerin später zu meiner Mutter sagte. Ich sei jähzornig und würde mich nicht in den Klassenverband integrieren, immer Extrawürste haben wollen (dabei gab es in der Schule überhaupt keine Würste, geschweige denn zusätzliche Würste für mich ganz allein). Was denkst du jetzt? Was war los? Warum dieses unberechenbare, aggressive Verhalten? Da ich möchte, dass du das besser verstehst, beschreibe ich dir jetzt meine Sicht der Dinge: Die Lehrerin rief laut, dass jedes Kind bitte *sofort und ohne Umweg* an seinen Platz gehen sollte. Also marschierte ich los und suchte den direkten Weg zu meinem Platz in der vorletzten Reihe der Mittelreihe. Auf einmal stand Mitschüler M. vor mir, der zwei Köpfe kleiner war als ich. Er blieb da einfach stehen. Da ich keinen Umweg, also nicht um ihn herumgehen durfte (Anweisung der Lehrerin), hatte ich nun ein Problem. Mein Stresslevel, der schon zu hoch war, um noch verbale Sprache erfolgreich nutzen zu können, stieg um ein Vielfaches. Ich musste etwas tun. Also nahm ich M. hoch und trug ihn zum Papierkorb, wo ich ihn reinzusetzen versuchte. Mein Denkvorgang war Folgender: er steht in meinem direkten Weg zu meinem Platz, ohne Umwege bedeutet nicht um etwas oder jemanden herumgehen, deshalb musste ich das Hindernis (in diesem Fall Schüler M.) beseitigen. Meine Oma hatte mir aber immer wieder gesagt, dass man nichts einfach nehmen und dann irgendwo anders abstellen darf, wo es nicht hingehört. Ich wusste jedoch nicht, wo M. hingehörte. Wenn man etwas nicht mehr braucht, so sagte Oma, dann kommt es in den Müll. Also habe ich Schüler M. zum Papierkorb getragen. Er war viel kleiner als ich und ließ sich auch sehr leicht tragen, aber in den Papierkorb passte er dennoch nicht richtig rein, so dass ich notgedrungen etwas stopfen musste. Dabei stieß er wohl mit seinem Knie gegen einen (Milch)Zahn, der dann auch noch rausfiel ... mittlerweile heulte M. und Tränen, Spucke und Blut ließen das Ganze schlimmer aussehen als es eigentlich war. Ich ging danach sofort und ohne Umweg auf meinen Platz.

Aber das stimmte die Lehrerin dann auch nicht mehr milder. Von da an hat sich allerdings auch nie wieder jemand in meinen Weg gestellt. Siehst du es jetzt anders? Kannst du es anders sehen?

Oppositionelles Verhalten habe ich bestimmt auch reichlich gezeigt, vor allem dann, wenn etwas von mir verlangt wurde, was meine Selbstwahrnehmung so hochgefahren hat, dass ich einer Selbstkonfrontation ausgesetzt war. Meinen eigenen Namen vor anderen sagen, ist nur ein Beispiel, welches mich heute noch in Angst und Schrecken versetzt und gegen das ich mich gewehrt habe. (An)Forderungen lösen auch bei Elijah schlimmste Selbstkonfrontationen aus, die er oftmals nur mit autoaggressiven (Selbst balancierendem) Verhalten regulieren kann. Das ist das eigentliche Problem ... immer wieder die Selbstwahrnehmung. Ja, das hat mir meine Kindheit sehr schwer gemacht und ich habe mich zum Teil dafür gehasst, ich zu sein. Ich wollte weg von mir und habe mir das Gesicht aufgekratzt und mich gebissen, um dies zu erreichen. Ich wusste zwar schon sehr zeitig, dass ich anders bin als die anderen, die mich umgaben, aber fand keine Lösung. In der Kinderkrippe mit ca. ein bis zwei Jahren fiel mir zum Beispiel auf, dass sich die anderen Kinder (ich wusste damals nicht, dass es sich um Kinder handelte) nur dann freuten abgeholt zu werden, wenn eine bestimmte Person im Türrahmen des Abholraumes erschien. Ich dagegen war schon aufgeregt, sobald ich die Türglocke der Krippe schellen hörte. Später fand ich dann durch Beobachtung heraus, dass jeder von uns eine für ihn spezifische Gruppe Menschen hatte, von der ihn einer abholte. Also wartete ich fortan auch ab, welches Gesicht sich im Türrahmen zeigte und freute mich erst dann. Dies war zwar besser, aber keinesfalls ausreichend, denn ich konnte außer meinem Großvater niemanden am Gesicht erkennen. Außerdem wäre ich mit jedem mitgegangen, weil ich nur von hier wegwollte. Ich bewunderte diese kleinen Wesen um mich herum und begriff allmählich, dass sie die Antworten auf ganz viele meiner Fragen hatten. Warum das so war, war mir lange nicht klar. Ich wartete von nun an sehnsüchtig darauf, dass sie zu sprechen begannen und war enttäuscht über ihre unverständliche Babysprache. Im Kindergarten begann ich dann ernsthaft damit, Menschen(kinder) zu beobachten und deren Verhalten zu analysieren. So wurdet ihr mein Spezialgebiet. Lange Zeit dachte ich, dass die Kinder abends noch irgendwo anders hingingen, wo sie all die Dinge lernten, die sie mir voraushatten. In diesen Kindern fand ich über lange Zeit den Halt, den ich brauchte, um durchzuhalten, um den Glauben nicht zu verlieren. Am Ende ist es der Glaube an das eigene Selbst, der Berge versetzen kann. Im Kindergarten stieß ich auch auf mein großes Idol Nelson Mandela. Wir mussten regelmäßig Sonnen für ihn malen, die zu ihm dann nach Robben Island geschickt wurden. Ich dachte mir, wenn er es in seinem Gefängnis aushält, dann schaffe ich das auch. Es scheint immer unmöglich, bis man es tut, sprach Mandela und ich versuchte es zu tun.

Ich würde es für mich so sagen: ich habe ein Selbst, welches zwischen vier und sieben Jahre alt ist und auch emotional so agiert. Ohne mein Patchwork-*Ich* bin ich also ein kleines Kind in einem erwachsenen Körper, den ich nicht ausreichend wahrnehmen kann. Manchmal frage ich mich immer noch, wann und ob mich jemand jemals von da abholen wird. Aber mehr und mehr bezweifle ich, ob ich jetzt noch mitgehen würde.

Ich grüße dich ganz herzlich und herbstlich,

Gee

Gleich (12.10.2015) retour

Liebe Gee,

diese Geschichte mit dem Mülleimer ... Zugegeben: Ich musste lachen. Aber eigentlich ist das nicht witzig, sondern ja für das Kind sicher eine sehr negative Erfahrung gewesen. Und auch deine Gedanken waren nicht witzig, sondern durchaus nachvollziehbar aus deiner Perspektive. Nichtsdestotrotz ist die Geschichte aus meiner Sicht irgendwie schräg beziehungsweise absurd und entbehrt einer gewissen Komik nicht. Hier fällt auch auf, dass du den Jungen eher wie ein Objekt behandelt hast. Ist es nicht so, dass Gehirnforscher sagen, dass autistische Menschen andere Menschen an den Stellen im Gehirn »verarbeiten«, in denen sonst Objekte verarbeitet werden? Hast du als Kind den Unterschied zwischen »lebendig« und »nicht lebendig« verstanden?

Nicht-Autisten brauchen genau das von dir und anderen Betroffenen: Die Schilderung solcher Gedankengänge. Ich musste die Mülleimer-Story heute auch sofort im Zuge einer Lehrerfortbildung an meinem Heimatort zum Besten geben[6]. Die Gesichter waren vielsagend. Auf die Auflösung, also darauf wie deine Gedankengänge verliefen, wäre kein Lehrer gekommen. Dinge passieren so schnell im Alltag, Worte fallen ... – auf einmal geschieht das von dir Beschriebene. Ich bin sicher ich hätte diesen Zusam-

---

6 Ich habe Gee vorher um Erlaubnis gebeten.

menhang auch nicht sofort herstellen können. Du sensibilisierst uns auf diese Weise für autistisches Verhalten. Bitte mehr davon!

Bitte erzähle mir auch im nächsten Brief mehr über die »Selbstkonfrontation«. Du sagst, dieses oder jenes (unter anderem das Rufen bei deinem Namen) löst Selbstkonfrontation aus. Selbstkonfrontation meint, sich zu spüren? Ein Anflug von Wahrnehmung, wie die anderen dich wahrnehmen (also Fremdwahrnehmung)? Du sagst, dass das Gefühl »Hass« dann ins Spiel kommt. Hast du dich gehasst, weil du spürtest, anders zu sein?

Und was mich auch noch sehr interessiert, was du aber auch an anderer Stelle noch mal ausführen kannst, ist: Was ist es, dass dich beim Anblick der Zahl »208« in solch ein Entzücken versetzt?

Drück dich,

Mel

12.10.2015

Liebe Mel,

»drück dich« schreibst du zum Abschluss deines Briefes und mein Hirn rattert sofort los. Könnte ich es an einen Drucker anschließen, dann hätte dieser wahrscheinlich Folgendes ausgespuckt:

drück dich

1. Soll ich mich drücken im Sinne von etwas umgehen? Wenn ja – vor wem oder was? Wenn nein – was dann?
2. Oder soll ich mich (ver)drücken, also gehen und dich in Ruhe lassen? Wenn ja – warum?
3. Soll ich mich drücken im Sinne von umarmen? Wenn ja – wie? Nur im Kopf? Echte Körperbewegungen? Als hätte ich eine Zwangsjacke an?
4. Handelt es sich um einen unvollständigen Satz? Wenn ja – fehlt das *ich*? Demnach also im übertragenen Sinne? Ich soll mich nur umarmt fühlen? Drückt es eine Art Nähe trotz Distanz aus?

Zwei kleine Worte und gut gemeint noch dazu bringen mein gesamtes System in Aufruhr und kosten mich eine Menge Energie. Zum Glück können wir beide darüber reden. Das ist echt hilfreich für mich. Nun aber noch einmal zurück in die Kindheit.

Es war ein Papierkorb, kein Mülleimer ... – das wäre gar nicht gegangen, da Mülleimer Deckel haben ... Natürlich hat die Geschichte, wie viele meiner Kindheitserlebnisse, eine gewisse, von mir jedoch unbeabsichtigte Komik. Diese Szene hätte direkt aus einem Dick & Doof-Film stammen können. Da ich ständig die Erwartungshaltung meiner Umgebung durchbreche und die Menschen immer wieder mit plötzlich mit einem ganz anderen Verhalten konfrontiere, bin ich eigentlich der geborene Komiker. Nur wusste ich das lange Zeit nicht. Ich bin froh, wenn ich durch das Erzählen meiner Geschichten dazu beitragen kann, dass nicht-autistische Menschen (meinen) Autismus besser verstehen. Lachen tut gut und hilft beim Einprägen von gerade Gehörtem. Vielleicht ist das dann das nächste Buchprojekt, was ich in Angriff nehme: Geschichten aus meiner autistischen Kindheit ... – es darf gelacht werden.

Ich habe auch davon gelesen, dass im autistischen Hirn Menschen und Objekte in ein und demselben Areal verarbeitet werden. Vielleicht finde ich deshalb Verkehrsschilder so toll und war traurig, wenn ein Stopp-Schild überfahren wurde? Aber ich wusste von Anfang an, dass die Anderen, die mich umgaben, lebend waren, nur eben nicht, dass sie Kinder waren und ich auch. Ich war mir nicht wirklich bewusst, dass für Menschen und Objekte unterschiedliche Regeln gelten. Ich wusste nicht, wo da genau die Grenzen waren. Man darf eine Mücke erschlagen, aber keine Katze, eine Maus vergiften, aber kein Pferd. Leider gab es dazu kein schriftliches Regelwerk, welches mir all diese Dinge so erklärt hätte, dass ich es hätte verstehen können.

Ich denke, das Thema Selbstwahrnehmung ist unser nächster Austausch. Es ist ein wichtiges Thema in Bezug auf Autismus ... autos ... Selbst.

Also verabschieden wir uns vorerst von unserer Kindheit und schauen in den Spiegel, der uns zeigt, wer wir wirklich sind.

Ich melde mich gleich wieder bei dir, bis dahin bleib schön gespannt und sei gegrüßt, umarmt, gedrückt und wertgeschätzt,

Gee

8. Briefwechsel – Thema: Selbstkonfrontation

14.10.2015 (es schneit)

Liebe Mel,

irgendwie habe ich immer noch das Gefühl, dass du das, was ich zum Thema Selbstwahrnehmung beziehungsweise Selbstkonfrontation bisher geschrieben habe, nicht ganz nachvollziehen kannst. Lass uns deshalb nochmal intensiver darüber schreiben. Nehmen wir das Beispiel mit meinem Namen, da mich das schon mein ganzes Leben lang verfolgt. Meine Selbstwahrnehmung ist in der Begegnung mit anderen Menschen immer sehr hoch, da sie direkt von der Andere-Wahrnehmung und auch von dem bisschen Fremdwahrnehmung, das ich habe, beeinflusst wird. Fast jede soziale Interaktion führt irgendwann zu dem Punkt, dass man beim Namen genannt wird. Oftmals muss ich mich vorstellen oder bei Anmeldungen meinen Namen sagen oder hören. Als ich mit knapp 19 nach England ging, habe ich die Gelegenheit genutzt und mich von da an Gee genannt. Auch dieser Name ist schwer zu handhaben, aber einfacher noch als mein Geburtsname. Der Name ist für mich die Personifizierung des Selbst. Soll ich ihn nennen bzw. werde ich mit ihm angesprochen (bei Gee geht das), dann löst dies sofort eine Selbstkonfrontation aus. Wie kann ich dir das beschreiben? Es ist ja eine Wahrnehmung, also eigentlich verbal nicht vermittelbar. Kennst du das Gefühl, wenn du wegen irgendetwas am liebsten vom Erdboden verschluckt werden möchtest? Ist es dir in deiner Kindheit vielleicht passiert, dass du der Oma oder einer Tante wie ein dressiertes Hündchen vorgeführt wurdest? Erinnerst du dich an das obligatorische Gedicht oder Lied vorm Weihnachtsmann? Oder kennst du das Gefühl, wenn dir vor vielen Leuten etwas sehr Wertvolles runtergefallen, etwas Wichtiges schiefgelaufen ist oder du vor allen anderen ausgeschimpft wurdest? Nimm dieses Gefühl und multipliziere es mit 1000? Wie geht es dir nun? Vielleicht ist es das, was ihr Schämen und Fremdschämen nennt? Für mich ist Selbstwahrnehmung die Art und Weise, wie ich mich wahrnehme. Es ist eine Art Theorie des eigenen Geistes und Seins. Ein weiteres Modell im Kopf. Komme ich zu nah an mein Selbst heran, dann kommt es zur Selbstkonfrontation, vor allem dann, wenn andere Menschen involviert sind. Ein Lagerfeuer sieht aus sicherer Entfernung toll aus, oder? Aber wenn man zu nah herangeht, dann wird es immer heißer und unangenehmer, genauso ist es mit der Selbstwahrnehmung. Niemand käme auf die Idee, sich mitten ins Feuer zu setzen! Bei Selbstkonfrontation wird aus dem gemütlichen, wärmenden Lagerfeuer ein äußerst gefährlicher Scheiterhaufen. Da mir keine schützende *Ich*-Maske zur Verfügung stand, bin ich als Kind immer wieder verbrannt. Die Narben sind immer noch da, das heißt, auch mit meinem heutigen Patchwork-*Ich* fällt es mir sehr schwer, vom Feuer wegzubleiben. Ich versuche also, alles irgendwie zu umgehen, was meine Selbstwahrnehmung hochfährt und die Gefahr einer Selbstkonfrontation birgt. Ich habe mich als Kind gehasst und abgelehnt, weil ich keinen anderen Weg sah, mit dieser Problematik umzugehen. Heute weiß ich die Antwort, kenne den Weg. Ich muss mein Selbst und mich selbst kennen und lieben lernen, ich muss mich so annehmen, wie ich bin, muss versuchen zu verändern, was ich verändern kann und will, muss herausfinden, wer ich sein will und kann. Autismus mag meinen Weg bestimmen, aber das Ziel lege ich fest. Am Ende möchte ich in den Spiegel schauen und mich mit meinem Namen anreden können, um mir zu sagen, dass ich mich so liebe, wie ich bin.

Vielleicht möchtest du darauf erst mal antworten? Es ist ja doch eher ein schwieriges Thema, das vielleicht am besten in kleinen Happen verdaubar ist.

Ganz liebe Grüße

Gee

PS: Die 208 definiert mich.

14.10.2015

Liebe Gee,

was bedeutet die 208 denn? Ich verstehe das wirklich nicht. Bitte kannst du das auch bei Gelegenheit genauer erklären?
 Und auch das mit der Selbstkonfrontation ist nur streckenweise nachvollziehbar. Was ich verstehe ist, dass du dich als Person abgelehnt, dich gehasst hast und dich in Folge nicht mit dir konfrontieren wolltest oder möchtest. Wirst du dir deiner Selbst bewusst, löst das Aggressionen aus. Das habe ich verstanden. Was ich nicht verstehe ist, warum du dich so sehr gehasst hast. Hast du so früh das Gefühl bekommen, nicht liebenswürdig zu sein aufgrund deines Andersseins, deines Autismus? Das ist meine Hypothese, aber ich wüsste sie gern durch dich bestätigt oder auch nicht. Ich kenne das Gefühl des »Sich-Schämens« sowohl in der Version, dass ich selbst aufgrund einer peinlichen Situation im Erdboden versinken möchte als auch in der Form, dass ich mich für eine andere Person (fremd-)schäme. Das ist in beiden Fällen ein überaus unangenehmes Gefühl. Es löst aber in den meisten Fällen dennoch keine Autoaggressionen aus. Klar, ich könnte mir manchmal auch (bildlich gesprochen) gegen den Kopf hauen, wenn ich etwas aus meiner Sicht Dämliches verzapft habe, aber im Großen und Ganzen kann ich Fehler gut überspielen oder eingestehen und sie meistens mit einer Portion Humor entschärfen. Die meisten Menschen reagieren gut darauf, wenn man Fehler eingestehen kann.
 Selbstschädigendes Verhalten gibt es wahrscheinlich bei fast allen Menschen auf die eine oder andere Weise. Das, was innen brodelt, zeigt sich meistens über Erlebnisse im Außen. Oft ziehen wir Menschen an, die uns etwas spiegeln, was wir in irgendeiner Form bearbeiten oder aufarbeiten müssen. Das ist mir wie allen anderen Menschen passiert und im weitesten Sinne könnte man da auch von Verhalten reden, welches einen mit sich selbst konfrontiert hat, vielleicht auch destruktive Züge trug (wie zum Beispiel bei jeder Form von Suchtverhalten) Am Ende hat es aber dann doch geholfen, denn wir entwickeln uns weiter und somit hin zu stabilen

Persönlichkeiten. Zumindest ist das in positiv gemeisterten Krisen der Fall.

Wenn ich das so betrachte, ist das, was du »Selbstkonfrontation« nennst, vielleicht gar nicht so viel anders als das, was ich erlebt habe. Nur wieder, wie bei offenbar vielen Dingen, um ein Vielfaches potenziert. Vielleicht auch in Situationen, in denen es bei uns nicht-autistischen Menschen nicht zu einem solchen Mechanismus kommt. Du wirst vielleicht schon viel früher auf diese Weise »hochgefahren«, während es bei mir viel massiverer Reize dafür bedarf.

Selbstzweifel, mangelnde Selbstliebe und Verunsicherung fahren also diese Selbstkonfrontation hoch. Dann agierst du »aggressiv« gegen dich selbst.

Habe ich das jetzt einigermaßen verstanden?

Da »Drück dich« das letzte Mal (zumindest im Ansatz) Selbstkonfrontation ausgelöst hat, verwende ich es erst mal lieber nicht mehr. Möglichkeit drei wäre die von mir Beabsichtigte gewesen. Ich bleibe daher beim »Liebe Grüße«,

Mel

14.10.2015 (es schneit nicht mehr)

Liebe Mel,

die 208 ist alles. Sie beginnt und schließt den Kreis. Sie ist mein Sicherheitsnetz. Sie lässt mich oben auf dem Seil die wildesten Tänze machen. Vielleicht später einmal mehr dazu?

Zurück zur Selbstwahrnehmung. Nein, ich habe mich nicht als Person abgelehnt, sondern ich habe mein Selbst abgelehnt, weil ich immer wieder und zu intensiv mit ihm in der Begegnung mit anderen konfrontiert wurde. Werde ich mir meines Selbst bewusst, was ja bei erhöhter bewusster Wahrnehmung ziemlich oft der Fall ist, dann muss ich versuchen, die Balance zwischen der Wahrnehmung meines Selbst und der drohenden Selbstkonfrontation zu halten. Also nah genug ans Feuer, dass es wärmt, aber nicht so nah, dass ich verbrenne. Selbstwahrnehmung löst nicht immer Aggression aus. Wenn ich allein bin und es kommt zur Selbstwahrnehmung oder auch Selbstkonfrontation (Spiegel), dann habe ich das relativ gut im Griff, weil dann keine Andere-Wahrnehmung da ist, die es noch weiter hochfahren würde. Als ich kleiner war, fühlte ich mich noch nicht so allein, da ich meinen Großvater hatte und die Welt über ihn wahrnahm. Das war sicher und Selbstkonfrontation hielt sich noch in Grenzen. Als er starb, war ich plötzlich allein und mir selbst überlassen. Lange Zeit nahm niemand seinen Platz ein. Ich konnte all meine Emotionen nicht verstehen, geschweige denn diese gegenüber irgendjemandem verbalisieren. Kurz und gut, ich verstand die Welt nicht und ich verstand mich selbst nicht. Ich fragte mich ständig, warum es mich wohl gab? Ich sah den Grund meines Daseins nicht. Ich konnte dies schlecht mit den anderen im Kindergarten besprechen, da deren größtes Problem eine verlorene Sandschaufel oder ein abgebrochener Buntstift war. Ja, ich war anders und ich bekam das jeden Tag sehr deutlich zu spüren. Da ich mich selbst nicht liebte, war mir klar, dass es dann auch kein anderer tun konnte.

Dein Schämen und Fremdschämen löst vielleicht deshalb keine Autoaggressionen aus, weil dein *Ich* ganz schnell zur Stelle ist und sich schützend vor das Selbst stellt. Es kann es beruhigen, sich um es kümmern und ihm rückversichern, dass alles okay ist. Wie eine Mutter, die ihr Kind nach einem Sturz oder Streit in den Arm nimmt. Da siehst du mal, wie toll dein *Ich* agiert. Es überspielt deine Fehler gekonnt, wogegen ein schutzloses Selbst an dieser Konfrontation zerbrechen würde. Das *Ich* ist ein Oscar verdächtiger Schauspieler, das schnell in ganz viele verschiedene Rollen schlüpfen kann und sie dazu noch nahezu perfekt beherrscht. Der Applaus und die Anerkennung sind ihm sicher. Das Selbst hingegen versteht oft das Drehbuch nicht, kann sich den Text nicht merken bzw. hat gar keine verbale Sprache. Es weiß nicht, wann es auf die Bühne muss und wartet nur immer darauf, dass der Vorhang fällt. Selbstvertrauen ... schönes Wort ... – aber was genau ist das wirklich? Ein Selbst, dass ein *Ich* neben oder vor sich weiß, kann beruhigt hinter der Bühne warten und sich dort am Applaus freuen. Es vertraut dem *Ich* und damit auch sich selbst. Je mehr positive Erfahrungen das Selbst macht, desto mehr vertraut es. Es gibt aber auch Fälle, wo das *Ich* das Selbst vergisst, ignoriert oder im Stich lässt. Diesem *Ich* geht es dann nur noch darum, wie es von anderen gesehen wird. Es schaut nur nach außen und nicht mehr nach innen zum Selbst. Diese Menschen vergessen sich wirklich selbst. Ja, da heiratet man eben jemanden, damit die Eltern Ruhe geben und die Tratscherei aufhört. Liebe? Darauf kann das *Ich* keine Rücksicht nehmen. Liebe empfindet nur das Selbst, aber das wird ja nun nicht mehr gefragt. Ich meine auch, dass solche Erscheinungen wie Burn Out vielleicht eine Art letzter Aufschrei eines vernachlässigten Selbst sind. Das *Ich* muss sich wieder um das Selbst kümmern, es annehmen, so wie es ist und schauen, welche Bedürfnisse es hat. Da muss es auch mal Nein zum Chef sagen oder auch in der Familie offen darüber sprechen, was dem Selbst nicht gut tut. Wie ich mich sehe, wie ich von anderen gesehen werden will und wie andere mich tatsächlich sehen ... all das sollte so gut es geht übereinstimmen. Daran arbeite ich jetzt.

Ich denke, dass ich meine Selbstkonfrontation wesentlich intensiver erlebe, da eben kein *Ich*-Schutz davor ist. Mal anders, stell dir das *Ich* als ein Auto mit einer super Knautschzone vor, die Andere-Wahrnehmung und die Fremdwahrnehmung absorbieren kann und damit die Aufmerksamkeit vom Selbst weglenken kann. Gäbe es diese Knautschzone nicht, wäre das Auto (*Ich*) nicht so ungeheuer flexibel, dann käme es bei einer jeder Kollision (Interaktion mit anderen Menschen) dazu, dass die Verformungen nicht am Auto (*Ich*), sondern am Fahrer (Selbst) auftreten würden. Um dies zu verhindern, braucht jedes Selbst ein gut funktionierendes Ich als Knautschzone oder Puffer. Mir fehlt dieses *Ich*, aber ich habe mir stattdessen mein Patchwork-Ich gebastelt, an dem ich immer noch in jeder freien Minute tüftele. Es hält heute schon besser und länger als gestern, aber immer noch weniger als morgen. ☺ Du hast recht, bei mir reicht ein Reiz aus, um eine Selbstkonfrontation auszulösen, den du wahrscheinlich nicht einmal bewusst wahrnehmen kannst. Das Traurige an dieser ganzen Geschichte ist, dass es die Andere-Wahrnehmung ist, die Selbstwahrnehmung auslöst und damit den Weg frei macht für die Selbstkonfrontation. Das heißt, es sind die Begegnungen mit den Menschen, die ein Sein mit meinem Selbst und als Selbst dann fast unmöglich machen. Aber es gibt auch hierfür Strategien, die funktionieren, sonst könnte ich keine Familie haben, keine Vorträge halten, nicht einkaufen oder ins Kino gehen. Und irgendwann würde nur der Gedanke an andere Menschen diese Konfrontation auslösen. Bei vielen autistischen Menschen passiert das auch. Sie ziehen sich dann komplett zurück auf einen Wahrnehmungs-Level, den ich als »keine Selbst- und keine Andere-Wahrnehmung« bezeichne. Ich kenne diesen Zustand auch, aber bisher habe ich es immer wieder zurückgeschafft. Ich reguliere meine Selbstwahrnehmung, indem ich mein Selbst oder mein Agieren in drei Teile spalte: Selbst, als Selbst und für Selbst. Ich muss zum Beispiel Selbst sprechen, aber nicht als Selbst und auch nicht für Selbst. So ist es mir möglich, in Gegenwart anderer nie dem gesamten Selbst zu nah zu kommen. Ich ahne, dass du dies nur sehr schwer nachvollziehen kannst. Irgendwie habe ich grad eine Vision von deinem Gesicht beim Lesen. Liebe Mel, ich kann nicht wissen, ob und was du verstanden hast. So ist das mit Wahrnehmungen. Aber weißt du, um einen anderen Menschen so zu akzeptieren, wie er ist, muss man ihn nicht komplett verstehen. Manchmal muss man einem anderen Menschen einfach

8. Briefwechsel – Thema: Selbstkonfrontation

glauben, dass es für ihn so ist, auch wenn es ganz anders ist, als für einen selbst.

»Drück dich« hat Verwirrung ausgelöst, aber keine Selbstkonfrontation. Du standst mir ja zum Glück nicht direkt gegenüber. »Ich drück dich« hätte übrigens Erleichterung ausgelöst, weil ich dann sofort gedacht hätte, dass es 1. ja nur eine E-Mail ist und 2. du ca. 160 km Luftlinie entfernt bist und 3. ich damit sicher vor einer möglichen Umarmung bin. ☺

Ich grüße dich und dein Selbst ganz herzlich,

Gee als Selbst, für Selbst und Selbst

14.10.2015

Liebe Gee,

just in dem Moment, in dem ich las: »Ich ahne, dass du dies nur sehr schwer nachvollziehen kannst« hat sich meine Stirn in Falten gelegt. Ich habe diese Differenzierung in »Selbst, als Selbst und für Selbst« tatsächlich nicht ganz verstanden.

Ich ahne, was du mit Selbstkonfrontation meinst, wenn ich in mich hinein fühle, was das Erleben von Situationen anbelangt, dir mir nicht vertraut sind oder die unbekannte Gefühle in mir auslösen. Wenn ich mir zum Beispiel vorstelle, ich würde in eine Talkshow eingeladen werden. Ich habe zwar bereits Erfahrung, vor einem großen Publikum zu sprechen, aber eine Kamera war noch nie auf mich gerichtet. Sofort kommen ängstigende Gedanken wie: »Was, wenn ich stottere, keinen fließenden Satz formulieren kann oder gar rot werde?«, vor allem, wenn diese Sendung auch noch »live« ausgestrahlt würde. Alle würden zuschauen, falls mir das passierte. Neben der sicher auch vorhandenen großen Freude über eine solche Einladung wäre ich garantiert furchtbar aufgeregt und würde mich sehr sorgen, dass auch alles ja richtig verläuft.

Welches sind deine Gegenstrategien, wenn du mit einer Selbstkonfrontation rechnen musst oder dir gar eine widerfährt? Vielleicht sollte ich mich darauf einstellen, wenn wir uns am 19. November erstmals persönlich begegnen. Nicht, dass ich dich dann drücken will und dich damit in einen unangenehmen Zustand versetze. Wie sollte ich dich eigentlich am besten begrüßen, damit es für dich okay ist? Einfach nur »Hallo« sagen?

Wir sind uns über unsere Briefe nach meinem Empfinden bereits so nah, dass ich dich wahrscheinlich wirklich umarmen würde, wärst du nicht dadurch mit dir selbst konfrontiert. Es muss aber auch keine Umarmung sein, also keine Sorge!

Ich finde es auch beachtlich, dass du mit circa 30 % bewusster Wahrnehmung umherläufst, während es bei mir so viel weniger Prozente sind. Du bist einfach eine Kämpferin, eine (dem Sternbild nach wie ich, da wir am selben Tag Geburtstag haben) Löwin eben!

Löwengruß

Mel

15.10.2015 (von Schnee keine Spur mehr)

Hallo Mel,

seit du Löwengruß geschrieben hast, singt Elton John »The Circle of Life« in meinem Kopf. Naja, könnte schlimmer sein. Dem Sternbild nach bin ich wie du Löwe, aber eigentlich bin ich ein Phönix. Du kennst ja sicher die Redewendung »wie ein Phönix aus der Asche«. Ich glaubte mich als Kind oftmals für immer verloren, bis ich begriff, dass ich aus diesem Verfall, diesen Aschetagen jedes Mal stärker wieder herauskommen kann. Aber vielleicht schreiben wir darüber demnächst in einem anderen Brief weiter. Noch sind wir beim Selbst und tun uns bei der Verständigung darüber, wie ich mit meinem Selbst umgehe, um es aushalten zu können, doch recht schwer. Ich kann mein Selbst nicht in seiner Ganzheit ertragen, weshalb ich es in die drei Teile zerlegt habe. Diese Strategie stammt aus meiner Kindergartenzeit und ich muss mich heute nicht mehr ganz so strikt daran halten beziehungsweise es ist wohl zu einer Art Routine geworden, über die ich nicht ständig nachdenken muss. Selbst, als Selbst und für Selbst bedeuten: Selbst = ich muss es tun, zum Beispiel atmen, schlucken, essen, sprechen, denken, spüren. Als Selbst = diesen Teil kann ich abspalten oder ganz weit weg von mir halten, zum Beispiel muss ich nicht als ich Selbst einen Vortrag halten, muss nicht als Selbst Menschen begrüßen oder ein Interview im Live-TV geben. Für Selbst = auch bei diesem Selbst-Anteil ist das so, das heißt, ich muss dieses Buch nicht für mich selbst schreiben, ich muss nicht für mich selbst zu einem Elternabend gehen oder ein Paket von der Postfrau annehmen. Wie du sicher bemerkt hast, gibt es ganz viele Dinge, die ich nicht als und auch nicht für Selbst tun muss. Das ist der Grund, weshalb ich diese Dinge überhaupt tun kann. Weißt du, wie ich darauf gekommen bin, mein Selbst in diese Troika zu verwandeln? Es fiel mir immer schon enorm schwer, in der Gegenwart anderer zu essen (zu kauen und zu schlucken). Andere-Wahrnehmung löst Selbstwahrnehmung und diese wiederum Selbstkonfrontation aus. Als ich kleiner war, habe ich es daher sehr oft verweigert, in der Gesellschaft anderer zu essen. Ist die Selbstwahrnehmung einmal zu hoch, dann führt alles weitere, das heißt jede Bewegung (Besteckbenutzung) unweigerlich zur Selbst-Konfrontation. Also habe ich nur vor meinem Teller gesessen und im Kopf gegessen, was natürlich immer eine Auseinandersetzung mit der unmittelbaren Umgebung hervorrief. Im Kindergarten habe ich so viel Essen wie möglich in den Mund gepackt und den Rest des Tages wie ein Hamster nur darauf gewartet, meine gehorteten Sachen wieder auszuspucken. Meine ständige hohe Selbstwahrnehmung ließ einen Toilettengang im Kindergarten nicht zu. Bis ich dann eines Tages die Lösung fand, als meine Oma mich füttern musste, nachdem ich mir die Hände am Schweißgerät meines Großvaters verbrannt hatte. Sie schaute mich bei jedem Löffel an, was natürlich für die Selbstwahrnehmung gar nicht gut ist, aber sie sagte dabei einen für mich magischen Satz: »Und der Löffel ist für den Opa (Oma, Mama usw.)«. Es war wunderbar. Ich war erlöst. Ich konnte endlich essen, weil ich es nicht mehr für Selbst tun musste. Diese Strategie nutze ich bis heute und nicht nur für Essen. Als Selbst ist vielleicht damit erklärt, dass ich mir in den Situationen einfach vorstelle, dass es nicht ich selbst bin, sondern jemand anderer. Ich nehme dann immer Personen, die auf diesem Gebiet wie eine Art Vorbild für mich sind. Ich ersetze meinen »als Selbst«-Anteil innerhalb meiner Wahrnehmung durch diese Personen. Wenn ich auf eine Bühne gehe, dann tue ich das garantiert nicht als Selbst. Das ginge gar nicht. Ich beeinflusse beziehungsweise verändere also meine Wahrnehmung, mein Modell der Welt. Ich tue es bewusst, während es bei dir wohl eher unterbewusst abläuft. Du wirst durch Erfahrungen und Erwartungen beeinflusst, was dein Kopfbild auch ständig verändert. Bleiben wir mal bei der Talkshow. Wenn dieses Buch der Knaller werden sollte, dann sitzen wir vielleicht bald bei Günter Jauch. Klar, das wäre eine neue und potenziell gefährliche Situation für uns beide. Ich wende sie ab oder entschärfe sie, in dem ich nur Teile meines Selbst ins Rennen schicke. Ich muss selbst hingehen, aber nicht als Selbst und nicht für Selbst. Ich muss selbst mit Herrn Jauch reden, aber nicht als Selbst und auch nicht für Selbst. Ich muss Publikum, Geräusche, Licht, Kameras etc. aushalten, aber nicht als Selbst und auch nicht für Selbst. Ich minimiere mein Selbst, das heißt ich verringere meine Angriffsfläche. Somit verringere ich den Anteil, der Selbstkonfrontation aushalten muss. Ich reguliere den Kochvorgang, indem ich die Flamme runterdrehe. So wird nichts kalt, aber es brennt auch nichts an.

Jetzt kennst du nach Stimming und Amygdala beruhigen meine dritte wichtige Strategie, um mit euch mithalten zu können. Du hast immer dein *Ich* dabei, welches viele Situationen auch (noch) nicht kennt, aber dein System sucht nach den Gemeinsamkeiten mit bisher Erlebtem. Die Angst vor Fehlern ist wohl sehr verbreitet in den Menschen. Vielleicht, weil wir zuerst auf unsere Defizite hingewiesen werden und dann erst für unsere Potenziale gelobt werden? Vielleicht, weil wir uns zu viel mit anderen vergleichen? Ich sehe es so, Fehler sind Chancen. Fehler zeigen neue Wege. Wer Angst davor hat, Fehler zu machen, der macht damit den wohl größten Fehler. Ich habe bei einem meiner Seminare einen Mann kennengelernt, der extrem gestottert hat. Er war der Erste, der nach meinem Vortrag auf mich zu kam und wir haben uns toll unterhalten. Es war anders, aber nicht weniger! Überleg mal, wenn er solche Gedanken hätte wie du: »Was, wenn ich stottere, keinen fließenden Satz formulieren kann?«. Wenn du dich versprichst, dann versprichst du dich. Du bist nicht die Erste und nicht die letzte Person, der das im Live-TV passiert. Klar, ein paar Leute, die sich das ansehen, die würden es hören. Na und? Wenn du es richtig anstellst, dann kannst du deinen Versprecher sogar noch jahrelang bei YouTube anschauen. Google doch dort mal Bündner-Fleisch. Mel, wenn in China ein Reissack umfällt, erfahren wir hier nichts davon. Jeder Versprecher wäre solch ein Reissack. ☺

Ja, wenn wir uns am 19.11.2015 treffen, dann wird das schon ein Abenteuer. Es stimmt, dass sich zwischen uns eine Vertrautheit entwickelt hat. Kannst du diese dann einfach so auf die wirkliche Beziehungsebene übertragen? Du siehst mich dann also am Treffpunkt stehen und kommst freudig auf mich zu und würdest mich sofort umarmen, weil es sich für dich so anfühlt, als ob du mich schon gut kennst? Das kann ich wiederum nicht nachvollziehen. Ich tue mich generell mit Begrüßungen und damit auch Verabschiedungen sehr schwer. Mein Leben ist ein Kreis, kein Anfang (Begrüßung) und auch kein Ende (Abschied). Ich krieg das auch auf meinen Vorträgen nie wirklich gut hin. Du kannst dich vielleicht noch an meinen Vortrag 2013 in Berlin erinnern. Aber ich werde mir Mühe geben, weil du mir wichtig bist. Du bist nur noch kein »richtiger« Mensch für mich. Du bist wie eine Art Bausatz, den ich auch gern haben möchte. Das Bild vorn drauf gefällt mir gut, aber ich muss dich immer wieder aus hunderten kleiner Teile zusammenbauen, damit du für mich Sinn ergibst. Ein weiterer Beweis für die Verortung von Mensch- und Objekt-Verarbeitung im selben Hirnareal?

8. Briefwechsel – Thema: Selbstkonfrontation

Ich finde es extrem anstrengend, mit dieser erhöhten Wahrnehmung zu leben, aber ich versuche das Beste daraus zu machen. Es hat ja durchaus auch viele Vorteile. Ich habe gut gelernt, mit meiner Energie zu haushalten und an den richtigen Stellen zu sparen. Aber an manchen Tagen gelingt es mir nicht. Dann zerfällt der Phönix zu Asche. Aschetage ... – bis er wieder neu ersteht.

So, Elton dudelt immer noch in meinem Kopf. Jetzt ist er bei Hakuna Matata ... das passt doch, denn es heißt umgangssprachlich »es ist alles in Ordnung«.

Hakuna Matata

Gee

Auch noch am 15.10.2015

Liebe Gee,

das ist für heute wohl der letzte Briefwechsel. Ich glaube, ich habe die Drei-Spaltung deiner Selbst nun verstanden. Du spaltest also Teile deiner Persönlichkeit ab. Ich finde es sehr interessant zu erfahren, wie sich das als Kind bei dir durch diesen auch mir wohlbekannten Spruch »Ein Löffelchen für Mama, ein Löffelchen für Papa (und so weiter)« entwickelt hat. Ich kann mich nämlich noch erinnern, dass ich als Kind gedacht habe:

»Wieso esse ich ein Löffelchen für Papa, der hat doch gar nichts damit zu tun, ob ich esse?«. Mir war das ein Rätsel. Heute gehe ich davon aus, dass das gesagt wird, damit das Kind der Mama oder dem Papa einen Gefallen tut. Das verstand ich als Kind aber überhaupt nicht.

Ich dachte mir schon, dass du mich erst zusammen bauen musst. Ich weiß von mir, dass ich bereits über das Schreiben von Whatsapp-Nachrichten oder E-Mails durchaus ein Gefühl für Menschen bekomme. Ich merke, ob sie ähnlich ticken wie ich oder nicht, wenn ich mit ihnen schreibe. Die Wortwahl, die Wahl der Smileys, der Nachrichteninhalt oder auch dessen Länge, die Häufigkeit des Schreibens, die Intensität der Worte, die zwischen den Zeilen steckt sagen viel über eine Person aus. Wir haben uns nun intensiv über Sprache ausgetauscht und das hat bei mir eine Form von Beziehung entstehen lassen, die es rechtfertigt, freudig auf dich zuzugehen. Du bist mir – zumindest in Form von Worten – nahe gekommen. Natürlich bin auch ich mir darüber bewusst, dass es eine Diskrepanz zwischen einer schreibenden und einer real begegneten Person gibt oder geben kann. Manch einer kann sich wunderbar über Briefe ausdrücken, aber sprachlich damit nicht mithalten oder auch andersherum. Es gibt auch andere Einflüsse wie optische Eindrücke, Gerüche oder einfach die »Ausstrahlung« einer Person, die dem Schriftbild entgegengesetzt wirken können. Der Teil der Person, der schreibt, ist aber trotzdem vorhanden und diesen Teil mag ich oder mag ich nicht.

Du hast mir nun viel von deinen Schwierigkeiten im sozialen Bereich geschrieben, so dass ich vorbereitet bin. Abgesehen davon arbeite ich seit ungefähr zwölf Jahren mit autistischen Menschen und über Erlebnisse mit Birger Sellin bis hin zu Meggie (Name geändert), die sich das Kinn während meiner Förderung an einer Tischkante blutig klopfte (»Meggie kloppt sich bei Frau Matzies«) habe ich schon so einiges erlebt. Ich kann mir auch nicht vorstellen, dass ich dich – egal, wie du dich verhältst – nicht mögen könnte. Ich werde versuchen, so sehr »selbst« zu sein, wie es geht, damit du keine Maske kennenlernst, sondern Melanie, einfach Melanie-Selbst.

Hoffen wir darauf, dass zwei Menschen, die einfach »Selbst« sind, sich begegnen. Und selbst, wenn wir uns dann nicht so gut verstehen wie über unsere Briefwechsel, können wir wieder auf sie zurückgreifen und sie weiterführen, denn hier haben wir definitiv eine Ebene gefunden.

Sorry für den Elton-Ohrwurm. Ich melde mich bald wieder, wahrscheinlich nach dem Wochenende. Eine erholsame Zeit wünsche ich dir,

Mel

9. Briefwechsel – Thema: 208

20.10.2015

Liebe Gee,

in deinem Brief vom 14.10.15 schriebst du erneut, dass die Zahl »208« alles sei, sie beginne und beende den Kreis. Wir sprachen ja schon vor einiger Zeit von diesem Kreis, der das Leben ist. Für mich ist es jetzt an der Zeit, dich nach der fulminanten Bedeutung dieser Zahl zu befragen.

Ich habe ja schon alleine versucht, es mir zu erschließen. Das geht dann bei mir in etwa so: 2 + 8 = 10. Die 10 ist auch in der 20 zwei Mal enthalten. Quersumme von 10 ist gleich Eins. Das ist der Beginn von allem (zumindest beim Zählen, wenn man die 0 unberücksichtigt lässt). Die Acht sieht aus wie ein umgedrehtes Unendlichzeichen. Das könnte das »Ende« sein, wobei »unendlich« kein Ende ist. In der Acht ist die Zwei vier Mal enthalten. Die Vier ist eine meiner Lieblingszahlen. Das alles ist aber eher an den Haaren herbeigezogen und trifft den Kern wahrscheinlich nicht.

Für mich sind Zahlen nicht allzu bedeutsam. Ich weiß, dass das vielen Menschen ähnlich geht wie dir, dass sie mit Zahlen etwas verbinden, was sich mir nicht erschließt. Ich mag ein paar Zahlen, die Sieben und eben auch die Vier, aber ich habe dafür keinen besonderen Grund. Ich werde das nun mal googlen.

Also: Die Sieben scheint aber eine magische Zahl zu sein, vielleicht mag ich sie deshalb. Die Sieben gefällt sowieso vielen Menschen besonders gut, wie ich eben las.[7] Man schwebt im »siebten« Himmel, es gibt die »sieben« Weltwunder, die Woche hat sieben Tage, es gibt das »verflixte siebte Jahr« und eine Katze hat »sieben« Leben. Wenn man sich mit Numerologie beschäftigt, dann erfährt man auch, dass auch der Regenbogen sieben Farben hat und – ich staune – auch die Zahl Vier ist eine besondere Zahl. Die Vier steht für die Ganzheit der materiellen Welt und die vier Himmelsrichtungen. Da liege ich mit meinen beiden Lieblingszahlen zwar voll im Trend, habe sie aber offenbar gut ausgewählt. Mit der Mathematik verband mich zumindest während meiner Schulzeit nicht viel. Ich fand zwar Formeln manchmal interessant, verstand aber nicht, wie diese zustande kamen. Ich konnte nichts gut anwenden, was ich nicht durchdrungen hatte. Wenn ich dann fragte, warum die Formel so oder so lautete, bekam ich zur Antwort: »Melanie, du musst nicht immer alles hinterfragen. Nimm es doch einfach mal, wie es ist«. Heute denke ich, dass der Mathelehrer das entweder selbst nicht wusste, nicht genug Zeit hatte oder wirklich glaubte, die reine Anwendung der Formel sei ausreichend.

Ich könnte nun auf selbe Weise mit der Zwei, der Null und der Acht verfahren und das alles in der Numerologie nachlesen, aber ich habe das Gefühl, dass diese »208« eine andere Bewandtnis für dich hat. Teilst du sie mit mir?

Freue mich sehr auf deine Antwort, Gruß,

Mel

21.10.2015

Hallo Mel,

heute ist der Tag, an dem Marty McFly (Zurück in die Zukunft) in unserer Zukunft ankommt, die aber nun unsere Gegenwart ist. Irgendwie ein coo-

---

7 http://www.tk.de/tk/wissen/zahlen-und-zeichen/die-magische-zahl-7-10001728/53¬6296; aufgerufen am 20.10.2015

ler Gedanke, der mich wohl den ganzen Tag beschäftigen wird. Aber du möchtest mehr über meine Beziehung zur 208 wissen. Ich finde es sehr interessant, wie du an die Erkundung der Zahl herangegangen bist. Bevor ich dort ansetzen werde, möchte ich unbedingt noch sagen, dass ich weder ein Mathe-Ass noch ein großer Liebhaber der Mathematik bin. Allerdings bietet die Mathematik auch enorm viel Sicherheit und das ist es, was ich suche. Sicherheit in einer Welt, die mir immer wieder als Chaos begegnet. Für mich ist die Zweihundertacht viel mehr als nur eine gerade, ganzzahlige, natürliche Zahl, deren Quersumme, wie du schon herausgefunden hast, die Zehn ist und deren Binärzahl 11010000 lautet. Ich will versuchen, ganz einfach zu beginnen. Es sind genau 208 Tage bis zu dem Tag, an dem ich (und auch du) geboren wurde. Dieser Tag ist ein 208-Tag, weil 28 = 20 und 8. Seit ich denken kann, suche und finde ich die Zahl 208 immer wieder im Zusammenhang mit meinem Dasein und meinem Tun. Die zwei-null-acht beruhigt mich und sagt mir, dass alles so ist, wie es sein soll und ich genau an dem Ort oder in der Situation bin, wo ich sein soll. Als ich 2010 meine erste Ausstellung als Teil einer großen Ausstellung in der Documenta-Halle in Kassel hatte, gab es auch einen tollen Kunstkatalog zur Ausstellung. Rate mal, auf welcher Seite ich erwähnt wurde. Richtig, Seite 208. Als ich mein Buch »Autismus-(m)eine andere Wahrnehmung« geschrieben habe, entstand genau eine Anzahl von 208 Seiten. Wo auch immer ich sie finde, hat die 208 etwas mit mir zu tun, weist mir den Weg und gibt mir enorme Sicherheit, ohne die ich nicht sein könnte. Du hast versucht, dir die 208 auch zu erschließen. Dem will ich auf meine Art folgen: Die zwei-null-acht beginnt mit der Zahl Zwei, einer natürlichen, geraden Zahl, die die kleinste Primzahl ist. Da hätten wir also den Anfang. Die Zahl Zwei ist die erste weibliche Zahl und steht für Erneuerung und Fortpflanzung. Aber sie steht auch für Gegensatz ... Licht – Schatten, Selbst – Ich oder Asche – Phönix. In der Mitte der 208 steht die Null, die einerseits auch für einen Beginn steht, denn wir sagen 00 Uhr, wenn der Tag anfängt, aber 24 Uhr, wenn er endet. Andererseits steht die Null auch wieder symbolisch für den Kreis. Im Englischen spricht man auch von der two-o-eight, wenn man die 208 erwähnt, also von runderen O in der Mitte. Du hast außerdem in der Acht, die »lazy eight«, ein um 90° gedrehtes ∞ erkannt. Dieses Zeichen kennen die meisten als Unendlichkeitszeichen. Aber es hat noch eine andere Symbolik, nämlich die Ganzheit. Die Acht ist außerdem die Zahl des Gleichgewichts. Wusstest du, dass acht Menschen an Bord von Noahs Arche waren und die Sintflut überlebten?

Da haben wir dann wieder meinen Kreis, den ich immer wieder durch und als 208 erlebe. Zu den Zahlen Vier und Sieben ...: Auf die Frage, wie viele Eier sie im Kühlschrank haben, antworten die meisten Menschen mit sieben oder vier. Die Zahl Vier hast du gegoogelt und herausgefunden, dass sie für das Irdische steht: Himmelsrichtungen, Jahreszeiten, Elemente, Lebensphasen usw. Die Zahl Sieben ist noch interessanter, ja, du hast recht, sie ist geradezu magisch: selbst Kindern begegnet sie ständig in den bekannten Märchen, wo hinter sieben Bergen sieben Zwerge wohnen. Gott brauchte sieben Tage für sein Werk, es gibt sieben Tugenden, wir haben sieben Körperöffnungen, wir bitten um sieben Dinge im Vaterunser, es gibt sieben Weltwunder. In der Ehe gibt es das verflixte siebte Jahr und noch vieles mehr. Das sind eine ganze Menge Gründe diese Zahlen zu mögen, meinst du nicht auch? Und vier mal sieben ist 28 (20+8). Ich denke schon, dass Zahlen für uns alle sehr bedeutsam sind, aber für die einen findet es auf einer bewussteren Ebene statt als für andere. Schade, dass du einen Mathematiklehrer hattest, der dich nicht auf Entdeckungsreise geschickt, sondern dich zurückgehalten hat. Meiner hätte sich in einen Monolog ohnegleichen gestürzt, weshalb es unter uns Schülern die Regel gab, eine solche Frage nie zu stellen, vor allem nicht vor der Mittagspause. ☺ Vielleicht hast du es bemerkt, dass ich bei meinen Ausführungen auch eher auf der Numerologie-Seite geblieben bin. Wie du weißt, habe ich keine Bilder im Kopf, sondern fühle alles. Ich bin mir nicht sicher, ob du und auch der Leser mich nicht sofort in die Spinner-Ecke stellen würden, würde ich auch nur ansatzweise versuchen tiefergehend zu erklären, was es mit der zwei-null-acht in meinem Fall auf sich hat. Genauso wie ich eine Lieblingszahl habe (208), habe ich auch eine Lieblingszeit: 17:56 Uhr. Es gibt Zeiten, die mir sehr sympathisch sind und ganz viel Sicherheit geben. Theodor Fontane, dessen Effi Briest ich gerade lese, hätte zu all dem wohl geschrieben: »Das ist ein zu weites Feld, Mel (Luise)«.

Es grüßt dich am 21. Oktober 2015, dem 294. Tag des Jahres, ganz herzlich

Gee

28.10.2015

Liebe Gee,

Zahlen als Entsprechung passt zu der Vorstellung des Kreises, welcher Leben ist. Alles enthält alles. Im Großen wie im Kleinen. Ich habe im Internet einen interessanten Artikel gefunden, der die Möglichkeit postuliert, dass das Universum ein riesiges Gehirn ist und unsere Gehirne genau diesem »Universum-Gehirn« entsprechen. Schau mal: https://www.sein.de/¬das-universum-ist-ein-riesiges-gehirn/

Diese Entsprechungen (im Großen wie im Kleinen) finden sich (für mich) überall. Computer sind »kleine Gehirne«. Vielleicht versucht das Universum ja, sich über uns Menschen sichtbar zu machen.

Wenn du nun schreibst, die 208 ist die Zahl, welche »alles« ist und den »Kreis« beginnt und beendet, so ist es eigentlich die universelle Zahl, die Zahl, welches das komplette Bewusstsein beschreibt, richtig?

In deinem Brief vom 21.10.15 schriebst du von Asche und vom Phönix. Seit ich dich kenne, hast du (aktuell in diesen Tagen) bereits zwei »Aschetage« gehabt. Das verstehe ich noch nicht ausreichend. Du erwähnst den Phönix und die Asche im Zusammenhang mit der »208«, also vermute ich irgendeinen Zusammenhang zwischen Aschetagen, Phönix und dem Kreis, der die 208 ist. Der Phönix ist ein mythischer Vogel, der aus Asche wiederauferstehen kann. Ein Phönix ist also wie ein Kreis. Er vergeht und entsteht dabei erneut. Wie die 208. Wenn du »Aschetage« hast, entstehst du wieder neu. Sind Aschetage eine Metapher für emotional »düstere« Tage, für psychisch labile Zustände, für Depressionen oder dergleichen mehr? Oder geht das alles noch eine Dimension weiter?

Wie viel bist du bereit, mir zu verraten?

Es grüßt dich, einen äußerst spannenden Brief erahnend,

Mel

28.10.2015

Hallo Mel,

heute ist ein guter Tag für eine Antwort auf deinen Brief. Es ist ein 208-Tag, nämlich der 20 und 8. Oktober 2015 (ich denke ja bevorzugt in Englisch, besonders wenn es sich um ein Datum handelt …: twenty-eight ist für mich schöner als Achtundzwanzig). Zu deinen Fragen: Alles ist verbunden. Nichts losgelöst. Ich finde es schon interessant, dass so vieles, was für mich ein Fakt ist (Mein Leben ist ein Kreis) für dich nur Vorstellungen sind, also etwas, was vielleicht so sein könnte. Wie unterschiedlich wir doch sind. Ich merke, wie viel Toleranz und Verständnis es braucht, um trotzdem miteinander sein zu wollen und zu können. Aber die Brücke, die wir versuchen zu bauen, nimmt Gestalt an. Unsere ist ein symbolisches Bauwerk, das uns trotz aller Hindernisse, die durch unsere unterschiedlichen Wahrnehmungen entstehen, zueinander führen soll. Ein großes Projekt und nicht einfach, aber dennoch spüre ich mehr und mehr einen Zugang zu dir und deiner Gedankenwelt. Das freut mich.

In dem von dir erwähnten Artikel wird die interessante Frage aufgeworfen, ob das Bewusstsein jenseits unseres Körpers existieren könnte. Du kennst meine Antwort. Auch wenn es mit den uns heute zur Verfügung stehenden Mitteln nicht zu klären ist, ob und wie das sein könnte, so wird es doch in der Zukunft möglich sein. Stell dir nur vor, wie die Menschen aus dem Mittelalter über uns, unsere Errungenschaften und Erfindungen staunen würden. Für sie wären wir Götter. Es ist ein wirklich interessanter Artikel, der mir Hoffnung macht, dass Menschen mit meinen Ansichten irgendwann vielleicht nicht gleich und nur in die Esoterik-Ecke abgeschoben, sondern angehört werden. Ich vertraue darauf. Ob meine 208 nun das komplette Bewusstsein beschreibt, weiß ich nicht. Ich finde es sehr schwierig, für dich das in Worte zu fassen, was die zwei-null-acht für mich ist. So geht es mir mit ganz vielen Dingen. Die Übersetzung dessen, was ich im Kopf habe, fühle und wahrnehme, in Worte, die ein anderer verstehen kann, will mir einfach (noch) nicht richtig gelingen. Es frustriert mich sehr, weil in diesem Wissen vielleicht auch Antworten enthalten sein könnten, auf die wir schon lange warten. Aber ich frage mich auch, ob die Menschen denn schon bereit sind, solche Antworten zu hören und anzunehmen. An Aschetagen ist dieses Frust-Gefühl über das vom eigenen Hirn fast vehement befohlene Schweigen nochmals verstärkt. Du hast recht, Phönix und Asche gehören zusammen so wie der Kreis und die 208. Im Kreis, der mein Universum ist, gibt es unendlich viele andere Kreise. Ist dieser Kreis Teil eines noch größeren Kreises, des von uns so bezeichneten Universums? Es würde vieles erklären. Ein Phönix vergeht und entsteht immer wieder neu aus der Asche, die 208 aber ist immer da. Der Phönix-Kreislauf ist ein Zyklus, dem ich mit allem, was ich bin, unterliege. Mein Selbst zerfällt und wird wieder geboren. Es gibt keine Regelmäßigkeit, denn dieser Prozess ist von äußeren Faktoren abhängig. Aschetage sind absolut keine Metapher für düstere Tage oder gar Depressionen oder ähnliches. Sie sind eine notwendige Auseinandersetzung mit meinem Selbst. Als Kind lebte ich ständig am Rande der Aschetage und der Phönix flog immer nur eine ganz kurze Zeit und sehr vorsichtig. Das ist heute anders, auch weil ich gelernt habe, mit meinem Selbst anders umzugehen. Aber dennoch gibt es diese Zeiten immer wieder. Nur weiß ich jetzt, warum es sie geben muss. Für Außenstehende, sprich meine Familie, ist es nicht einfach, mich dann so zu erleben und auch für mich selber ist es eine zehrende Zeit. Aber ich halte sie nicht nur aus, sondern bin mir ihrer absoluten Dringlichkeit sehr bewusst. An solchen Tagen male ich die besten Bilder und schreibe meine schönsten Gedichte. Aschetage sind meine kreativste Zeit überhaupt. Alles ist dann sehr tief und roh, ungeschliffen und echt. Ich sehe klar und deutlich. Anfangs nur in schwarz und weiß, klare Linien, Grenzen und vor allem eine unvorstellbare Tiefe. Ich muss mir in der Begegnung mit anderen sehr bewusst sein, dass ich mich gerade in diesem Zustand des Zerfallens bzw. Neuentstehens befinde. Um sicher zu gehen, dass ich nicht missverstanden werde, gehe ich den Menschen dann lieber aus dem Weg. Das Verständnis der anderen für ein solches Erleben und Dasein des Selbst ist noch nicht vorhanden. Der Zerfall ist schmerzhaft, auch weil ich ihn oftmals gerade nicht haben möchte, sondern einfach dort weitermachen möchte, wo ich gerade bin. Aber mein Leben ist ein Kreis, keine Linie. Die Phase der Selbsterneuerung fühlt sich anders an. Die Farben kehren zurück, aber alles bleibt weiterhin gestochen scharf. Bald darauf spüre ich die Kraft und den Glauben in mir, die mir den Sprung vom Abgrund in die Lüfte ermöglichen. Der Phönix breitet seine Flügel aus und ich weiß, ich werde nicht fallen, sondern fliegen. Wie ein Phönix oder auch wie die Möwe Jonathan, die in so vielen meiner Bilder zu finden ist. All diese Dinge habe ich so noch niemandem außer Hans, und jetzt dir erzählt. Ich schreibe Sie Dir, weil sie ein wichtiger Baustein unserer Brücke sind. Eine Brücke, von der ich schon seit meiner Kindheit träume.

Ich grüße dich an einem 208-Tag und freue mich auf deine Antwort.

Gee

30.10.2015

Liebe Gee,

der Phönix gefällt mir. Er ist kraftvoll und stark – wie du. Auch wenn du an Aschetagen schreibst, erscheinst du stark. Und so wie du nun geschrieben hast, sind das auch wirklich keine »schwachen« Tage, sondern sehr tiefgründige Gedanken auslösende Momente, ein Zustand messerscharfer Weitsicht und Kreativität. Empfängst du Erkenntnisse, die nur dich selbst betreffen oder sind das »universelle« Informationen, die vielleicht – wie im Artikel beschrieben – im Bewusstsein des Universums gespeichert sind? Viele Künstler reden von dieser Inspirationsquelle, die – wie einige es empfinden – »from above« kommt (oder vom Unterbewusstsein, aber vielleicht machen wir Menschen ja auch nur diese Trennung und es gibt sie gar nicht).

Das alles klingt sicher esoterisch. Aber man sollte auch bedenken, dass viele Wissenschaftler, vor allem Physiker, davon sprechen, Wissenschaft und Spiritualität verbinden zu können. Die Quantenphysik zum Beispiel (die diese Verbindung herstellen möchte) interessiert auch viele Autisten, wie ich weiß. Sich dieser Thematik mit naturwissenschaftlichen Methoden zu nähern hat schon eine Weile Konjunktur. Ich denke, dass wir uns durchaus diversen Berichten, unter anderem auch dem von Peter Schmidt[8], zuwenden sollten, ohne diese als bloße Hirngespinste abzutun. Es ist leicht zu sagen, das sind »Spinner«, das ist sicher ein Teil ihrer »Störung«. Was aber, wenn das nicht so ist? Warum sollte Peter Schmidt eigentlich keine Erinnerungen an seinen pränatalen Zustand haben? Er hat Empfindungen aufgeschrieben, die er retrospektiv in Worte gekleidet hat, die einem anderen Bewusstseinszustand entsprechen. Ich fand das beim Lesen sehr schlüssig. Es ist natürlich aus unserer heutigen (wissenschaftlichen) Sicht »schräg«, aber ich persönlich halte das nicht für unmöglich. Der Körper speichert möglicherweise von Anfang an (Ich lasse mal offen, wo der »Anfang« ist oder ob es diesen überhaupt gibt) Erinnerungen in den Körperzellen (die ja auch das Gehirn bilden) ab. Vielleicht ist Autismus ja einfach eine völlige Überfrachtung von Sinneswahrnehmungen, die nicht verdrängt werden können, unverbunden (da vielleicht »zu viele«) nebeneinander stehen und in Folge eine auf sich selbst zentrierte Welt konstituieren (müssen).

Ein auf die Innensicht Betroffener gerichteter Perspektivwechsel ist aus meiner Sicht unerlässlich, um den Menschen gerecht zu werden und ihnen dabei zu assistieren, ihren Platz in dieser Gesellschaft zu finden.

Ich freue mich daher sehr, dass diese Briefe dir ermöglichen, auch meine Sicht mehr und mehr kennenzulernen. Auch ich denke, dass diese Brücke schon gut fortgeschritten ist und nach einigen weiteren Briefen und unserem persönlichen Treffen bestimmt gut trägt und auf stabilem Fundament gebaut sein wird. Da bin ich sehr zuversichtlich.

Die »208« liegt nun zwar immer noch ein bisschen im Nebel, aber wir haben uns weiter angenähert. Ich habe deine Asche- und Phönix-Tage besser verstanden, deinen Kreis und deine Schwierigkeit, bestimmte Dinge

---

8 Dr. Peter Schmidt. Der Junge vom Saturn. Patmos-Verlag.

in Worte zu fassen, beziehungsweise deine Sorge davor, dass diese Worte falsch verstanden würden. Wir können dieses Thema daher auch erst einmal zur Seite legen. Ich denke, für einen Anfang ist es gut so.

Sehr liebe Grüße

Mel

30.10.2015

Liebe Mel,

es gab eine Zeit, da habe ich nur den Phönix gemalt. Das öffnete gleichzeitig den Farben die Tür zu meinen Bildern. Aschetage sind essentiell, keine Asche, kein Phönix. Es geht an diesen Tagen nicht nur um mich, sondern wie immer um alles. Vielleicht ist es das »above«, was auch ich spüre, aber ich denke, dass es eher ganz tief in mir drin ist, so wie auch Gott in jedem von uns drin ist. Es gibt keinen Himmel als Ort, wo man nach dem Tod hingeht. Das Selbst kennt keinen Raum und keine Zeit. Ja, es mag durchaus esoterisch klingen, aber es heißt nicht, dass das, was wir heute noch nicht nachweisen können, nicht doch so ist. Stell dir nur Galilei vor, der sich sicher war, dass nach seinen astronomischen Beobachtungen die Erde nicht nur eine Eigenbewegung hat, sondern sich auch um die Sonne dreht. Aber er konnte keinen zwingenden Beweis liefern. Das gelang James Bradley 1729, also erst über hundert Jahre später. Deshalb möchte ich Peter Schmidt zurufen: »Halt durch und wisse, dass du nicht der Einzige bist, der solche Erinnerungen und Erfahrungen hat.« Warum kann ein Mensch, dessen Hirn anders als das der Mehrheit funktioniert, nicht auch andere Erlebniszustände haben? Viele Autisten berichten von Erlebnissen, die weit vor ihrem vierten Lebensjahr liegen und von denen sie nicht von anderen wissen können. Es ist ja nachgewiesen, dass das autistische Hirn Erfahrungen anders abspeichert und dass viel mehr dieser Erinnerungen auch wieder abrufbar sind als bei Nicht-Autisten. Mir fällt es schwer, von solchen Erfahrungen zu berichten, da ich nun begriffen habe, was Fremdwahrnehmung ist, auch wenn ich sie selbst nur rudimentär besitze. Ich möchte nicht gänzlich als Spinner gelten oder nur schräger Vogel gesehen werden. Ich bin aber offen für ernste Gespräche zu diesem Thema. Es ist ein Teil von mir, den ich nicht verstecke, aber den ich auch nicht jedem zugänglich mache. Vielleicht ändert sich das irgendwann mal. Galilei hat diese Veränderung der Sichtweise der Kirche leider nicht mehr erlebt. Er wurde erst Anfang der 1990er-Jahre formal rehabilitiert.

Beste Grüße und Happy Halloween wünscht dir

Gee

10. Briefwechsel – Thema: Clown wider Willen

30.10.2015

Liebe Mel,

mich beschäftigt die Sache, als Spinner gesehen zu werden, doch sehr. Ich habe mich nämlich nie wirklich als ein Spinner gefühlt, ganz im Gegenteil, ich dachte immer, ihr wärt die Spinner. Mal im Ernst, wer wollte denn in der Kita in Pappkartons zum Mond fliegen oder mit alten Badewannen auf Tiefsee-Tauchgang gehen? Wer hat denn in imaginären Häusern gewohnt, vor deren imaginären Tür ein imaginärer Hund lag, den man erst mal streicheln musste, ehe man ins Haus durfte. Wer nannte Wauwau, was doch eigentlich ein Hund war? Und hast du nicht auch einer Plastikpuppe eine leere Plastikflasche an den geschlossenen Mund gehalten, damit sie trinken kann? Du bist ja ein westdeutsches Kind gewesen, also hast du bestimmt auch Barbie in ihr pinkfarbenes Bett gelegt und sie ist dann mit offenen Augen eingeschlafen? Ja, und hast du nicht geschrieben, dass du Angst hast, dass deine kleine Tochter bald nicht mehr an den Weihnachtsmann glaubt? Wenn es diesen Weihnachtsmann gäbe, würde er dann nicht vielleicht auch eine Autismus-Diagnose bekommen?

Als ich im Kindergarten war, hatte ich aber wirklich des Öfteren gute Gründe gehabt zu glauben, ich sei von Spinnern umgeben. Vielleicht wäre es auch mal ganz interessant zu schauen, wie komisch ihr nicht-autistischen Menschen eigentlich seid und wie das für jemanden wie mich ist, mit solch »schrägen« Menschen zu leben? Was meinst du, wollen wir es wagen und uns einfach mal fragen, was wäre, wenn Autismus die Norm wäre und damit du der Outsider?

Ich bin gespannt, was du davon hältst.

Ich grüße dich und hoffe, du lässt dich darauf ein, diese Gedanken weiterzuspinnen.

Gee

02.11.2015

Liebe Gee,

aus deiner Sicht müssen wir (Kindergarten)-Kinder ja wirklich ein außerordentlich seltsames Verhalten an den Tag gelegt haben. Wir waren auch auf einmal Mütter, Väter oder Babys und wohnten in Häusern oder Höhlen, die aus Stühlen und Tischen gebaut und mit Tüchern verhüllt waren. Wir hatten Playmobilfiguren, die von Badewannen-Rändern zu Hause in das große Schwimmbad gesprungen sind. Bei mir im Kinderzimmer gab es ein komplettes Schlumpfhausen mit verschiedenen Schlümpfen, die alle möglichen Abenteuer bestehen mussten. Und an meiner Kinderzimmer-Wand prangte im Kindergartenalter zuerst ein von meinem Vater selbst gemaltes Bild der Biene Maja und später, als ich dann zur Schule ging, malte ich mir dann eine große USS-Enterprise darauf, mit der ich täglich unterwegs war und neue Abenteuer zu bestehen hatte. Barbies hatte ich nicht, die gefielen mir nicht. Ich hatte auch nur eine Puppe, das war Puppe Stephan.

Angst hab ich nicht, dass meine Tochter bald nicht mehr an den Weihnachtsmann glaubt, ich finde es nur ein bisschen schade, dass ihre Zauberwelt langsam der Realität weicht. Aber so ist das, wenn man in den mentalen Zustand wechselt. Ich hoffe, sie kann sich den Rest, das Magische, weiterhin erhalten. Da sie kreativ zu sein scheint, wird sie da schon Wege finden.

Wieso wäre denn der Weihnachtsmann ein Asperger-Autist, würde es ihn geben? Weil er jedes Jahr um dieselbe Zeit dasselbe tun möchte und muss? Weil er sich die Anfahrtswege aller Kinder dieser Welt so gut merken kann?

Wie war das denn sonst so für dich im Kindergarten? Du hast ja schon die symbolischen Spiele der Kinder beschrieben, die Autisten in der Regel nicht durchführen. Sie spielen eher funktional, also fahren mit Autos Straßen entlang (oder drehen deren Räder), sortieren Bausteine oder reihen Figuren aneinander. Das symbolische Spiel beziehungsweise später das Rollenspiel bereitet die Kinder auf das soziale Verhalten vor. Sie spielen Situationen nach, imitieren Erwachsene und lösen auf diese Weise Probleme, die sich im Alltag stellen. Kannst du für dich reflektieren, wie dich das Fehlen dieser Spielverhaltensweisen beeinflusst hat? Und wie wirkten die Kinder und Erzieher/Innen sonst so auf dich, zum Beispiel während gemeinsamer Mahlzeiten und Bring- oder Abholzeiten? Konntest du nachvollziehen, dass sie ihren Müttern in die Arme fielen oder weinten, als sie abgegeben wurden?

Diese Sicht des autistischen Mädchens auf die anderen Kinder interessiert mich wirklich sehr. Ein bisschen hast du dazu ja schon geschrieben, als es um deine Kindheit ging. Aber deine Gedanken dazu, wie du »uns« empfunden hast, kamen noch nicht zur Sprache. Drehen wir den Spieß ruhig mal um. Ich freu mich drauf,

Mel

02.11.2015

Liebe Mel,

ich habe mir immer ein Schlumpf-Haus gewünscht. Die sahen so ähnlich aus wie Pilze. Ich hatte eine ziemlich große Schlumpf-Sammlung, die ich dem glücklichen Umstand zu verdanken hatte, dass ich Westverwandtschaft hatte. Ich hatte übrigens auch eine Puppe namens Stefan. ☺

Meine Kindergartenzeit war verwirrend und Augen öffnend zugleich. Einerseits verstand ich nur selten, was ich sah, andererseits wusste ich, dass das mir komisch vorkommende Verhalten meiner Kita-Mitstreiter genau das ist, was die großen Leute als wünschenswert empfinden. Ich denke, ich hatte schon ein Gefühl für die Erwartungshaltung meiner Umgebung, wusste aber dieser nicht zu entsprechen. Die seltsam anmutenden Aktivitäten der Kinder lösten bei den Erzieherinnen keine gegensätzliche Reaktion aus, im Gegenteil, es schien erwünschtes Verhalten. Ich habe zum Beispiel gern mit dem Kaufmannsladen gespielt. Zuhause gab es den nur an Weihnachten, aber im Kindergarten stand er immer zur Verfügung. Aber kaum hatte ich dort alles ordentlich eingeräumt, kamen schon die ersten »Kunden« und brachten mein ganzes Sortiment durcheinander. Sie nahmen sich scheinbar wahllos Dinge aus den Regalen und schlugen mir dann mit der flachen Hand mehrmals auf meine Hand, wobei sie laut zählten. Das war dann der Bezahlvorgang. Dann gingen sie und ließen den Einkaufkorb letztendlich irgendwo im Zimmer stehen. Sobald er unbeaufsichtigt war, holte ich ihn mir wieder und begann erneut mit dem Einsortieren der Waren. Wiederholt kam die Erzieherin mit einem anderen Kind zu mir herüber und meinte, dass wir jetzt mal tauschen sollten. Ich wäre nun der Kunde und das andere Kind der Verkäufer. Ich verstand das gar nicht, denn meine Oma arbeitete als Verkäuferin in der HO, einem DDR-Stoffgeschäft, und da hatte ich nie beobachten können, dass sie jemals mit einer Kundin getauscht hätte, geschweige denn Kunden Ware gegen Händeklatschen überlassen hat. Ich wollte allein in meinem Laden sein, Ordnung schaffen und den Überblick behalten. Ich brauchte die anderen Kinder nicht, mein Spiel fand im Kopf statt. Also schickte ich das nächste Kunden-Kind einfach mit der Bemerkung weg, dass der Laden wegen Inventur geschlossen sei. Dies hatte ich im Laden meiner Oma nämlich schon sehr häufig miterlebt und es war immer eine schöne Zeit, so ganz ohne Kunden. Lange ging dies im Kindergartenalltag natürlich nicht gut, zumal keines der Kinder wusste, was eine Inventur ist. Laut Angaben meiner Mutter empfanden die Erzieher mich als recht komisch und ich wurde auch als jähzornig, launig, bockig, vorlaut, schwierig und besserwisserisch beschrieben. Alles nur am Verhalten abgeleitet. Lange Zeit schaute niemand dahinter. Auch ich nicht, denn ich verglich mich weiterhin gnadenlos mit den anderen, die so anders waren als ich. Du schreibst, dass Kinder diese Phantasiespiele betreiben, um sich damit aufs spätere Leben vorzubereiten. Sie üben soziales Verhalten. Das kann ich bis zu einem gewissen Punkt heute schon nachvollziehen, auch, weil ich es bei meinen Töchtern beobachtet habe. Aber nehmen wir mal das Mutter-Vater-Kind-Spiel, bei welchem die Kinder untereinander ständig die Rollen tauschten. Mal war der eine der Vater, dann war er aber auch das Kind oder sogar die Mutter. Alles war möglich und wurde ausprobiert. Dann frage ich mich aber, warum die Akzeptanz bei gleichgeschlechtigen Partnerschaften in unserer Gesellschaft nicht wesentlich größer ist, wo doch die meisten Menschen dies bereits als Kinder schon durchgespielt haben? Warum gibt es für diese mit Phantasie üppig ausgestatteten Kinder im Erwachsenenleben plötzlich so viele enge Räume und unzählige Grenzen, die sie nicht mehr zu überwinden in der Lage scheinen. Als Kinder glauben sie mit einem Pappkarton auf den Mond fliegen zu können, aber als Erwachsene trauen sie sich nicht mehr zu, nach den Sternen zu greifen. Du schreibst, sie imitieren mit ihrem Spiel Erwachsene. Aber hätten sie dann nicht realitätsnähere Spiele spielen müssen? Hätten sie dann nicht wissen müssen, dass Kunde und Verkäufer nicht einfach tauschen können und dass zum Bezahlen Geld gebraucht wird? Sehr bizarr.

Die gemeinsamen Mahlzeiten waren so stressig für mich, dass ich bald von meinem Großvater schon vor dem Mittagessen abgeholt wurde. Bei meinen Großeltern war für mich am Küchentisch keinen Platz, also saß ich mit dem Rücken zu ihnen an einem kleinen Tisch, der direkt vor dem Fenster stand, von wo aus ich die Bahngleise im Blick hatte. Wunderbar!

Ich habe mich lange gefragt, warum die Kinder das Verlassenwerden durch den Bringer beweinen. Vor allem deshalb, da es ihnen ja nichts nützte. Sie wurden jeden Morgen weiterhin im Kindergarten zurückgelassen. Warum eine Tatsache beweinen? Ich wusste zu diesem Zeitpunkt weder, dass ich so wie die anderen ein Kind war, noch, dass die Person, die sich um mich kümmerte, meine Mutter war und welche Implikationen familiäre Beziehungen überhaupt haben. Für mich gab es als sicheren anderen Menschen nur meinen Großvater. Aber selbst den habe ich beim Weggehen nicht beweint.

Ich hatte als Kind kein eigenes Zimmer, sondern schlief im Zimmer meiner Mutter. Mein Bett teilte ich mir mit zwei riesigen Plüschtieren. Einem Teddy, den ich zur Geburt geschenkt bekommen hatte und einem blauen Hasen, Hoppel, den mir meine Tante geschenkt hatte. Hoppel musste überall hin mit, was aufgrund seiner Größe von fast einem Meter schon frühzeitig zu heftigen Diskussionen mit meiner Mutter führte. Die Biene Maja kannte ich auch und ich war in unserer Kleinstadt die erste, die einen Monchichi hatte. Da niemand etwas über dieses Geschöpf wusste, wurde ich erst einmal gründlich ausgelacht. Manchmal war die Zeit einfach noch nicht reif für Veränderungen, aber irgendwann hatten dann alle so ein Tierchen. Die einen Originale aus dem Westen, die anderen Kopien aus Polen.

Der Weihnachtsmann wäre mit Sicherheit ein Autist, wenn es ihn denn gäbe. Wollen wir mal so tun, als ob wir Experten in der Autismus-Diagnostik wären? Also los, ich habe mir da mal meine Gedanken gemacht.
Erwachsenen Diagnostik Fallnummer 24-12-15

Name: S. Claus, männlich, Alter: keine Angabe
Beratung wegen Verdachts auf Asperger Syndrom

Kann eine sich jährlich wiederholende Fixierung auf nur eine Sache, wie im Fall von Herrn Claus, nicht schon als ein sehr ungewöhnliches Spezialinteresse bezeichnet werden? Und wie sieht es mit sozialen Kontakten und Interaktionen aus? Grundsätzlich ist zu sagen, dass Herr Claus soziale Interaktionen vermeidet bzw. diese auf einen einzigen Tag im Jahr beschränkt. Von Januar bis November sei er Herr Anonymus, erzählt er selber. Die Mehrzahl seiner Aktivitäten halte er streng geheim und vermeide es, gesehen zu werden, wann immer dies möglich ist. Nach eigenen Angaben kann sich Herr Claus die Namen und Adressen aller Kinder auf der Erde merken, obwohl er selbst keinen Vornamen angibt oder benutzt. Sein Gehirn verarbeitet und organisiert Informationen ganz offensichtlich anders. Um in seinem Alltag besser zurechtzukommen, fertige er Listen an, die er mehrmals täglich checke. Es scheint, als hätte er das Teacch-Prinzip entdeckt und würde es erfolgreich für sich zu nutzen. Als eine weitere Inselbegabung kann sein Multi-Lingualismus, seine Fähigkeit, alle Sprachen zu sprechen, bezeichnet werden. Jedoch ist sein angewandter Wortschatz sehr limitiert (»Ho Ho Ho«, »Wie heißt du?«, »Warst Du auch artig?«). Er bevorzuge die briefliche Kommunikation, diese ist jedoch sehr einseitig. Eigenen Angaben zufolge antworte er nie, hebe sich aber alle Briefe auf. Er trage außerdem immer die gleiche Kleidung: roter Mantel mit Kapuze, schwarzer Gürtel und schwarze Stiefel. Auch bei der Frisur gäbe es keine Flexibilität. Er lasse da niemanden ran. Er trägt das weiße Haar länger und hat dazu noch einen weißen Vollbart. Er mag keinerlei Veränderungen und beharrt auf dieser und vielen anderen Routinen. Seine Ernährung sei mit Keksen und Milch sehr einseitig, das wisse er auch. Außerdem neige er zu Übergewicht. So lange er denken kann, lebt Herr Claus an einem ungewöhnlichen und isolierten Ort. Er beschreibt sein Zuhause als geräumig, jedoch sehr gemütlich. Er lebe dort mit Elfen zusammen, die ihm bei vielen Sachen zur Hand gehen. Seine Beschreibungen dieser imaginären Freunde sind sehr überzeugend und zeigen, dass er über eine enorme, wundervolle Phantasie verfügt, fast so wie ein Kind. Sein Zuhause ist ein sicherer Ort, den er auch keinesfalls verlassen möchte. Genauer gesagt, tut er dies auch nur an einem Tag im Jahr, immer vom 24. auf den 25. Dezember. An diesem Tag bereist er nach eigenen Angaben fast alle Länder der Welt. Es ist offensichtlich, dass er ein anderes Zeit- und Raumempfinden hat. Er sieht es als seine Verpflichtung, den Kindern Geschenke zu bringen, eine Regel, die er nicht brechen kann. Geschenke bekämen aber nur die Kinder, die brav waren. Er scheint sie als positive Verstärker einzusetzen. Wer nicht brav war, dem droht er mit der Rute. Diese unterschwellige Fremdaggression macht den Kindern natürlich Angst, die Herr Claus aber nicht ausreichend wahrzunehmen scheint. Hier sollte auf jeden Fall an der Wahrnehmung gearbeitet werden. Um sozialen Kontakten aus dem Weg zu gehen, betrete er Häuser oft nachts und auf oft ungewöhnliche Weise, z. B. über den Kamin. Entscheide er sich doch für die Haustür, so gebe er sich sehr wortkarg und stelle häufig nur und immer wieder dieselben Fragen. Hier würde ein Kommunikationstraining hilfreich sein. Herr Claus bestätigt, dass das Ansagen von Gedichten und Vorsingen von Liedern eine beruhigende Wirkung auf ihn habe, so dass er dies auch selber gern tut. Außerdem möge er Tieren sehr. Er besitze selbst neun Rentiere, mit denen er besser klarkäme als mit Menschen. Mit ihnen fliegt er dann in der Weihnachtsnacht um die Welt. Sein Vermögen, also die Fähigkeit, sich in andere Menschen hinein zu versetzen, scheint stark eingeschränkt. (Wer hat zu Weihnachten nicht schon häufig ein Geschenk ausgepackt, mit dem er überhaupt nichts anfangen konnte?) Und trotzdem ist Herr Claus ein liebenswerter Mensch, der immer wieder den Kontakt zu anderen Menschen sucht, wenn auch auf eher ungewöhnliche Weise. Trotz seines ungewöhnlichen Aussehens und Verhaltens freuen sich jedes Jahr vor allem die Kinder darauf, Herrn Claus zu sehen.

Dann hoffen wir mal, dass deine kleine Tochter noch einige Jahre mit dabei sein wird. Solange sie eine gute Balance zwischen Selbst und *Ich* herstellen kann, wird sie sich auch ihre Kreativität bewahren können und immer irgendwo ein kleines bisschen Magie entdecken.

Ich grüße dich ganz herzlich, 52 Tage, 7 Stunden und 16 Minuten vor Weihnachten

Gee

04.11.2015

Liebe Gee,

da sprichst du mit der Frage nach der Akzeptanz gleichgeschlechtlicher Beziehungen einen wichtigen Gedanken in deinem letzten Brief an. Dass die Kinder beim Vater-Mutter-Kind-Spiel in diverse Rollen schlüpfen, hat damit vermutlich nur bedingt etwas zu tun. Denn sie schlüpfen ja in Vater, Mutter und Kind. Das ist also die klassische Kernfamilie, die auch heute noch bei sehr vielen jungen Menschen ganz weit oben auf der Wunschliste steht. Es ist das Kernfamilien-Ideal, welches uns umtreibt, obwohl in Städten die Scheidungsquote bis zu 50 % beträgt. Gerade die Familien, die »zerbrochen« sind und deren »Scherben« sich im Gefüge von Patchworkfamilien oder anderen Versionen wieder zusammensetzen, sind auf der Suche nach alternativen Formen des Zusammenseins oder versuchen, Strukturen von Kernfamilien (mehr oder weniger erfolgreich) nachzubilden. Aber nicht nur die zerbrochenen Kernfamilien sind auf der Suche danach, sondern auch viele junge Menschen, die gar keine Kernfamilie haben wollen. Heute können Männer Kinder mit lesbischen Paaren bekommen oder wählen freiwillig eine gute Freundin als Mutter ihres Kindes, damit die klassische Kernfamilie nicht mehr zustande kommen muss. Viele Außenstehende sorgen sich dabei um das Wohl der Kinder, aber meine persönliche Erfahrung ist, dass diese von Beginn ihres Lebens an sehr flexibel sind in dem, was sie als gegeben und normal hinnehmen. Sie brauchen vor allem Liebe und zuverlässige Bezugspersonen. Früher waren es Großfamilien, Dörfer, Ammen, die sich um Kinder kümmerten. Die Kernfamilie aus Vater, Mutter und Kind gibt es eigentlich noch gar nicht so lange (200–300 Jahre). Familie ist, wo die Liebe ist.

Realitätsnäher spielen? Phantasie und »So-tun-als-ob« sind wichtige Bausteine der Kinderspiele. Sie schlugen dir ja nach »ihrem Einkauf« auf die Handfläche, weil sie dir Geld gegeben haben. Wenn kein echtes da ist, nehmen sie eben entweder »unsichtbares« Papiergeld oder etwas, das das Geld repräsentieren kann, zum Beispiel einen Papierschnipsel oder ein Laubblatt. Das finde ich übrigens schade, dass diese kindliche Phantasie durch die Spielindustrie so begrenzt wird. Es gibt heute Spielgeld, das fast echt aussieht und auch alles andere, was Kinder so gebrauchen könnten (Geschirr, Besteck, Puppenmöbel, fertige Häuser für kleine Figuren und so vieles mehr). Sie müssen sich kaum noch etwas selbst überlegen. Dabei kann ein Stück Holz so viel sein. Oder ein Korken, eine Muschel, ein Stein. Damit kann man auch alles bauen, was man braucht und die Phantasie wird viel mehr angeregt.

Du hast mit deiner Mutter in einem Raum geschlafen, aber es war dir nicht wirklich bewusst, welche Rolle sie für dich hatte? Würdest du sagen, dass das ein Symptom des Autismus ist oder liegt das daran, wie eine Mutter ihre Beziehung zu ihrem autistischen Kind gestaltet? Es liegt ja nahe, dass die Enttäuschung darüber, dass das Kind nicht wie erwartet auf sie reagiert, eine Mutter in ihrem Verhalten dem Kind gegenüber negativ beeinflusst. Ein Baby, welches sich nicht anschmiegt, sie nicht ansieht oder anlächelt, oder ein kleines Kind, welches die Ärmchen nicht freudig entgegenstreckt, wenn sie kommt, löst mit Sicherheit bei einer Mutter Trauer, Enttäuschung oder gar Wut aus. Bei einem Vater natürlich genauso, aber ich spreche als Mutter jetzt aus dem Blickwinkel einer Mutter.

Du sagst, der Asperger-Weihnachtsmann verfügt über eine enorme Phantasie. Ich erinnere mich, dass früher oft gesagt wurde, Autisten würden keine oder nur stereotyp über Phantasietätigkeit verfügen. Das frühe Ausbleiben der Als-Ob-Spiele zeige das. Heute höre ich aber oft von Autisten, dass ihre Phantasie überaus reich sei. Wie kommt das?

Und spinnt nun eigentlich der Weihnachtsmann, dass er sich auf so ein aufwändiges Unterfangen jedes Jahr von vorne einlässt oder die vielen Kinder, die noch an ihn glauben? ☺

Ich grüße dich herzlich,

Mel

04.11.2015

Hallo Mel,

ich denke, mittlerweile verstehe ich das Grundprinzip des Rollenspiels. Mir fehlte in diesen Situationen als Kind einfach die Vorstellungskraft. Ich denke eben nicht in Bildern, was mir während meiner Schulzeit auch das Lesen, Verstehen und Wiedergeben von Buchinhalten und Texten fast unmöglich machte. In meinem Kopf entstehen einfach keine Bilder. Ganz egal, wie überschwänglich der Autor mit Beschreibungen umgeht, ich sehe nichts. Manchmal bin ich froh, wenn ich vorher den Film zum Buch schauen kann, dann habe ich wenigstens diese Bilder im Kopf. Das Mutter-Vater-Kind-Spiel der Kinder ist ja auf einem sehr niedrigen Level angesetzt, aber ich frage mich, wie dieses Spiel bei den heutigen oder auch zukünftigen 4- bis 5-Jährigen aussieht. Wird sich dort etwas ändern oder sind die Kinder zu beeinflusst von den Werten, die ihnen die Gesellschaft immer noch zu vermitteln versucht? Du schreibst über das realitätsnahe Spielen, dass dabei die Phantasie wichtig ist. Das stimmt, aber irgendwann geht sie den Kindern dann wohl doch verloren. Was nützen mir Kinder mit viel Phantasie, Mut und Entdeckerdrang, wenn sie sich dann zu engstirnigen, langweiligen und in der eigenen Bewegungslosigkeit verharrenden Erwachsenen entwickeln? Ich war nur dann wirklich in der Lage, an diesem Spiel der Kinder teilzuhaben, wenn es eben mit sehr echten oder echtwirkenden Utensilien gespielt wurde. Was du schade findest (Spielgeld, Geschirr, Besteck, Mini-Produkte für den Kaufmannsladen), war meine einzige Chance der Teilhabe. Für mich ist ein Korken immer ein Korken, ein Blatt ein Blatt und kein Geldschein. Ich brauche diese realen Gegenstände und nutze sie so, wie sie definiert sind. Es fällt mir auch heute noch schwer, beim Kochen zu improvisieren oder eben mal eine einfache Stuhlauflage auf die Hollywood-Schaukel zu legen. Dinge anders zu benutzen als vorgeschrieben, stellt für mich einen Regelbruch dar.

Ich weiß nicht, ob meine Beziehung zu meiner Mutter eine gute war und ist und ob das primär mit meinem Autismus zu tun hat. Woher sollte ich wissen, wer sie für mich ist. Bei jedem Gerät bekommt man eine Gebrauchsanweisung in mehreren Sprachen und mit ausreichend Bildern dazu, aber bei Menschen, die doch viel komplizierter sind, nicht. Ich bin ja auch Mutter von drei wunderbaren Kindern, aber ich verstand eben sofort, warum Elijah die Arme nicht ausgestreckt hat (jetzt tut er es) oder mich nicht anlächelte. Von daher ist es wohl ein wenig einfacher, wenn man als Mutter eines autistischen Kindes selbst autistisch ist. Hier ist mein Autismus mein Vorteil.

Tja, ist der Weihnachtsmann ein Spinner? Kann eine imaginäre Figur überhaupt ein Spinner sein? Das ist eigentlich egal. Die Kinder glauben an ihn. Und solange sie noch kein festes *Ich* entwickelt haben, tun sie das mit ganzem Herzen. So entsteht der Gedanke an den Weihnachtsmann und besteht über Generationen. Erst, wenn die Kinder sich bewusst werden, dass andere sie sehen und wie sie von ihnen gesehen werden, d. h. welche Konsequenzen ihr Verhalten hat, beginnen sie zu überlegen, ob es für sie von Vorteil ist, den Glauben an den Weihnachtsmann aufrecht zu erhalten. Aus Angst, nicht mehr dazuzugehören, lassen wir uns von der äußeren Umgebung viel zu schnell und zu sehr beeinflussen. Da reicht ein einfaches »den Weihnachtsmann gibt's doch gar nicht« vom besten und angehimmelten Freund oder ein Auslachen vom gefürchteten Macho der Kita-Gruppe aus und sofort zweifeln wir an dem, was wir glauben und eigentlich weiterhin glauben wollen.

Lass uns darüber doch als nächstes schreiben. Ich glaube, dass könnte interessant werden.

Liebe Grüße

Gee

11. Briefwechsel – Thema: Glaube

04.11.2015

Vorab via Whatsapp:

Mel: Ja, Thema Glauben *wäre interessant. Ob Autisten an Gott glauben können oder nicht* ☺*, oder so ...*
Gee: Ja, und überhaupt, was ist eigentlich Glauben ... Erstmal müssen wir wieder klären, was wir darunter denn verstehen ... Das ist wichtig, weil du gleich wieder von Gott schreibst. ☺
Mel: Ja, stimmt. ☺ ☺
Gee: Glaube hat auch was mit Gott zu tun, aber es gibt nun mal keinen Himmel mit einer körperlichen Instanz, die über uns bestimmt ... Gott ist in uns allen ... Es ist eine Art eingebautes Modul, welches allerdings aktiviert werden muss ... Also ist der Glaube immer der Glaube an uns selbst ... und der kann Berge versetzen.
Mel: Das ist klar ...Denke, die wenigstens glauben bei »Gott« noch an was Personifiziertes ... Vielleicht müssen wir das auch etwas eingrenzen, einfach auf die Frage, ob der »Glaube« (woran auch immer) eine Möglich-

keit bei Autismus ist. Vielleicht passt das auch zu der Frage mit der Phantasie. Wie viel können sich Autisten überhaupt vorstellen? Es herrscht doch immer noch oft die Meinung, da wäre nicht viel »drin«. ☺
Gee: Wo wäre nicht viel drin? Wenn du meinen Gedankenpalast betreten könntest, dann würde es dich sprachlos machen ...

Liebe Mel,

wie du siehst, habe ich diesem Briefwechsel unsere WhatsApp-Konversation zum Thema Glaube vorangestellt. Einerseits stellt er ja wirklich den Beginn unseres Austausches dar, auch wenn er über ein anderes Medium geführt wurde. Die heutigen Technologien ermöglichen uns eigentlich ständig in der Begegnung zu sein, die zu einer Brücke zwischen uns führen soll. Es ist kaum zu glauben, wie verbunden wir doch schon sind. Womit wir dann beim Thema wären. Also Mel, was ist Glaube für dich?

Ich bin gespannt wie ein Regenschirm (ja, das gibt es auch ... hab's gegoogelt) ☺

Glg

Gee

05.11.2015

Liebe Gee,

das, was ich glaube, entspringt mehr meiner persönlichen Intuition als meinem Verstand. Der Verstand will wissen, er will Beweise. Habe ich diese nicht, dann kann ich etwas nur glauben, also annehmen, vermuten, erfühlen oder erspüren. Ich kann es aber nicht *wissen*.

Die meisten Menschen würden das Wort »Glaube« wohl zunächst mit der Religion in Verbindung bringen, also mit dem Glauben an Gott. Wobei es hier schwer ist, »Gott« zu definieren. Je nach religiöser Richtung gibt es ja da sehr verschiedene Möglichkeiten, wobei ich persönlich das Empfinden habe, dass die Vorstellung vom weißen Mann mit Bart nicht mehr überall vordergründig ist. Die meisten Menschen, die ich kenne, sehen es als Metapher für etwas an, was Liebe ausdrückt, Energie, Schöpfungskraft, Licht, kosmisches Bewusstsein oder etwas in der Art. Die Frage, ob man spirituell ist oder nicht, wird überwiegend mit »Ja« beantwortet und viele der Befragten setzen diesen Gottesbegriff ähnlich ein, aber koppeln ihre Spiritualität nicht zwangsläufig mit Religion und einem bestimmten Messias. Für mich persönlich ist es auch etwas Übergeordnetes, etwas, was sich über alle Menschen hinweg in verschiedenen Kulturen anders definiert, aber letztlich dasselbe Prinzip beschreibt. Und das ist für mich in etwa gleichbedeutend mit Licht, Liebe, schöpferischer Energie und kosmischem Bewusstsein. Die Vorstellung, das Universum sei ein großes Gehirn, passt für mich in diese Richtung und das sind ja alles durchaus auch wissenschaftlich arbeitende Menschen, die das erforschen.

Das alles ist schwer in Worte zu fassen. »Gott« kann kein Mensch beweisen. Nur erfahren oder erfühlen. Wobei man wohl ein Areal im Gehirn gefunden hat, in dem »Gottesempfindungen« lokalisiert sein sollen. Nun ja, aber das würde »Gott« auch nicht widersprechen, wenn man davon ausgeht, dass alles überall seine Entsprechung hat.

Kannst du nach diesem Brief ungefähr nachvollziehen, was ich als »Glaube« in Bezug auf Religion bezeichne? Wie siehst du es denn? Können Autisten überhaupt glauben im Sinne von »einfach annehmen, ohne beweisen« oder brauchen sie ausschließlich Fakten, wie es ja so oft in der Literatur heißt? (Für mich persönlich stellt die Frage sich nicht mehr, aber in der Fachwelt durchaus.)

Alles Liebe,

Mel

06.11.2015

Liebe Mel,

mich überrascht immer wieder deine sehr ausgeprägte Erwartungshaltung, aber das ist eben etwas sehr Typisches für nicht-autistische Menschen. Auch die Formulierung, ob Autisten überhaupt glauben können, lässt mich dessen bewusst werden, wie viel unsere Brücke überspannen muss. Manchmal reicht eine 80 m lange Hängebrücke, wie die, die sich über die Mulde bei Grimma spannt. Dann wieder scheint es eine Brücke wie die Akashi-Kaiky-Brücke sein zu müssen, die mit fast 4000 m die längste Hängebrücke der Welt ist, um uns zu verbinden.

Wie kannst du nicht wissen, was du glaubst? Weißt du denn dann wenigstens, was du nicht glaubst? Oder ob du glaubst? Nichts zu glauben scheint mir unmöglich zu sein. Ich habe viele Menschen kennengelernt, die vor allem nicht an das glauben, was sie nicht sehen können. Ich kann mir das nicht vorstellen. Als Kinder glauben die meisten Menschen doch an den Weihnachtsmann, auch wenn sie den »echten« nie zu Gesicht bekommen. Muss der Mensch alles mit den Sinnen erfahren, ehe er glauben kann? Für mich hat das Wort Glaube erst einmal weniger mit Gott oder Religion zu tun, sondern vielmehr mit dem eigenen Selbst. Glaube bedeutet für mich vor allem Vertrauen haben oder von etwas überzeugt sein. Das beginnt doch bei jedem Menschen selbst. Glaube braucht keine Beweise. Glaube ist auch die Hoffnung, dass etwas Sinn macht, ohne vorher zu wissen, wie es ausgeht oder die Garantie zu haben, dass es gut ausgehen wird. Unser Glaube an uns selbst gibt uns den Raum und die Möglichkeit, der Mensch zu werden, der wir sein wollen und sein können. Das ist die Voraussetzung, auch andere Menschen mit dem Herzen zu sehen. Es ist der Glaube an das eigene Selbst, der Berge versetzen kann. Das alles beschreibt meinen Glauben. Ich sehe darin keinen Widerspruch zu (meinem) Autismus. Ganz im Gegenteil, Autismus ist glaubensübergreifend, was den Glauben im religiösen Kontext angeht. Auch autistische Menschen können von der Lehre einer der Religionen überzeugt sein. Warum ist das für dich ein Widerspruch?

Ja, die meisten Menschen denken bei dem Wort Glaube an Gott und die Kirche und wollen das Thema schnell abhaken. Das ist definitiv kein Smalltalk-Thema, oder? Allerdings ist Gott auch oftmals der, dem vor allem nicht religiöse Menschen in Krisenzeiten immer wieder die Schuld in die Schuhe schieben. Manchmal sind das nur oberflächliche Bemerkungen, aber oft doch auch schwere Vorwürfe. Es ist immer einfach, die Ursachen für negative Ereignisse bei einem anderen zu suchen, auch dann, wenn man an dessen Existenz gar nicht glaubt. Es muss allerdings auch gesagt werden, dass viele Nicht-Gläubigen bei froher Kunde auch schnell Gott anrufen und ihm danken.

Glaubst du mir denn, was ich dir in meinen Briefen schreibe? Vieles davon ist doch komplettes Neuland für dich. Ich glaube dir deine Wahrnehmungen, auch wenn ich sie nicht alle verstehen und nachvollziehen kann. Aber ich glaube dir. Und manchmal wünschte ich, ich könnte dir meine Wahrnehmung von dieser Welt, die wir uns teilen, besser und verständlicher vermitteln. So vieles ist aber nur für mich zugänglich und spürbar, dennoch würde ich dich gern an die Hand nehmen und dir einfach alles zeigen.

Also komm,
Komm, nimm meine Hand,

11. Briefwechsel – Thema: Glaube

ich zeige dir ein anderes Land,
komm, hör meinen Worten zu,
sag, wie viel davon verstehst du,
komm, vertrau mir, lass dich auf mich ein
und tauch in meine Welt hinein,
hörst du jetzt, was eine wie ich immer hört?
Merkst du nun, wie sehr das stört?
Komm, sieh die Farben, sieh das Licht,
alle Details, doch das große Bild, das siehst du nicht.
Komm noch weiter in diesen Raum,
der meine Wirklichkeit ist und kein Traum,
komm, spür alles, was dich umgibt,
fühle, wer traurig ist, fröhlich, wer Angst hat, wer liebt,
komm weiter, das ist noch lange nicht alles,
es gibt noch viel mehr jenseits des Walles,
komm und erlebe, wie es ist,
wenn du immer wieder der Außenseiter bist,
komm und spüre, was es meint,
wenn alles aus dem Nichts zu kommen scheint,
komm doch mit und hab ständig Angst vorm Leben
und nur wenige bemühen sich, dir Halt zu geben,
komm, bleib jetzt nicht zurück,
es ist nicht mehr weit, nur noch ein Stück,
komm auch auf die dunkle Seite mit mir,
wie man zerfällt, das lernst du nur hier,
komm, es ist noch lange nicht vorbei,
wenn ich dir wehtue, dann bitte verzeih,
aber komm doch, das ist meine andere Art zu sein,
das ist mein Selbst ohne das Ich, ohne den Schein,
komm, lerne mich kennen und verurteile mich nicht,
sondern schau mir auf Augenhöhe ins Gesicht,
komm, halt noch einen Moment meine Hand,
bevor du wieder zurück kannst, in deine Welt, dein Land,
komm, vergiss mich nicht, sondern erinnere dich,
wenn du wieder so jemanden triffst wie mich.

Gee

07.11.2015

Liebe Gee,

welche Erwartungshaltung meintest du? Ich sehe gar nicht, dass ich Erwartungen in meinem letzten Brief ausgesprochen habe. Die Frage: »Können Autisten überhaupt glauben oder brauchen sie Fakten« war dazu da, dich aus der Reserve zu locken. Ich wollte darauf hinaus, dass viele nach wie vor davon ausgehen, dass Autisten sich nichts vorstellen können, was nicht an Fakten gebunden ist und bei einigen ist das auch der Fall. Sie halten sich an das, was ist, siehe Sally und Anne-Test[9]. Für viele autistische Kinder ist ein Stein (immer) ein Stein und niemals ein Auto. Und daraus wird gefolgert, dass es auch später schwer sein könnte, sich abstrakte Dinge wie »Gott« vorzustellen oder an etwas zu glauben, was nicht bewiesen ist.

Dass das bei dir sehr wohl der Fall ist, steht diesen Theorien entgegen. Interessant ist bei dir auch, dass du ja gar nicht in Bildern denkst, sondern alles erfühlst.

Ich »glaube«, dass das Universum ein riesiges Gehirn ist, aber ich weiß es nicht. Ich würde es erst (sicher) wissen, wäre es eines Tages bewiesen. Das heißt aber wiederum nicht, dass ich nicht überzeugt davon sein kann, dass mein Glaube stimmt. Millionen Menschen sind überzeugt, dass es Gott gibt oder sie eine Jenseitserfahrung hatten, wenngleich sie es nicht beweisen können und somit viele Menschen ihnen nicht glauben. Du magst zu Recht fragen, warum wir diese Beweise brauchen. Vermutlich, weil wir das tiefe Wissen darum verloren haben oder mental so gepolt sind, Dinge erst als wahr anzuerkennen, wenn wir dafür einen (wissenschaftlichen) Beweis bekommen oder selbst eine entsprechende Erfahrung machen. Es wird keiner Frau schwer fallen, sich in die Situation einer Geburt hineinzuversetzen, wenn sie selbst schon ein Kind geboren hat. Hat sie nie ein Kind geboren, wird es schwer für sie sein zu glauben, dass auch das eine (positive wie auch negative) Grenzerfahrung sein kann.

---

9 Sally und Anne befinden sich in einem Raum. Sally versteckt einen Ball in einem Korb und geht aus dem Raum. Während sie außerhalb des Raumes ist, nimmt Anne den Ball und tut ihn in eine Kiste. Die Frage an die Testpersonen lautet: Wenn Sally zurück in den Raum kommt, wo sucht sie ihren Ball? Viele Autisten antworten: »In der Kiste«, da er dort ist und sie nicht berücksichtigen, dass Sally das nicht wissen kann.

Das Wort »Glaube« steht auch in Beziehung zu Vertrauen, das man in etwas (oder jemanden) haben kann. Das ist aber etwas anderes für mich als der Glaube an Gott oder Jenseits. Wenn ich sage: »Ich glaube an dich« oder »Ich glaube fest, dass wir das schaffen«, dann drückt das eine Überzeugung aus wie bei dir. Dann bin ich auch sicher, dass wir das schaffen.

Erschwerend kommt wohl hinzu, dass viele Menschen statt »ich weiß« oder »ich bin sicher« sagen »ich glaube, dass ...«. In diesen Fällen drückt ein »Ich glaube, dass ...« eine mögliche Unsicherheit aus (vielleicht selbst dann, wenn der Sprecher gar keine Unsicherheit auszudrücken beabsichtigt). Gerade, wenn man jemanden zu Fakten befragt oder dazu, wie eine bestimmte Situation verlaufen ist. Es ist etwas anderes, wenn jemand sagt: »Ich weiß/Ich habe gesehen, dass der Mann einen roten Pullover trug« als wenn er sagte: »Ich glaube, er trug einen roten Pullover«. Zumindest würde ich es als Unsicherheit interpretieren. Da mag es Unterschiede geben.

Aber ich verstehe, was du meinst. Der Glaube an etwas versetzt oft Berge. Es sind aber genau diese Zweifel an den eigenen Fähigkeiten, die dazu führen, dass die meisten Menschen wohl keine Berge in ihrem Leben versetzen werden. Menschen und deren Gefühle kann zum Beispiel keiner kontrollieren.

Ich nehme deine Hand und komme gern mit dir in dein Land!

Ich finde, wir sind schon gut vorangekommen. Eine Brücke bauen wir trotz aller Missverständnisse, die es vermeintlich oder tatsächlich gibt oder geben kann. Es geht ja vorrangig um die Bereitschaft zu verstehen. Und natürlich glaube ich deinen Wahrnehmungen so wie du meinen.

Salut

Mel

08.11.2015

Liebe Mel,

ich habe lange über deinen Abschiedsgruß »Salut« nachgedacht, der mich irgendwie an meine DDR-Kindheit erinnerte. Da waren solche militärisch angehauchten Grußformeln ja an der Tagesordnung. Aber laut Google ist es unter anderem eine allgemeine Gruß- und Abschiedsformel.

Es ist nur meine Wahrnehmung beim Lesen deiner Briefe und den darin enthaltenen Fragen, dass du eine Erwartungshaltung hast. Immerhin hast du mehr Erfahrungen in der Begegnung mit autistischen Menschen als die meisten anderen Menschen. Das prägt dich über dein Erfahrungs- und Erwartungszahnrad. Du hast also das Gefühl, mich aus der Reserve locken zu müssen? Mich dazu bringen zu müssen, meine Gefühle zu zeigen oder mein Wissen preiszugeben? Aber das tue ich doch ganz freiwillig, Mel. Wenn du schreibst, dass viele Menschen davon ausgehen, dass autistische Menschen sich nichts vorstellen können, was nicht an Fakten gebunden ist, dann beweist das für mich nur, dass die Erfahrungs- und Erwartungszahnräder der Menschen sich weiterhin auf Hochtouren drehen. Es sind ja ganz wichtige Zahnräder in diesem hochkomplizierten Prozess, der Wahrnehmung ist, aber es ist wie so oft im Leben, zu viel des Guten ist auch wieder nicht gut. Das heißt, dass dieses Zahnrad ganz schnell auch zum Vorurteilszahnrad werden kann, wenn man nicht aufpasst. Jedem Menschen neu zu begegnen, ohne voreingenommen zu sein, scheint der Mehrheit der Menschen immer schwerer zu fallen. Bei autistischen Menschen bereitet gerade dieses Erfahrungs- und Erwartungszahnrad auch viele Probleme hinsichtlich des Wiedererkennens von ähnlichen Situationen und Abläufen. Es ist also ein Zahnrad, welches größter Aufmerksamkeit und vor allem ständiger Wartung bedarf. Leider gibt es keinen neuronalen TÜV. Aber ich schweife ab ... Zurück zu deinem Brief und Sally und Anne. Ich kenne diesen Test und er hat meiner Meinung nach ziemlich viele Schwachstellen. Ich hätte da im Vorfeld noch einige Fragen, um die Situation verstehen zu können:

1. Warum *sucht* Sally den Ball überhaupt? Sie weiß doch, dass sie ihn in den Korb getan hat.
2. Wem gehört der Ball? Sally oder Anne? Beiden? Keinem?
3. Was bedeutet der Ball Sally?
4. Kennen sich Sally und Anne? Wenn ja, wie gut?
5. Wenn der Ball Sally gehört, warum nimmt Anne ihn dann aus dem Korb und versteckt ihn in der Kiste?
6. Wollte Sally den Ball vor Anne verstecken, weil sie weiß, dass Anne Dinge wegnimmt?
7. Wenn ja, dann hätte sie sich rückversichern müssen, dass Anne nicht sieht, wo sie den Ball versteckt?
8. Falls Sally Anne so gut kennt, dass sie annehmen kann, dass Anne den Ball wegnimmt, warum nimmt sie den Ball dann nicht mit, wenn sie geht?
9. Wo geht Sally überhaupt hin?

10. Woher wissen wir, dass Sally in den Raum zurückkommt? Die Frage an die Testpersonen müsste demnach lauten: »*Falls* Sally zurückkommt, wo sucht sie den Ball?«
11. Woher wissen wir, dass Sally überhaupt nach dem Ball schauen wird, falls sie wieder ins Zimmer zurückkommt?
12. Hat Sally den Ball in den Korb getan, weil sie a) nicht mit ihm spielen möchte (weil sie zu alt dafür ist) oder er ihr b) gar nicht gefällt, also egal ist?
13. Warum kann Sally nicht doch wissen, dass Anne den Ball aus dem Korb in die Kiste getan hat? Wenn Sally und Anne sich gut kennen, dann könnte Sally zumindest erahnen, was Anne tun wird, wenn sie den Raum verlässt. Sally hat vielleicht schon vorher ähnliche Situationen mit Anne erlebt und greift nun auf diese Erfahrungen zurück.
14. Ist Sally autistisch oder nicht? Kann sie sich auf ihre Theory of Mind verlassen und vermuten, dass Anne getan hat, was auch sie getan hätte, nämlich den Ball aus dem Korb in die Kiste legen?

Ich hätte als allererstes geantwortet, dass nicht ich, sondern nur Sally wissen kann, ob und wo **sie** den Ball sucht. Ich kenne Sally doch überhaupt nicht. Außerdem weiß ich, wo der Ball ist. Für mich gibt es also keine einfache Antwort auf die Frage, wo Sally den Ball sucht. Aber die meisten Kinder im Alter von 4–5 Jahren rufen sofort: Im Korb. Sie können sich in Sally hineinversetzen. Sind wir jetzt vom Thema Glaube abgekommen?

Ein Stein ist immer ein Stein, auch wenn man so tut, als wäre er ein Auto. Wie schon gesagt, fällt es mir schwer, mir vorzustellen, dass ein Stein ein Auto sein kann bzw. dass sich ein anderer Mensch so etwas vorstellen kann. Dies funktioniert doch aber nur im kindlichen Spiel, oder? Irgendwann ist Schluss damit und dann lässt auch du dir von einem Autohändler keinen Felsbrocken anstatt eines Autos aufschwatzen. ☺

Da ich Gott als in mir drin empfinde, fällt es mir nicht schwer zu glauben, da meine Existenz gleichzeitig die Existenz meines Selbst beweist. Ich kann nur von mir sagen, was ich glaube und wie und warum. So wie auch nur Sally die Antwort auf die Frage, wo sie den Ball suchen wird, kennt. Muss es denn eine einheitliche Antwort auf alles geben? Warum kann es nicht mehrere Antworten und Sichtweisen nebeneinander geben? Mir kommt eher die Antwort der nicht-autistischen Kinder phantasielos vor als die Antworten, die autistische Kinder geben.

In deinem Brief vom 05.11.2015 schriebst du: »Was ich glaube, weiß ich nicht.« Nun schreibst du: »Ich weiß, was ich glaube, aber wenn ich glaube, weiß ich es nicht zwangsläufig auch.« Wie kann das sein? Das macht mich doch sehr konfus.

Ich denke, dass du Glauben mit Wissen und auf Wissen basierenden Beweisen verknüpfst. Ich tue das nicht. Bei mir ist Glaube reines Vertrauen. Für mich ist mein Glauben neben der Hoffnung die Hauptmotivation dafür, mich für eine Sache einzusetzen. Der Glaube an einen Gott, der mit Religion verknüpft ist, ist für mich eher durch den Begriff der Religiosität definiert.

Für mich drücken Sätze wie »Ich glaube, dass ...« keine Unsicherheit aus. Im Gegenteil, es sagt mir, dass der Sprecher Vertrauen hat. Wenn du jemanden nach Fakten fragst, z. B. »Was für eine Farbe hatte der Pullover, den der Mann trug?«, dann kann er nur dann »rot« sagen, wenn er sich sicher ist. Wenn er darauf vertraut, dass es ein roter Pullover war, muss er sagen: »Ich glaube, er trug einen roten Pullover«. Wenn er sich unsicher ist, sollte er das auch sagen und keine Vermutungen anstellen. Glauben ist nicht Vermuten.

Warum möchtest du Menschen denn kontrollieren können? Zwischenmenschliche Beziehungen basieren auf Vertrauen und natürlich auch auf Zuneigung und Liebe, je nachdem wie tief und eng sie sind. Natürlich habe ich auch schon von nichterwiderter Liebe gehört. Aber ich meine, dass es sich dabei oftmals um ein als Liebe missverstandenes Verliebtsein handelt. Der Glaube, den derjenige dann braucht, ist das Vertrauen darauf, seine große Liebe doch noch irgendwann zu finden. Das glaube ich jedenfalls. Und genauso ist es mir auch passiert. Also hat sich mein Glaube am Ende wieder einmal als richtig und sinnvoll erwiesen. Vielleicht ist Glaube auch an unterbewusstes Wissen gekoppelt, zu dem der Zugang natürlich viel schwerer ist, als zum bewussten Denken. Vielleicht wissen wir schon lange, was wir nicht zu glauben wagen?

Einen schönen Sonntag noch,

lg

Gee

11. Briefwechsel – Thema: Glaube

09.11.2015

Liebe Gee,

ja, ich denke schon, dass wir wissen, was wir nicht zu glauben wagen, jedenfalls die meisten von uns. Wie man das Glauben wagen lernt, muss wohl ein jeder Mensch für sich selbst herausfinden.

Es wäre interessant zu prüfen, welche der vielen Gegenfragen zum Sally-Anne-Experiment die Testpersonen (autistisch und nicht-autistisch) ebenso stellen würden, würde man sie lassen. Wenn ich Schulklassen zum Thema Autismus aufkläre, erlebe ich jedes Mal, dass auch die nicht-autistischen Kinder Fragen hatten und eine solche Aufgabe eigentlich nicht fraglos beantworten wollen. Ich sage dann immer: »Guckt nur auf das Wesentliche. Ohne Wenn und Aber«. Dann antworten sie alle richtig. Ob es vielleicht »nur« daran liegt, dass auch hier nicht-autistische Kinder eher den Wald vor lauter Bäumen sehen können und daher vielleicht zentrierter oder fokussierter zum Ergebnis kommen als sich in den Details zu verzetteln?

Manchmal ist es ja wichtig, sich im entscheidenden Moment für eine Richtung oder ein Ergebnis zu entscheiden und nicht noch »ewig« lange hin und her zu überlegen. Das, was du an Fragen aufgeworfen hast, könnte ich als »überreflektiert« bezeichnen, nicht schnell ergebnisorientiert, wenn auch sehr schlau. Dieses Überreflektieren hemmt auch im Alltag, wie ich von vielen Kindern und Erwachsenen im Autismus-Spektrum weiß.

Ich denke, es ist gut, dass es so eine Vielfalt gibt. Autistische Menschen steuern viele Fragen bei, die nicht-autistische sich gar nicht leisten können, weil sie handlungsfähig bleiben müssen und sollen. Dafür entgeht ihnen so einiges, was Autisten erfassen und aufwerfen. Daher sehe ich eine wunderbare Möglichkeit der wechselseitigen Ergänzung.

Durch die Kommunikation mit dir dazu schon einen Beitrag zu leisten erfreut mich (fast) täglich neu.

Herzlich,

Mel

Mit Salut!

12. Briefwechsel – Thema: Bindung/Trennung-Scheidung

10.11.2015

Liebe Gee,

mir gehen ein paar Zeilen von dir nicht aus dem Kopf, nämlich diejenigen, in denen du über deine frühkindlichen Bindungen sprachst. Du schriebst, du hättest nur deinen Großvater als Bezugsperson wahrgenommen und geliebt, deine Mutter dagegen oder auch andere Erwachsene waren nicht wirklich existent. Zumindest wusstest du nicht genau, was sie für Rollen hatten. Vermutlich waren diese anderen Bezugspersonen auch nicht mit vielen oder intensiven Gefühlen besetzt. Habe ich das so richtig verstanden?

Im Zuge meiner zwei beruflichen Standbeine (Autismus und Patchwork Familien) frage ich mich immer wieder, ob es denn aufgrund einer autistischen Besonderheit auch Unterschiede in den Bindungsqualitäten zu den Hauptbezugspersonen (Mutter und Vater in der Regel) gibt und wenn ja, wie diese sich nach einer Trennung auf die Kinder auswirken. Die meisten gehen heutzutage davon aus, dass Kinder beide Elternteile brauchen. Das wird vor allem in der Trennungsforschung immer wieder so postuliert. Dabei spielen natürlich auch die Beziehungsqualitäten eine Rolle. Für eine gesunde kindliche Entwicklung, so heißt es, ist sowohl das mütterliche als auch das väterliche Moment bedeutsam. Wobei es dann allerdings auch wieder Argumente gibt, die dafürsprechen, dass es das typisch Weibliche oder das typisch Männliche gar nicht mehr gibt. Gut, die Frauen kriegen die Kinder, aber im Grunde ist ab dem Moment der Geburt (ich überspitze jetzt etwas, aber in diese Richtung geht es) fast alles austauschbar und ja, gestern las ich irgendwo auf Facebook, der Mutterinstinkt sei eigentlich gar nicht menschlich, sondern käme nur bei Tieren vor. Ehrlich gesagt sehe ich mich gerade bei meinen beiden hauptberuflichen Themen mit einem ganz großen »Kuddelmuddel« konfrontiert. Ich weiß nur: Ich hatte einen Mutterinstinkt. Ich bin eine Frau mit Instinkten, die aber auch beruflich vorankommen möchte, allerdings nicht auf Kosten der Kinder. Ich habe einige Jahre immer für die Kinder »abgezweigt«, bis ich das Gefühl hatte, sie seien »gesättigt« und nun auch auf andere Kontakte (zum Beispiel Gleichaltrige) angewiesen. Väter nehme ich sehr ernst und bin der Ansicht, sie sollten sich so früh wie möglich auch in die Kindererziehung einbringen, zumal die Frau in der heutigen Zeit mit ihren multiplen Wahlfreiheiten und Wahlmöglichkeiten auch nicht mehr alles alleine schafft. Die Jahre, die ich für die Kinder investiert habe, waren aber keine Qual für mich und ich fühlte mich nicht benachteiligt, hatte keine Angst zu verblöden oder Sorge, wieder in den Beruf zurückzufinden. Dies alles sind aber offenbar große Probleme für viele Frauen.

Aber zurück zu meiner Ausgangsfrage. Wenn sich Eltern autistischer Kinder trennen, kann man dann gängige Bindungskonzepte auf die Kinder übertragen? Vermutlich nicht – genauso wenig, wie man nicht-autistische Kinder über einen Kamm scheren kann, was ihre Bindungen und Bedürfnisse betrifft.

Brauchen autistische Kinder nach einer Trennung mehr als andere eine zuverlässige Person, die sich um sie kümmert, weniger Hin und Her und vermehrt ihre eigenen Routinen und Rituale? Wie erleben sie diese Trennung überhaupt? Vielleicht empfinden sie sie gar nicht als solche? Vielleicht ist es auch hier sehr verschieden, aber möglicherweise hast du für mich da ja einen Hinweis, was ein Kind im Autismus-Spektrum möglicherweise eher benötigt als ein Kind ohne diese Besonderheit? Oder zeigt sich auch bei einer solchen Frage, dass es keine so großen Unterschiede gibt?

Abgesehen davon interessiert es mich, wie du dich als (autistische) Frau zu dem Thema Bindung in Bezug auf deine Kinder verhältst, wenn es um Fragen wie berufliche Selbstverwirklichung geht. Ganz einfach gefragt: Hättest du auch ein paar Jahre in die Kinder investiert und beruflich zurückgesteckt wie ich (zumindest bei meinem zweiten Kind) oder stellte sich diese Frage bei dir nie? Sind das Themen, die autistische Frauen ebenso wie nicht-autistische umtreibt?

Viele sehr herzliche Grüße von

Mel

11.11.2015

Hallo Mel,

da schneidest du ein ganz wichtiges Thema an. Es spielt zudem auch in meinem Leben seit längerem eine große Rolle. Wenn ich über meinen Autismus nachdenke, dann kommt es mir des Öfteren schon mal so vor, als hätte dieser zugleich auch eine Art Bindungsstörung verursacht bzw. eine solche begünstigt. Dies aber eher unterbewusst von Seiten der Menschen, die mich umgaben, und weniger von mir ausgehend. Meine Mutter, mein Bruder, die Omas und Kita-Erzieherinnen waren schon existent für mich, aber ich habe sie nicht als mir spezifisch zugeordnet wahrgenommen. Ich habe meine Mutter weder als eine noch als meine Mutter erkannt. Erst später verstand ich, wer oder was eine Mutter überhaupt ist. Schon allein aus diesem Grund konnte ich mich ihr gegenüber nicht adäquat, also wie von ihr und der Gesellschaft erwartet, verhalten. Verhalten erzeugt Verhalten. Anstatt ihre »Anstrengungen« mir gegenüber zu verstärken, wich sie wohl eher zurück. Sie entfernte sich damit immer wieder aus meinem eingeengten Blickfeld. Gefühle können aber nur in der Begegnung mit Menschen entstehen. Was ich hatte, war ein enormes Reservoir an Emotionen, von denen ich auch heute noch nicht jede wirklich verstehen und kontrollieren kann. Ich habe die Menschen um mich herum immer gefühlt, das heißt über Spüren wahrgenommen. Das hat mir aber bei der Zuordnung dieser Personen in Bezug auf mich nicht geholfen. Ich habe auch nicht gewusst, was ein Großvater ist, aber ich konnte diesen, meinen Großvater sehr gut wahrnehmen und er hatte die wundervolle Gabe, mich so annehmen zu können, wie ich war. Egal, was war, er blieb da und nahm mich immer wieder an die Hand. Manchmal darf man nicht darauf warten, dass die Hand gereicht wird, manchmal muss man die Hand nehmen. Das hat Elijah mich viel später noch einmal gelehrt.

Ich stimme dir zu, dass es im Idealfall gut für ein Kind ist, wenn es beide Eltern um sich herum hat. Aber nur dann, wenn auch beide Eltern das Kind wirklich lieben und sich adäquat um es kümmern. Da mein Vater verstarb, als ich 15 Monate alt war, kann ich nur wenig zu solch einer Idealfamilie sagen. Ich wuchs mit Mutter und Bruder auf und kannte nichts anderes. Es gab natürlich Zeiten, da habe ich mir nichts mehr gewünscht als einen Vater. Ich war damals das einzige vaterlose Kind in meiner Klasse. Heute ist ein Kind schon fast uncool, wenn es in seiner Kernfamilie, wie du immer so schön sagst, lebt. Und dann vielleicht auch noch glücklich. Dieses Model scheint immer seltener zu werden.

Meine Kinder haben anfangs Familie leider ganz anders erlebt. Sie haben Gewalt durch den eigenen Vater erleiden müssen. Seit meiner Trennung vor knapp drei Jahren haben sie ihren leiblichen Vater nicht mehr gesehen und wollen dies auch nicht. Es ist eine sehr schwierige Situation für uns, da viele Instanzen sehr lange Zeit die Sicht vertraten, dass die Kinder den Kontakt zum Vater brauchen bzw. haben müssen. Das war deren Wahrnehmung. Mich schockierte, dass beim Sorge- als auch beim Umgangsrecht die Ereignisse, die schließlich zur Trennung führten, völlig außer Acht gelassen wurden. Da war Justitia lange Zeit wirklich blind. Es gab sogar Zeiten, da sollte mein Autismus als Defizit im Muttersein dargestellt werden. Aber Autismus hält niemanden davon ab, eine gute Mutter zu sein. So wie auch Nicht-autistisch-sein keine Garantie für eine gute Elternschaft ist. Meine Töchter, die für sich sprechen können, sagen ganz klar, was sie wollen und was nicht und warum das so ist. Aber unser kleiner Autist vermag das nicht. Er kann auch mit niemandem darüber sprechen, was ihm alles passiert ist und wie es ihm damit geht. Elijah ist der stumme Zeuge. Ich hoffe, dass er vieles von dem Erlebten einfach vergessen hat. Ich vertraue hier auf das andere Verarbeiten und Abspeichern von Informationen. Ich werde außerdem sicherstellen, dass er in keine für ihn gefährliche Situation gehen muss. Das ist definitiv auch Mutterinstinkt. Ich bin mit Herz und Seele Mutter und wollte das auch immer sein. Ich habe mich schon als Kind so auf meine Kinder gefreut, wie ich mich jetzt auf meine Enkel freue. Ich wusste, dass ich eine Olivia haben möchte und ich wusste, dass das ganz wunderbare Menschen werden würden. Ich habe Recht behalten. Die Zeit mit meinen Töchtern, bevor sie begannen, eigene Wege zu gehen, war eine der schönsten in meinem Leben. Ich habe die Bewegungen meiner Kinder in meinem Bauch als etwas wirklich Einzigartiges empfunden. Ich habe auch alle drei Kinder extrem lange gestillt. Viele Momente mit meinen Kindern konnte ich mir als kostbare Erinnerungen wie Perlen auf eine Kette fädeln. Und da mein Leben ein Kreis ist, ist auch all das immer da. Ich liebe meine Kinder und möchte sie keinen Augenblick lang missen. Aber genau wie du, möchte ich mich auch auf anderen Gebieten entfalten.

Ich bin auch mit Herz und Seele Referentin, Künstlerin, Dichterin und Schreiberling. Natürlich ist es nicht einfach, denn Elijah braucht mit elf Jahren immer noch die Pflege und Betreuung, die normalerweise ein Kleinkind benötigt. Aber die Mädchen werden nun flügge und in Hans habe ich jetzt einen Partner gefunden, der immer wieder sein Bestes gibt, um mir kleine, aber wichtige Freiräume zu verschaffen. Ich bin froh, dass meine Kinder in ihrem Stiefvater einen solch liebevollen Menschen gefunden haben und nun auch eine Art »Vater, Mutter, Kinder«-Normalität erleben können. Wir sind eine Patchwork-Familie, das ist klar. Wir sind anders, aber nicht weniger. Auch das ist uns bewusst. Ich hoffe, dass all dies meinen Kindern hilft, eine positivere Sicht auf Familie zu erlangen. Wir geben schließlich sehr viel an unsere Kinder weiter. Es stimmt mich jeden Tag traurig, dass ich nicht schon viel eher die Kraft hatte, mich zu trennen. Ich habe das Eheversprechen wortwörtlich genommen: in guten und in schlechten Zeiten, bis das der Tod euch scheidet. Mea culpa. Mea maxima culpa. Aber ich habe gelernt, mich mit den Konsequenzen auseinanderzusetzen und ganz neue Wege zu gehen.

Doch zurück zu deiner Frage, ob man bei einer Trennung die gängigen Bindungskonzepte auf die autistischen Kinder übertragen kann. Ich möchte dies mit einem klaren Nein beantworten und hinzufügen, dass man das auch bei nicht-autistischen Kindern nicht tun sollte. Ein wöchentliches Hin- und Her zwischen Vater und Mutter, wie es mittlerweile von den Gerichten empfohlen wird, empfinde ich persönlich nicht als die Lösung. Kann man sich ein Kind überhaupt teilen? Wenn ja, dann bitte nur im Interesse des Kindes. Es mag auch Kinder geben, denen es nichts ausmacht, eine Woche hier und eine Woche dort zu leben, und die wirklich von einer solchen Regelung profitieren. Voraussetzung muss immer sein, dass sich beide Elternteile gut verstehen und zum Wohle des Kindes zu agieren und zu kommunizieren bereit sind. Und zwar auch dann noch, wenn neue Partner hinzukommen, die das Beziehungsgeflecht verstärken und die vielleicht auch noch Kinder mitbringen und Ex-Partner im Schlepptau haben. Über kurz oder lang muss dann aber ein ausgeklügeltes Logistiksystem her. Wer ist wann wie lange wo mit wem zusammen und wie kommt er dort hin und wieder zurück? Die Entscheidung ist nicht so sehr, wie es nach einer Trennung weitergehen soll, sondern doch vielmehr, wie es weitergehen kann. Dazu müssen alle Beteiligten an einem Tisch zusammenkommen und einander gut zuhören. Ein Mediator wäre eine gute Hilfe bei dem Prozess, die Beziehungen der Familienmitglieder untereinander zu analysieren und offenzulegen. Auch Eltern von autistischen Kindern können Lösungen finden, die allen gut tun. Hier jedoch immer mit dem Blick auf die Besonderheit der anderen Wahrnehmung des Kindes. Vor einigen Jahren habe ich Temple Grandin etwas sagen hören, was mich zuerst schockiert hat. Auf die Frage einer Mutter eines autistischen Kindes (nicht-sprechend), die gerade ihren Ehemann verloren hatte, wie sie das alles dem Kind erklären solle, meinte Temple Grandin sinngemäß Folgendes: Sagen Sie am besten gar nichts, das Kind hat ihn bestimmt schon vergessen. Das war heftig. Ich denke nicht, dass man das so pauschal sagen kann, obgleich da sehr viel Wahres drinsteckt. Ich habe meinen Großvater nie vergessen, aber ich habe auch nicht um ihn getrauert, als er starb. Er war nun einfach nicht mehr da. Die Familie trauerte und weinte, nur ich, die ihn so sehr geliebt hatte und die sein ein und alles war, tat so, als wäre nichts weiter passiert. Das löste natürlich Verwunderung und auch Entsetzen aus. Ich fand mich einfach mit der Tatsache »kein Opa mehr da« ab. Es fiel mir nicht schwer, da mein Leben ein Kreis ist, Mel. Es gibt keine Vergangenheit und keine Zukunft, sondern nur den Moment. In diesem Moment ist alles, auch mein Großvater.

Herzliche Grüße

Gee

13.11.2015

Liebe Gee,

heute ist Freitag, der 13. Viele Menschen glauben ja, das sei ein Unglückstag. Ich glaube nicht daran, aber unglücklich seid ihr mit der Situation zwischen euch und dem Vater deiner Kinder. Aus nachvollziehbaren Gründen. Es ist wichtig, dass Kinder ernst genommen werden, wenn sie äußern, einen Elternteil nicht sehen zu wollen. Leider passierte und passiert es immer wieder, dass Kinder von ihren Eltern, bei denen sie leben, beeinflusst werden und als Folge dieser massiven Manipulation dann äußern, den anderen Elternteil nicht mehr sehen zu wollen. Dieses als PAS (Parental Alienation Syndrom) bekannte Phänomen trifft aber nicht immer zu, wenn Kinder den Umgang verweigern. Es gibt eben auch Fälle wie deinen oder ähnliche Beweggründe wie die deiner Kinder oder schlichtweg auch mal ein Desinteresse an einem Elternteil, wenn dieser zum Beispiel jahrelang durch Abwesenheit glänzte (und dann doch Umgang einfordert) und dergleichen mehr. PAS von anderen Fällen zu unterscheiden ist schwer, da bedarf es geschulter Fachleute und ausgezeichneter psychologischer Fähigkeiten.

Das ist eine sehr heikle Angelegenheit und die durchaus zu Recht ausgeweiteten Umgangsrechte für Väter sind dann in speziellen Fällen (wie bei euch) auch wieder ein Problem für betroffene Kinder und ihre Mütter. In einem solchen Spannungsfeld bewegt ihr euch und dann kommt noch dein Autismus dazu, von dem manch einer nicht einschätzen kann, wie dieser sich auf die ganze Situation zwischen euch auswirkt.

Daran sieht man wieder, dass eine Entwicklung, die durchaus positive Zwecke erfüllt (wie ausgeweitete Rechte für alle) auch ihre Schattenseiten hat. Wie vieles im Leben. Ich kann dir und deinen Töchtern nur wünschen, dass ihr weiterhin stark bleibt und eure Gefühle und Wünsche äußert!

Du hattest also keinen »Instinkt für deine Mutter« als Kind? Wurdest du denn gestillt, weißt du das noch? War dieser Instinkt demzufolge als Baby noch da oder gibt es vermehrt Berichte über autistische Kinder, die nicht gestillt werden wollten? Ich weiß von Kindern, die keine Körpernähe zulassen konnten und später als autistisch diagnostiziert wurden, aber heutzutage kann man zum Glück auf eine Flasche umstellen. Früher ging das nicht. Schrecklicher Gedanke, was mit diesen Kindern geschah.

Aber selbst, wenn das Stillen klappte, dann ist es auch schwer, wenn ein Kind den »sozialen Sinn« nicht besitzt, um mit der Mutter (oder einer anderen primären Bezugsperson) eine von Emotionen getragene Beziehung aufzubauen. Denn in den meisten Fällen sind es nach wie vor Mütter, die anfangs bei den Kindern bleiben. Deine Geschichte spricht jedenfalls dafür, für Kinder vorsichtshalber eine weitere (statt lediglich Mutter und/oder Vater) Palette an Bezugspersonen zur Verfügung zu halten, falls diese »primäre Bindung« zur Mutter nicht funktioniert. Damit wird sichergestellt, dass wirklich auch eine Bindungsperson vorhanden ist, um dem Kind sozialen Kontakt zu ermöglichen. Zumal nicht alle Mütter über diese »Mütterinstinkte« (oder »automatisch« vorhandene Liebe) den Säuglingen gegenüber verfügen, wie man heutzutage weiß.

Als Mutter wiederum hattest du ja einen Mutterinstinkt deinen Kindern gegenüber. Das heißt, du hast im Verlauf deines Lebens gelernt, wie du dich den Säuglingen gegenüber verhalten musstest. Deine Kinder haben eine Bindung an ihre Mutter. Oder bist du der Ansicht, dass eure Bindung sich von anderen Bindungen nicht-autistischer Mütter und deren Kindern unterscheidet? Nach deinen Aussagen zu urteilen sieht das für mich nicht so aus.

»Mea culpa«? Warum deine Schuld? Wenn du es wörtlich genommen hast, das Eheversprechen, weil du aufgrund des Autismus alles wörtlich nimmst, ist das aus meiner Sicht ein Symptom des Autismus gewesen und keine »Schuldfrage« deinerseits. Sonst wäre Autismus ja auch deine Schuld, was ja Unfug ist.

Könnte ich die Frage, ob autistische Kinder eine Bindung an ihre Eltern haben, so beantworten, dass ich sage: Es ist möglich, dass sie eine sehr enge Bindung an sie haben, zumindest an einen Elternteil. Es ist aber ebenso möglich, dass keine Bindung vorhanden ist? Und wenn eine vorhanden ist, dann kann es auch sein, dass sie sich nicht wie gewohnt äußert?

Demzufolge sollten Gerichte zunächst die Form der Bindung klären, sofern überhaupt möglich. Es ist ja noch viel schwerer, die Bedürfnisse eines autistischen Kindes herauszufinden als die der nicht-autistischen Kinder.

Herzliche Grüße

Mel

16.11.2015

Liebe Mel,

alles, was mit Zahlen zu tun hat, hat Bedeutung für mich, also auch das Datum eines Tages. Freitag, der 13. ist mir nicht egal. Der 13.11.2015 war letztendlich nicht nur für die Menschen in Paris kein guter Tag, sondern für uns alle.

Wir empfinden unsere familiäre Situation nicht so sehr als unglücklich, sondern vielmehr als sehr frustrierend, weil wir keine Hilfsangebote bekommen und sich alles doch sehr in die Länge zieht. Erst zwei Jahre nach der Trennung fanden die Gespräche zum Umgang statt. Das heißt, in der gesamten Zeit davor hat es niemanden interessiert, ob die Kinder überhaupt Umgang wollen oder nicht. In unserem Fall musste durch Psychologen nachgewiesen werden, dass es ein autarker Wunsch meiner Tochter ist, den Kindsvater nicht sehen zu wollen. Man muss jeden Fall sehr individuell betrachten. Es braucht wirklich geübte Menschen, die als Psychologen, Berater und Mediatoren an dem Prozess der Neuorganisation nach einer Trennung beteiligt sind. Wir versuchen weiterhin das Beste aus unserer Situation zu machen und ich werde meine Kinder immer dann schützen, wenn sie geschützt werden müssen.

Du fragst nach meinem »Mutterinstinkt« als Kind. Meinst du damit, ob ich als kleines Kind nach der Mutter gesucht habe? Ich wurde nicht gestillt und war ab meiner sechsten Lebenswoche in der Säuglingskrippe. Eine DDR-Kindheit. Das war der Horror für mich, weil dort alles weiß war. Das Haus, die Wände, die Möbel, die Bettwäsche und sowohl die Kleidung der Erzieherinnen als auch die der anderen Babys. Die Milch, die aus den Flaschen kam, war weiß. Viele Wände waren weiß gefliest. Wenn dann noch das Licht angemacht wurde, ging ich in einem weißen Loch unter. Dort konnte ich überhaupt niemanden als Gegenüber wahrnehmen, da sich aufgrund der Farbe und des Lichtes alles gleich anfühlte. Ich befand ich mich fünf Tage die Woche von früh bis spätnachmittags in dieser unbunten Umgebung, in der es mal heller und mal dunkler war. Babys sind ja nicht nur Säuglinge, sondern vor allem auch Traglinge. Ich glaube, ich hatte in dieser Zeit eine engere Beziehung zu meinem Gitterbett und meinem Kopfkissen, welches ich heute noch nutze, als zu irgendeinem Menschen. Ich habe meine eigenen Kinder nicht nur lange gestillt, sondern auch in einem Tuch getragen. Sie waren immer nah an mir. In diesem Alter haben sie noch kein verlässliches Selbst, sondern übernehmen die Wahrnehmung der engsten Beziehungsperson, meist die der Mutter. Ist eine Mutter nervös, wird oftmals auch das Kind auf diese Weise reagieren. Die Entwicklung des Selbst beginnt entweder vor oder kurz nach der Geburt. Das Kind befindet sich im Überlebensmodus. Sind die Mutter und damit die Nahrung, die Wärme und die Fürsorge nicht da, dann schreit das Kind im wahrsten Sinne des Wortes ums Überleben. Doch irgendwann lernen oder merken sie, dass sie anders versorgt werden. Flasche statt Brust, wechselnde Erzieherinnen statt Mama, Gitterbett oder Kinderwagen statt Tragetuch, dickes Federbett statt Mutterwärme, Spieluhr statt Mamas Herzschlag. Elijah hat dies alles, Stillen, Tragetuch, Nähe, bis zum Alter von circa 18 Monaten zugelassen. Dann ist etwas passiert, was ich nur als einen Rückzug beschreiben kann. Sein Blick ging nach innen und er fing an Löffel, nur rote, zu drehen. Die wenigen Worte, die er hatte, verschwanden wieder, er spielte nicht mehr und konnte kaum noch sitzen. Genau in diesem Alter findet bei Kindern die Geburt des Selbst statt. Sie können sich nun im Spiegel erkennen. Elijah besteht diesen Spiegeltest noch heute nicht. Ich vermute, dass sich zu diesem Zeitpunkt eine Art Schalter umlegt. Ich denke, dass Kinder den permanenten Überlebensmodus immer häufiger verlassen und Erfahrungen machen, die gefolgt von der korrekten Rückmeldung der Amygdala als Grundlage für weitere Entscheidungen hinsichtlich der potenziellen Gefahr eines Reizes dienen. Die Amygdala lernt eine gute Alarmanlage zu sein. Bleibt der Schalter jedoch auf Gefahr stehen, obwohl eine Situation gar nicht gefährlich ist, dann entsteht anstatt der notwendigen Sicherheit ein Gefängnis, das immer kleiner wird, wenn dieser Zyklus nicht unterbrochen wird. Deshalb glaube ich auch, dass frühe Intervention bei Autismus so wichtig ist.

Ich denke, dass ein autistisches Kind die eigene Mutter in deren Wahrnehmung schon »enttäuscht«, bevor diese irgendetwas von Autismus auch nur ahnt. Das Kind agiert und reagiert anders als erwartet. Dies führt auch zu einer veränderten Haltung der Mutter. Ich weiß von mir selbst, dass ich viel zu viele Emotionen wahrnehme und oftmals damit auch gnadenlos überfordert bin. Ich kann sie nicht immer benennen und bei anderen erkennen, aber ich habe ein großes Empathievermögen, das ermöglicht, andere Menschen überhaupt wahrzunehmen. In der Begegnung mit anderen Menschen entstehen dann die Gefühle. Ich konnte für meinen Großvater Gefühle empfinden und ihm das auch zeigen. Das war ein wirklich glücklicher Umstand. Elijah zeigt mittlerweile auch sehr deutlich, dass er mich liebt. Als er es noch nicht konnte, wusste ich allerdings, dass es so ist. Ich habe ihn gefühlt. Um mit mir zu kommunizieren, brauchte er keine Worte und er musste auch keine Erwartungshaltung erfüllen. Genauso ging es mir mit meinem Großvater, bei dem ich dies instinktiv wahrgenommen habe. Aber nicht-autistische Eltern vermögen dies nicht ausreichend genug. Damit entstehen die ersten Probleme in der Kommunikation, ohne, dass es jemand merkt.

Ich kannte übrigens mal eine Mutter, deren Baby sich so gegen das Stillen gesträubt hat, dass es wehtat, den beiden bei den Versuchen zuzuschauen. Am Ende ging nur die Flasche, die man ja auch mit Muttermilch füllen kann. Dieses Kind ist jetzt 20 Jahre alt und ein wunderbarer Mensch geworden, der eine sehr enge Bindung zu seiner Mutter und seine Familie hat. Genauso gibt es Stillkinder, die vielleicht den Kontakt zu den Eltern abbrechen. Auch Kinder, die die ersten Stunden ihres Lebens aus unterschiedlichsten Gründen im Babyzimmer der Klinik verbrachten, konnten eine Bindung zur Mutter aufbauen. Es gelingt Kindern sogar, sich an Adoptiveltern zu binden.

Ich habe mir von anderen Müttern abgeschaut, was eine Mutter tun muss, welche Aufgaben sie zu erledigen hat und wie. Aber ich habe keine Nachhilfe bei der Liebe zu meinen Kindern gebraucht. Ich weiß nicht, ob sich unsere Bindung von der Bindung nicht-autistischer Mütter unterscheidet, da ich keinen Vergleich habe. Ich liebe meine Kinder und ich tue alles, damit es ihnen gut geht. Ich bin ihr Hafen und auch ihr Ankerplatz, aber ich bin auch ab und zu der Wind in ihren Segeln. Ich halte sie, wenn sie fallen, aber ich dränge sie auch zum Fliegen. Ich habe sie ein Stück des Weges getragen und nun erfreue ich mich an jedem weiteren Schritt, den sie allein gehen. Ich bin unheimlich stolz auf alle drei und freue mich auf all die Dinge, die sie von ihren Abenteuern zu mir zurücktragen werden. Und gerade weil ich diese drei Menschen so sehr liebe, empfinde ich es als meine Schuld, dass ich es nicht schon früher geschafft habe, mich zu trennen und damit meine Kinder aus einer extrem schlimmen Situation zu befreien. Du hast recht, es gibt keine Schuld. Es gibt nur Verhalten. Jedes Verhalten zieht Konsequenzen nach sich. Wir müssen immer noch mit der Konsequenz meines Zögerns leben. Aber wir sprechen viel miteinander und das, was wir erlebt haben, hat uns noch mehr zusammengeschweißt.

Ich würde die Frage nach der Bindung autistischer Kinder an ihre Eltern so beantworten: Es ist höchstwahrscheinlich, dass sie eine enge Bindung zumindest zu einem Elternteil haben, welches sie als eine Art Anker wahrnehmen. Es kann aber auch sein, dass diese Bindung, obwohl sie überlebenswichtig ist, nicht deutlich von außen sichtbar ist. Ein autistischer Mensch ist ein Selbst ohne Ich-Maske. Autistische Kinder noch mehr als erwachsene Autisten. Nur ein Selbst kann einem anderen Selbst begegnen. Das heißt, dass die Eltern zu sich selbst finden müssen, bevor sie ihr autistisches Kind finden und wirklich wahrnehmen können. Dann bedarf es keiner verbalen Sprache oder bestimmten Verhaltens mehr, um zu spüren, dass das Kind eine Bindung an seine Eltern hat und sie liebt. Autismus ist eine andere Art des Seins. Nur wer seine eigene Art des Seins akzeptieren kann, der kann dies auch mit Autismus tun.

Ich hoffe, dass die Menschen wieder anfangen, hinter ihre Ich-Masken zu sehen und sich so wieder selbst begegnen. Dann nämlich können sie sich besser um die Bedürfnisse ihres Selbst kümmern. Wie soll man denn auf einem Maskenball, wo sich alle hinter Ich-Masken verbergen, den Menschen finden, der die Liebe so erwidern wird, wie man sie ihm gibt? Bei einer Trennung fragt man sich doch schon, wen man da eigentlich geheiratet hat. Man erkennt diesen Menschen nicht mehr. Die wachsende Vertrautheit in der Beziehung führt dazu, dass man die Ich-Maske zuhause immer häufiger und länger absetzt. Nur so kann ich mir meine Ehe erklären. Es war eine graduelle Veränderung und irgendwann stand ein Mensch vor mir, der dem Menschen, den ich geheiratet hatte, überhaupt nicht mehr ähnlich war. Damals wusste ich noch nicht so viel über die Masken, über das Versteckspiel und den Selbstbetrug der Menschen. Heute bin ich schlauer.

Lass uns bitte weiterhin nach dem suchen, was uns verbindet. Wir versuchen weiter unsere Brücke zu bauen, zu einander und zu anderen hin. Je mehr Menschen zu Brückenbauern werden, desto besser werden wir irgendwann verbunden sein. Wir versuchen weiterhin Wege zu gehen, weil sie, wie Kafka sagte, nur dadurch entstehen, indem man sie geht. Wir geben uns Mühe weiterhin im Gespräch zu bleiben, einander zuzuhören und zu vertrauen.

Herzliche Grüße

Gee

13. Briefwechsel – Thema: Begegnung

17.11.2015

Liebe Gee,

nun sind es nur noch drei Tage und dann stehen wir uns das erste Mal gegenüber. Ich muss sagen, ich bin schon sehr gespannt zu erfahren, ob die persönliche Begegnung mit dir anders sein wird als das Briefeschreiben. Ich denke (bilde mir ein?), dass es kein großer Unterschied sein kann, da ich dich durch das Schreiben schon ein bisschen kenne. Außerdem habe ich dich ja bereits während eines Vortrags gesehen. Ich war beruflich mit Autisten unterwegs, die sich Pommes vom Nachbarteller schnappten, Kaffeesatz hinter der Theke »klauten«, mit den Armen oder Händen flatterten oder sich auf den Boden warfen. Ich bin vorbereitet. ☺

Ich werde dich also vor dem Hotel in Spandau abholen und wir fahren in ein Café. Dort bleiben wir, bis du deinen Zug in Spandau nehmen musst, der dich zurück nach Hause bringt. Dass du ausgepowert sein wirst, ist klar. Du hattest zwei Tage Vorträge und viel Kommunikation zu überstehen. Ich selbst werde aus Pankow kommen, wo ich einmal pro Monat eine Fachberatungsgruppe leite. Ich denke, wir können ganz unverkrampft einfach nur sitzen und einen Kaffee trinken. Wir müssen auch keinen Smalltalk führen, wenn wir nicht wollen, sondern können gleich in hochtrabende Themen einsteigen, wenn wir die Energie haben.

Ich werde einfach so sein, wie ich immer bin, wenn ich jemandem neu begegne. Meistens lächle ich. Entweder, weil ich die Person wirklich mag oder weil ich eine freundliche Atmosphäre schaffen möchte. Bei dir werde ich lächeln, weil ich mich wirklich freuen werde.

Gibt es spezielle Ängste, Sorgen oder dergleichen, die du vorab ansprechen möchtest? Gibt es etwas, was ich beachten sollte?

Ich freu mich auf dich!

Glg

Mel

»Begegnungen der anderen Art« (Gee Vero)

17.11.2015

Hallo Mel,

ja, der Countdown läuft: 3..., 2..., 1. Wusstest du, dass vermutet wird, dass auch das soziale Lächeln eine angeborene Fähigkeit ist? Ich bin mir da aber gar nicht so sicher. Irgendwie muss ich mich immer bewusst daran erinnern, dass ich lächeln möchte. Ich tue es sonst wirklich nur im Hirn. Der Befehl wird schon erteilt, aber nicht richtig ausgeführt. So geht es mir mit aller Gesichtsmimik, weshalb ich meist sehr düster schaue, obwohl ich gar nicht so empfinde. Also bitte bei mir nie vom Äußeren aufs Innere schließen.

13. Briefwechsel – Thema: Begegnung

Ich freue mich über jeden Menschen, der mich wirklich anlächelt. Lächeln ist die wohl am einfachsten zu bauende Brücke. Selbst in Krisensituationen und Konflikten kann ein Lächeln im wahrsten Sinne des Wortes entwaffnend wirken.

Nur geringe 7 % einer Kommunikation werden durch verbale Sprache übertragen. Ganze 70 % werden nonverbal übertragen. Sollten wir uns also wirklich nur lächelnd gegenübersitzen, dann kommunizieren wir dennoch miteinander. Und das vielleicht sogar tiefer und ehrlicher als wir es mit Worten sein können.

Irgendwie ist es komisch, dass du mich schon einmal »live« erlebt hast. Ich denke schon, dass die persönliche Begegnung ganz anders sein wird als unser Briefwechsel. Wenn wir uns gegenüberstehen, dann ist eine ganz andere Dimension von Nähe vorhanden, der ich mich nicht mehr so einfach entziehen kann. Ich will es auch nicht, aber selbst meine 30 % bewusstes Denken sind meinem Unterbewusstsein am Ende unterlegen. Außerdem komme ich aus einer sehr stressreichen Situation. Zwei Tage allein unter Menschen. Tausende Sinneseindrücke, die ich auf mich allein gestellt, so gut es eben geht, verarbeiten muss. Ich werde Entscheidungen treffen müssen, Leerlauf aushalten und immer bewusst agieren müssen, was mich enorm viel Energie kostet. Nach solchen Veranstaltungen scheinen sich all meine Kreise im Kreis zu drehen. Alle Tabs im Gehirn sind offen und immer neue kommen hinzu. Aber die Begegnung mit den Menschen ist mir das alles wert. Und ich weiß, dass es endet und dass ich am Freitagabend sicher wieder in meiner gewohnten Umgebung sein werde. Ich kann dann stolz sein auf das, was ich geschafft habe und mich später auch richtig daran erfreuen können.

Ich denke, dass ich dir gegenüber trotz alledem noch ein sehr adäquates Verhalten zeigen kann und werde. Ich habe das Café bewusst ausgewählt. Es ist ein Ankerplatz, ein Hafen. Diese Cafés gibt es in den meisten Großstädten und immer in Bahnhofsnähe. Um den Ort und damit auch die dort stattfindenden Begegnungen behalten zu können, kaufe ich mir immer auch eine Tasse dort. Ich kann Menschen besser behalten, wenn ich sie mit einem Objekt verbinde. Manchmal hebe ich mir die Rechnung auf, mache ein Foto oder nehme irgendein kleines Objekt mit (Zuckertüte, Untersetzer ...) Ohne die Mensch-Objekt-Verknüpfung fällt es mir sehr schwer, den Menschen nicht zu vergessen. Ich wüsste dann zwar noch, dass ich dich dort in diesem Café getroffen habe, aber nicht mehr, wie sich das angefühlt hat und was es bedeutet. Du kommst an diesem Tag also aus Pankow? Mit dem Sonderzug? Entschuldige, aber bei Pankow denke ich immer an Udo Lindenberg. Jetzt spielt dieses Lied im Kopf und verbindet sich schon mit unserer Begegnung. Ich setze mir noch ganz viele andere Anker, um diese Begegnung für mich so zu gestalten, dass ich sie aus- und behalten kann. Das Unterbewusstsein ist fähig, bestimmte Reize mit bestimmten Gefühlen und Emotionen zu verknüpfen. Ich kann visuelle, auditive, taktile, olfaktorische und auch gustatorische Anker setzen und immer dann abrufen, wenn ich sie brauche. Das ist eine weitere meiner Kompensationsstrategien. Vielleicht erklärt dir das sowohl meine Faszination zu und das Bedürfnis nach Objekten als auch den Fakt, dass mein Leben ein Kreis ist, in dem immer alles da ist. Im Grunde ist auch die 208 ein Anker.

Ich denke, dass wir bei unserem Treffen den Smalltalk wohl überspringen können. Ich bin da erstens nicht gut drin, zweitens sehe ich den Sinn immer noch nicht deutlich vor mir und drittens haben wir nicht viel gemeinsame Zeit. Ob es Ängste oder Sorgen gibt, fragst du? Oh ja, die gibt es. Ich bin ein richtiger Schisser. Und ich habe meine Gründe dafür. Aber mach du dir bitte keine extra Sorgen, davon hast du bestimmt auch schon genügend. Du bist ein Experte für Autisten und ich für Nicht-Autisten. Solange wir uns beide mit dem Herzen sehen, kann gar nichts schiefgehen.

Ich freu mich auch auf dich, der Countdown läuft, die Spannung steigt …

glg

Gee

17.11.2015 (gleich nach Erhalt des Briefes)

Liebe Gee,

einen Gegenstand als Erinnerung an ein Treffen mitzunehmen scheint mir eine sinnvolle Handlung zu sein, um wichtige Menschen in Erinnerung zu behalten. Ich bin nur noch gar nicht auf die Idee gekommen, mir das so bewusst und konsequent vorzunehmen. Bislang dachte ich, dass ich das immer im Kopf behalte, aber wenn ich genauer darüber nachdenke, zeigen sich große Erinnerungslücken. Ich erinnere mich an Orte, an Gefühle und Worte, die bei den Begegnungen eine Rolle spielten, aber vielleicht würde mir ein Gegenstand helfen, noch viel genauer zu erinnern. Ich werde das mit dir ausprobieren.

Das Lächeln ist angeboren, denn Säuglinge zeigen es bereits nach sechs bis acht Wochen als Reaktion auf ein menschliches Gesicht. Das stellt vermutlich sicher, dass sich Bezugspersonen gut um das Baby kümmern. Das Baby geht seine erste soziale Interaktion ein.

Du hast Erinnerungen ab sechs Wochen nach deiner Geburt, habe ich das richtig verstanden im letzten Brief zum Thema Bindung? Weißt du vielleicht, ob du gelächelt hast?

Ich bin in der Tat sehr neugierig darauf zu erfahren, wie die Begegnung mit dir verlaufen wird, denn ich stelle mir vor, dass wir stärker auf der nonverbalen Ebene kommunizieren werden als es bislang der Fall bei mir war. Ich rede eigentlich immer sehr viel. Es sei denn, ich fühle mich sehr wohl oder sicher mit einer Person, denn dann ist das viele Reden unnötig. Die meisten nicht-autistischen Menschen fühlen sich unwohl, wenn ein Schweigen entsteht. Sie denken, dass das ein schlechtes Zeichen ist und dass das Gegenüber sie vielleicht nicht mag, wenn es nicht spricht. Dir die ganze Zeit nur lächelnd gegenüber zu sitzen erscheint mir allerdings auch etwas gewöhnungsbedürftig. Ganz ohne reden kann ich es mir dann wohl doch auch nicht vorstellen.

Aber das ist auch egal, denn ich kann dir von Pankow erzählen und vom Sonderzug. Ich habe viele Jahre in Pankow gewohnt, beide Töchter wurden dort geboren, obwohl ich selbst aus dem ehemaligen westlichen Teil der Stadt stamme. Aber Pankow habe ich lieben und schätzen gelernt, daher arbeite ich dort auch nach wie vor sehr gerne. Spannend fände ich ja, wenn wir nach unserer Begegnung gegenseitig notierten, wie wir uns wahrgenommen haben und ob das in das klassische Bild eines »Autisten« oder »Nicht-Autisten« gepasst hat. Wie findest du das?

Sei gegrüßt an diesem regnerischen Dienstagnachmittag,

Mel

17.11.2015

Hallo Mel,

ich schreibe dir auch gleich nach Erhalt des Briefes ... schließlich läuft hier ein Countdown. Mich würde mal interessieren, ob und wie nicht-autistische Menschen Erlebtes verankern. Ihr kauft doch auch hin und wieder ein Souvenir im Urlaub, macht gern Fotos von euch an Orten, die euch wichtig sind oder kauft euch auf einem Konzert das aktuelle Tour-T-Shirt der Band. Viele Menschen heben auch Eintrittskarten auf. Sind das auch Anker? Machst du so etwas gar nicht? Hast du keine Sammelleidenschaft. Keine Pinnwand? Keine Erinnerungskiste oder -buch? Dann könntest du es ja mit der Tasse mal versuchen. Besser noch: wir kaufen uns jede eine Tasse und dann tauschen wir sie, d. h. ich schenke dir meine Tasse und vice versa. Wenn man dann morgens einen Kaffee trinkt, dann ist ein kleiner Teil des anderen immer mit dabei. Was meinst du?

Ich habe übrigens auf meinen Babyfotos immer ein sehr ernstes Gesicht. Erst als man mir wiederholt sagte, ich solle lächeln oder lachen, habe ich begonnen, mich damit auseinanderzusetzen. Ich habe es geübt. Dieses Lächeln nutze ich heute noch. Ich gefalle mir auch mittlerweile viel besser, wenn ich lächle. Elijah hat anfangs auch nur wenig gelächelt und ab dem 17. Lebensmonat dann nur noch ganz selten. Auch er hat es erst lernen müssen. Heute hat er das süßeste Lächeln der Welt. Aber das denkt wohl jede Mama von ihrem Kind. ☺ Vielleicht sind das Lächeln des Säuglings und die darauffolgende Reaktion seiner unmittelbaren Umgebung am Umstellen des Schalters Amygdala beteiligt? Was ich damit sagen will ist, dass autistische Kinder es ohne größere Anstrengung und Hilfe von außen nicht schaffen, diesen Schalter von Überlebensmodus auf Entwicklungsmodus zu stellen. Vielleicht lächeln wir anfangs auch, aber die Rückmeldung auf das erwiderte Lächeln wird missverstanden und verstärkt die Amygdala in ihrem »Irrtum«, das Menschen Gefahr bedeuten? Darüber muss ich nochmal in Ruhe nachdenken.

Ich kann die Mimik und Gestik anderer Menschen besser wahrnehmen, wenn sie übertrieben wird. Dramatische Theateraufführungen und überzogene Mimik in Musical- oder Opernvorstellungen geben mir ein viel klareres Bild von den Gefühlen, die sie ausdrücken sollen. Also wenn Maske, dann bitte richtig. So ist ja auch das Selbst: stark und ungeschliffen, nicht gedämpft oder in Watte gepackt. Interessant wäre auch mal zu schauen, ob Babys, die den Zungentest nicht bestehen, weil sie ihre Zunge nicht herausstrecken, wenn man es ihnen vormacht, später eine Autismus-Diagnose bekommen. Wenn im Café Babys sind, dann können wir das doch gleich mal ausprobieren. ☺

Schweigen oder Stille kann ich gar nicht gut aushalten. Auch nicht mit Menschen, die mir sehr vertraut sind. Ich übe das gerade mit Hans, der ja nach der Arbeit auch oft erstmal nichts weiter als ein bisschen Ruhe haben möchte. Es macht ihm nichts aus, wenn ich auch still bin, aber ich schaffe das nicht. Sein Schweigen verunsichert mich dermaßen stark, dass ich entweder anfange zu Monologisieren oder ich muss den Raum für einige Zeit verlassen. Ich bevorzuge definitiv Menschen, die mit mir reden.

So wie dir mit Pankow geht es mir wohl mit Südlondon, vor allem die Gegend um Bromley. Dort habe ich fast zehn Jahre gelebt und dort sind meine Kinder geboren. Die Buslinie von unserem Haus war übrigens die 208 und die Telefonvorwahl auch.

Natürlich müssen wir uns hinterher berichten, wie wir uns wahrgenommen haben. Ich bin gespannt, wer ich für dich bin. Wir müssen nur sichergehen, dass wir beide wissen, dass Wahrnehmung subjektiv ist und sie zunächst nur denjenigen definiert, in dessen Hirn sie entsteht. Interessant wird das aber auf alle Fälle.

Der Countdown läuft: 3..., 2..., 1

Liebe Grüße

Gee

18.11.2015

Liebe Gee,

noch zwei Tage!

Ich bin sicher, dass, egal, wie unser persönlicher Eindruck sein wird, wir dennoch die »Brief-Gee« oder »Brief-Mel« im Kopf haben und uns weiterhin schreiben werden. Dieser Austausch ist so wertvoll, dass er selbst negative Eindrücke – sollte es sie überhaupt geben – gewinnbringend überschatten wird.

Mit dem Tassentausch bin ich einverstanden. Wie ich Erinnerungen verankere? Ich schreibe viel. Ich schreibe Erinnerungen auf, früher schrieb ich Tagebücher. Ich habe noch ein Dutzend aus meiner Jugend und dem frühen Erwachsenenalter, die ich für meine Töchter aufheben werde. Ich kann es mir interessant für sie vorstellen, darin zu lesen, wenn ich mal nicht mehr bin. Aber nur, wenn sie möchten. Heute schreibe ich keine Tagebücher mehr, dafür verarbeite ich meine persönlichen Erfahrungen zumeist in Sachtexten oder Sachbüchern. Außerdem schreibe ich viele Briefe so wie mit dir oder E-Mails mit Freunden. Leider drucke ich diese nicht aus, so dass sie zu einer sperrigen Datenmasse geworden sind, die meine Accounts verstopfen. Das ist wie mit Fotos, die auch einen Anker darstellen. Fotos, die ich früher von einem richtigen Fotoapparat-Film abgezogen und in ein Album geklebt habe. Das waren noch Zeiten! Aus diesen Zeiten habe ich tatsächlich die schönsten Erinnerungen, denn die Digitalkameras von heute verleiten mich genau wie die E-Mails dazu, keine Abzüge zu machen. Sie verbleiben auf der Kamera oder auf dem Handy und meistens bin ich einfach zu faul, um sie zu übertragen oder gar abziehen zu lassen. Das ist schade. Ebenso verhält es sich mit Videofilmen. Sie werden meistens auch in der elektronischen Tiefe des Geräts vergraben. Wie gut, dass ab und zu ein Fotograf in den Kindergarten oder in die Schule kommt, um uns noch echte Bilder zu schenken.

Auch Souvenirs aus dem Urlaub dienen einem solchen Zweck, aber leider führen diese bei mir nicht dazu, mich an besonders viel zu erinnern, was in einem bestimmten Zeitraum tatsächlich alles geschehen ist. Ich müsste dazu Urlaubstagebücher führen, was ich auch manchmal getan habe. Vielmehr ist es so, dass ich im Moment lebe und all meine Energie auf diesen Moment konzentriere, so dass ich selten dazu komme, in der Vergangenheit zu schwelgen. Ich denke ab und zu an einen schönen Urlaub und spule dabei die Bilder in meinem Kopf ab. Vielleicht gab es ein Lied, welches ich dort oft gehört habe. Das ist auch ein guter Anker. Meistens erinnere ich mich sehr gut an die Musik, die lief, während ich zum Beispiel mit einem besonderen Menschen an einem bestimmten Ort war. Oder es sind besondere, bleibende Eindrücke, die dann ganz ohne äußeren Fotoapparat im Kopf gespeichert sind. Das können Möbelstücke sein, ein Garten, ein See oder ein bestimmtes Erlebnis. Allerdings werden diese Erinnerungen im Laufe der Zeit immer blasser und an manchen Urlaub kann ich mich so gut wie überhaupt nicht mehr erinnern. Da ist es gut, dass wir damals noch richtige Fotos hatten.

Während ich dies schreibe, nehme ich mir fest vor, einige Fotos abzuziehen oder mir regelmäßig zu besonderen Anlässen wie Geburtstag solche Abzüge von meiner Tochter schenken zu lassen.

Ich bin gespannt auf deine weiteren Überlegungen hinsichtlich der Amygdala in Beziehung zum Entwicklungsmodus. Ob das Lächeln eines Menschen als Gefahr eingestuft wird und somit die weitere Entwicklung behindert, kann ich nicht beurteilen, zumal nicht klar ist, ob Gesichter überhaupt als bewegte »Masse« wahrgenommen werden oder vielmehr als Objekte. Vielleicht kann ein autistisches Baby mit einem Lächeln einfach nichts anfangen. Es versteht vielleicht nicht, dass das nett gemeint ist. Und da es einfach keine Bedeutung hat, wendet es sich anderen Reizen zu.

Interessant jedenfalls, dass du das Umschalten des Schalters auf die Phase datierst, in der das Kind zum »Ich« wird. Das war auch eine These meiner alten Professorin in den Jahren 2000–2003 (in etwa), in denen wir davon ausgingen, dass der Schritt aus der egozentrischen Phase (nach Piaget) bei Autismus nicht gelingt. Ich müsste nun allerdings erst mein eigenes Buch erneut lesen, in dem ich es zusammengefasst habe. Jedenfalls durchlebt das Kleinkind während dieser Lösung aus der egozentrischen Phase ein neues Bewusstsein für sich und die anderen und darauf fußen ja all die sozialen Entwicklungen, die normalerweise von selbst stattfinden.

Die Verhaltenstherapie hat damals auch immer gelehrt, Mimik besonders übertrieben darzustellen, allerdings im Zusammenhang mit Lob im Anschluss an gut bewältigte Aufgabenstellungen wie zum Beispiel Zuordnen oder Sortieren. Theaterkurse sind auch manchmal sehr gut für autistische Kinder, um sich in andere Psychen einfühlen zu lernen. Dort kann man sehr gut mit starkem Ausdruck arbeiten.

Ich werde also übertrieben lächeln, wenn ich dich sehe. Vielleicht sollte ich meine gesamte Mimik etwas überzeichnen? Vielleicht gucken dann die Menschen am Nachbarstisch etwas irritiert, aber das wäre mir die Sache ja wert.

Freu mich immer noch!

Ganz liebe Grüße

Mel

18.11.2015

Liebe Mel,

noch zwei Tage ... dann werden sich Brief-Mel und Brief-Gee treffen. Für dich gibt es ja außerdem schon Vortrags-Gee, aber damals hatte ich über 40° C Fieber und war nicht mal die Vortrags-Gee, die ich sonst eigentlich bin. Ich denke nicht, dass ich negative Eindrücke von dir haben werde, sondern dass mir durch die persönliche Begegnung einfach bewusster wird, wie anders als ich du bist. Das ist aber nicht schlimm. Selbst mein eigenes Spiegelbild entspricht nicht der Gee, die in meinem Gedankenpalast lebt. Vielleicht haben wir alle nur eine Idee von der Person, die wir eigentlich sind. Vielleicht gibt es eine reale Gee, von der alles ausgeht. Von dieser Gee entsteht dann in meinem eigenen Kopf und in den Köpfen der Menschen, denen ich begegne, ein Abbild der realen Gee. Je nachdem, welche Erfahrungen diese Menschen schon mit mir gemacht haben oder was sie über mich gelesen und gehört haben, unterscheidet sich dann dieses Gee-Modell in ihren Köpfen. Ich kann in der persönlichen Begegnung versuchen, das Erfahrungs- und Erwartungszahnrad anderer Menschen zu beeinflussen. Damit wären wir dann schon wieder beim Lächeln, welches die einfachste Art ist, auf einen anderen Menschen positiv zu wirken. Ich denke, dass du nicht übertrieben lächeln solltest. Ich habe ja immer noch mein Empathievermögen, auf das ich zurückgreifen kann. Wenn das, was ich bei dir fühle, nicht mit dem übereinstimmt, was ich sehe, dann werde ich mich mit dir nicht wohlfühlen können. Es sei denn, du bist nach außen hin ernst, aber ich fühle trotzdem deine innerliche Freude. Das geht mir oft so, wenn Menschen sich nicht trauen, sich wie ein Kind zu freuen. Ich spüre diese kindliche Freude in ihnen, obwohl sie sich nach außen wie ein erwachsener Mensch bedanken, also angepasst und sozial adäquat.

Das mit den Fotos auf den Speicherkarten geht mir auch so wie dir. Bei meiner ältesten Tochter war ich fast zwanghaft nur damit beschäftigt, alles zu fotografieren und die Bilder in Alben mit Datum und Zeit versehen zu archivieren. Bei meiner zweiten Tochter habe ich es nicht mehr geschafft und bei Elijah dann endlich begriffen, dass es in diesem Umfang auch gar nicht notwendig ist. Ich drucke mir wichtige Fotos allerdings weiterhin aus. Am liebsten fotografiere ich in schwarz-weiß, weil es dann ohne Maske ist. Wäre es okay, wenn ich in zwei Tagen ein Foto von dir mache?

Zu den Amygdala-Überlegungen ... Hier sind ein paar davon: Lächeln oder Lachen wird ja durch die Amygdala ausgelöst. Früher war das Lächeln auch eine Art Warnung, man zeigte dem anderen die Zähne. Die Mimik des Lächelns löst in unseren Gehirnen das Freisetzen von Glückshormonen aus, die die Kampfhormone erfolgreich bekämpfen. Es geht uns nach ca. 60 Sekunden wirklich besser, wenn wir lächeln, egal, ob unser Lächeln echt oder vorgetäuscht ist. Lächelt eine Mutter ihr Baby an, um genau das auszulösen? Das Kind imitiert die Mimik der Mutter, die es sieht. Es kann sein eigenes Lächeln nicht sehen, aber es erfährt durch das Imitieren, wie es sich 1. anfühlt zu lächeln, 2. welche Wirkung das Lächeln auf seine eigene Befindlichkeit hat und 3. vermutet es irgendwann, dass es auch der Mutter so gehen muss. Warum findet das bei autistischen Menschen nicht statt? Wer oder was verhindert dies? Die Ursache muss doch bei der Amygdala liegen. Die holt sich zwar von überall her Rat und Informationen, aber die Entscheidung trifft sie letztendlich immer allein. Ich bin der festen Überzeugung, dass die Amygdala eine Art Schalter ist, der eine Voreinstellung hat, um sowohl im Mutterleib als auch während und vielleicht bis kurz nach der Geburt unser Überleben zu sichern. Dieser Schalter muss aber nach dem erfolgreichen Verlauf dieser Stadien in eine andere, sozusagen neutrale Stellung gebracht werden. Nur so kann die Amygdala zu einer nützlichen Alarmanlage für uns werden und nicht zu dem Hochsicherheitsgefängnis, zu welchem sie bei den meisten Autisten wird. Aber man kann auch Gefängnismauern einreißen. Ich würde allerdings nicht von einer egozentrischen Phase sprechen, die das Kind verlässt, sondern von der autistischen Phase. Es hat nun neben der Selbst(autos)-Wahrnehmung auch eine Andere-Wahrnehmung und entwickelt rasant eine Fremdwahrnehmung. Das *Ich* (ego) wird geboren und damit auch das *Du*. Und wenn das *Ich* erst weiß, dass das *Du* das *Ich* sieht und wie es das *Ich* sieht, dann kann es richtig losgehen mit sozialer Interaktion und Kommunikation. Das würde ich zeitlich ab 4–5 Jahre platzieren. Die Geburt des *Ich* im Alter von 12–24 Monate korrespondiert mit dem Zeitpunkt, zu dem die meisten Eltern von später als autistisch diagnostizierten Kindern feststellen, dass irgendetwas nicht stimmt. Die Kinder zeigen keinen Blickkontakt, keine Zeigegestik und keine geteilte Aufmerksamkeit. Ohne *Ich* kein *Du*. Ich überlege weiter.

Ich freu mich weiterhin,

lg

Gee

18.11.2015

Liebe Gee,

Die Frage, wann Autismus einsetzt, ist für mich nach wie vor offen.

Eine autistische Phase gibt es auch in den ersten Wochen bei Margaret Mahler, die über Symbiose und Individuation geschrieben hat. Mahler war eine ungarisch-amerikanische Kinderärztin und Psychoanalytikerin, deren Theorien großen Einfluss auf die Entwicklungspsychologie hatten. In der ersten autistischen Phase ihrer Theorie geht es erst mal nur darum, das sogenannte homöostatische Gleichgewicht zu halten, also interne Regulationsprozesse biologischer Natur. Diese Phase dauert rund sechs Wochen. Im Anschluss folgt die symbiotische Phase mit der Mutter, die dann ab dem fünften Monat durch die Loslösungsphase abgelöst wird. Nach dem zwölften Monat entwickelt sich dann das Körperschema und über eine Übungs- und Wiederannäherungsphase kommt es dann zur Individualität und Objektkonstanz (24.–36. Monat). Also ähnlich wie bei Piaget: nach zwei Jahren beginnt die nächste Stufe, weg vom »Egozentrismus«. Ab dem zweiten Lebensjahr gibt es eine »intrapsychische Autonomie« und emotionales Erleben der ersten Bezugspersonen wird möglich. Voraussetzung immer, dass die ersten Phasen erfolgreich verlaufen.

Mahlers Annahmen wurden in Frage gestellt, zum Beispiel von Martin Dornes in seinem Buch »Der kompetente Säugling«..Vielleicht empfinden Kinder sich selbst bereits früher als losgelöst von der Mutter und diese Symbiose existiert nicht so lange wie Dornes sagt,aber insgesamt passiert offenbar etwas mit den Kindern ab dem Moment, in dem sie sich ihrer selbst bewusst werden. Die Symbiose löst sich und andere Menschen werden Teil der eigenen Erlebniswelt. Hier scheint etwas beim Autismus anders zu verlaufen. Man darf auch nicht vergessen, dass dieser Zeitraum, in dem Kinder ihre Egozentrik langsam verlieren, auch der Moment ist, in dem Sprache normalerweise einsetzt. Das Verständnis für Symbole entwickelt sich. Vielleicht schotten sich die autistischen Kinder dann ab, weil sie Sprache als Mittel der Kommunikation nicht begreifen. Der von dir genannte wichtige Zeitpunkt der kindlichen Entwicklung um das fünfte Jahr herum deckt sich mit dem Zeitraum, in dem die Theory of Mind sich weiterentwickelt. Auch das ist ein längeres Thema.

Wir können uns dieser Frage ja am Freitag widmen oder im Anschluss an unser Treffen in einem neuen Brief zum Thema machen.

Viele Grüße

Mel

14. Briefwechsel – Thema: Unsere erste persönliche Begegnung

22.11.2015

Liebe Gee,

ich bin glücklich darüber, wie unser erstes Treffen verlaufen ist. Es hat mir eine weitere Facette deiner Persönlichkeit offenbart. Wir konnten uns »uns« zeigen und hatten viel Spaß dabei. Vielleicht sollte ich dir einfach mal aus meiner Sicht diese Begegnung aufschreiben und dann gleichen wir mal ab, ob vieles ähnlich erlebt wurde oder nicht. Was meinst du?

    Ich kam freudig in Spandau im Johannesstift an. Du warst noch nicht da, also ging ich auf die Suche. Ich traf unerwartet auf Herrn Theunissen, welcher mich sofort erkannte und freundlich lächelte, mir mitteilte, wie gut dein Workshop angekommen war und mir bestätigte, dass ich dich im Hotel vorfinden würde, vor dem ich bereits geparkt hatte. Er war auf dem Weg zu einem Treffen dort, also lief ich neben ihm her und ins Hotel hinein, wo du nicht warst, also lief ich wieder hinaus und siehe da – ich sah dich dort mit einer Frau stehen. Nun war ich gänzlich voller Freude und lief auf dich zu, winkte und rief: »Da ist sie ja!«. Du standest da, als hättest du nicht mitbekommen, was gerufen wurde und drehtest dich auch nicht um. Mein erster Gedanke war: »Ja, sie wirkt autistischer als auf der Bühne«. Du wirktest abwesender als ich dich von den Vorträgen her kannte, dein Blick schwirrte hin und her und du warst noch im Gespräch mit der Frau, die später »Eva« hieß und ein Buch von mir mit deinem Cover in der Hand hielt. Irgendwann kam der kurze Moment, in dem du mich erkannt hast und dann musste ich dich einfach umarmen. Das tat ich dann auch. Es fühlte sich frei und gut an. Kein Krampf, keine negativen Energien. Wir liefen dann zu meinem Auto und luden dein Gepäck ein. Während der Fahrt wurde es sehr lustig mit dir. Du hast Witze erzählt. Ist das etwas, was du tust, um in die Kommunikation zu kommen? Außerdem hast du unwahrscheinlich viel kommentiert, und zwar alles, was dir auffiel, während wir fuhren. Ein spezieller Mülleimer mit Halterungen für Flaschen oder ein bestimmtes Geschäft, eine Person, die etwas tat ... ich erinnere mich leider nicht an all diese Einzelheiten. Du nimmst jedenfalls wirklich viel mehr wahr als ich.

Bleibend in Erinnerung ist deine Frage, ob man einem Rollstuhlfahrer einen »Coffee to go« oder einen »Coffee to roll« mitgeben sollte. Du meintest, der Rollstuhlfahrer sei vielleicht brüskiert, wenn man ihm, wie ich sagte, einen »Coffee to go« mitgeben würde. Denn er könne ja nicht laufen, also müsste er »rollen«. Aber würde man nicht unsensibel auf sein Handicap reagieren, würde man sagen »Hier ist Ihr coffee to roll?«.

Wir haben viel gelacht im Auto und irrten gleichzeitig umher auf der Suche nach dem Café, welches du ausgesucht hattest, welches es aber in Spandau offenbar nicht mehr gibt. Irgendwann fanden wir einen Parkplatz und entschieden, in die Arcaden zu gehen, damit wir da einen Kaffee trinken konnten. Dort angekommen machte ich mir ein wenig Sorgen, weil diese großen Kaufhäuser so voller Reize sind und ich nicht einschätzen konnte, wie du darauf reagieren würdest. Hast du diese Unsicherheit bei mir gemerkt? Ich wollte dann nur noch irgendwo rein, damit wir etwas Ruhe bekämen. Bedauerlicherweise war es dann dieses Schnellrestaurant, aber Hauptsache, wir konnten endlich sitzen. Wir bestellten und fanden einen Platz, wobei wir großes Glück hatten, denn die Fenster waren mit Lichterketten erleuchtet und das Glitzern gefiel uns beiden.

Deine Cola enthielt Eiswürfel und das regte dich auf. Mich hätte das übrigens auch geärgert, denn warum ertränkt man das süße Gesöff auch noch in ungesunden Wasserwürfeln, aber egal. Dir ging es genauso, aber du stutztest, weil du nicht genau wusstest, wie die Dinger da wieder rauskommen können. Oder hatte ich nur das Gefühl, das du stutztest? Jedenfalls sagte ich: »Nimm sie doch raus. Mit der Hand«. Ich weiß gar nicht, was ich genau dabei dachte, als ich das sagte, aber als du dann deine ganze Hand nahmst, um die Teile auf das Tablett zu werfen, musste ich doch ein wenig grinsen. Schließlich hatte ich jetzt Eiswürfel, um mir damit die Hände zu waschen. Die Leute am Nachbartisch guckten etwas irritiert, aber uns störte das überhaupt nicht. Wirklich tiefgründig geredet haben wir dann allerdings nicht. Die ganze Szenerie gab es für mich nicht wirklich her, es war zu laut, es war zu voll und letztlich war die Zeit fast schon um mit Essen, Trinken und Beobachten.

Besonders schön war der Moment, in dem »Theo« zu mir kam. Mein Anker, den du mir mitgebracht hast. Leider konnten wir uns gegenseitig keine Tassen kaufen, aber du hattest vorgesorgt, in dem du einen »Sockmonkey« dabei hattest. Das ist ein aus Socken genähter Affe, den du »Theo« nanntest. Ich hab mich wahnsinnig gefreut, vor allem über das kleine Herz, welches du ihm an die Brust genäht hattest. Ich interpretierte das als Zeichen der Zuneigung und seither ist Theo bei mir überall dabei. Theo will die Welt kennenlernen. Eigentlich sollte er in meinem Lupo auf mich aufpassen, aber das war ihm zu langweilig. Er wollte meine kleine Tochter kennenlernen und diese wünschte sich sofort einen Freund für ihn. Du musst wissen, meine kleine Tochter mag Kuscheltiere eigentlich nicht. Nur Puppen, von daher muss Theo wirklich etwas ganz Besonderes sein. Wenn noch einmal die Behauptung kommt, Autisten hätten keine Gefühle, dann werde ich entgegnen: »Selten hab ich so viel Zuneigung empfangen wie von autistischen Menschen«. Dir entgeht einfach nichts. Du nimmst jede kleine Regung wahr, dessen bin ich mir sicher nach unserem Treffen. Es ist, wie du geschrieben hast ☺, was ich auch nicht angezweifelt habe).

Ich habe aber auch Trauer in dir gespürt. Erschöpfung. Vielleicht sogar so etwas wie Resignation. Kann das sein? Streckenweise fällt dein Autismus auf, aber dann gibt es Momente, in denen bist du komplett »klar« und »präsent«. Dann hast du mich mit deinen warmen Augen angeguckt und der Frage entsprechend geantwortet und »klar« gesprochen. Als würde sich der Autismus immer wieder anschleichen und dazwischen schieben. Wenn der Autismus da ist, bist du irgendwie bei »dir«, bei deinen Wahrnehmungen, die ich dann nicht teilen kann, aber gleichzeitig lässt du mich Anteil daran nehmen, in dem du viel redest. Das ist toll!

Ich meine auch, dass ich Ängste spüren konnte, vor allem in dem Augenblick, als wir am Bahnhof standen und du auf den Zug wartetest, der dich zurück nach Leipzig fahren sollte. Da gab es kurze Angstmomente, dass ein Zug ausfallen oder nicht der Richtige sein könnte. Wir konnten das aber alles gut klären und am Ende warst du in deinem Zug und hast noch mal gewinkt – und weg warst du.

Während ich sofort schrieb, wie toll ich unser Treffen fand, hat es bei dir länger gedauert und sehr viel Information habe ich bislang von dir noch gar nicht erhalten. Sicher werde ich nun in deinem nächsten Brief einiges aus deiner Sicht erfahren und bin schon sehr gespannt darauf. Ich habe jedenfalls folgende Anker aus der Begegnung mitgenommen: Das Hotel, vor dem du auf mich wartetest; die glitzernden Scheiben in dem Schnellrestaurant, von denen du ein Foto gemacht hast, als wir dort saßen; die Eiswürfel auf dem Tablett, mit denen ich meine Hände säuberte; deine warmen, offenen Augen, von denen ich das Gefühl hatte, dass sie grün-braun (wie meine) waren; und natürlich Theo!

Hier schneit es gerade!

Sei gegrüßt von

Mel

23.11.2015

Hallo Mel,

hier bei mir liegt jetzt auch Schnee. Es sind zwei Tage vergangen, seit wir uns in Berlin getroffen haben. Meine Batterien sind immer noch nicht wieder vollständig aufgeladen. Erst jetzt wird mir klar, was ich da in den zwei Tagen auf der Autismus-Fachtagung geleistet habe. Ich spüre nun die unterschiedlichen Nachwirkungen. Ich war nicht mehr in der besten Verfassung, als wir uns am Freitagnachmittag das erste Mal von Angesicht zu Angesicht getroffen haben. Aber ich war froh, die Veranstaltung so gut bewältigt zu haben und erleichtert, dass es nun wieder Richtung Heimat und Sicherheit ging. Begegnungen mit Menschen sind nicht einfach für mich, aber ich freue mich dennoch auf und über sie. Angekündigte Begegnungen mit einem neuen Menschen sind manchmal noch schwieriger als spontane Treffen. Ich beginne dann schon Tage vorher mir Sorgen zu machen und gerate dadurch in einen Grundstress, der sich immer mehr steigert, je näher die Begegnung rückt. Als wir uns am Freitag endlich trafen, waren meine Ressourcen fast gänzlich erschöpft und der Stresslevel schon ziemlich hoch. Nicht die besten Voraussetzungen, aber besser geht es oft nicht.

14. Briefwechsel – Thema: Unsere erste persönliche Begegnung

Ich war ehrlich überrascht, als du mich umarmtest. Das hatte ich nicht erwartet. Du warst extrem lebendig und sehr aufgeregt. Es war sehr schwierig für mich, dass du sofort in meinen Fühlbereich eingedrungen bist, aber es hat auch irgendwie sofort das Eis gebrochen. Wir hätten uns natürlich auch gleich ins nächste Café setzen können, anstatt erst noch durch ein sehr dunkles Spandau zu fahren. Aber letztendlich bot die Fahrt für mich eine willkommene Möglichkeit, mich an dich zu gewöhnen. Du musstest dich aufs Fahren konzentrieren und warst deshalb wieder ein ganzes Stück weit weg von mir. Ich konnte mich ordnen und beruhigen. Erzählmodus anschalten und Hirn beschäftigen. Alles keine Gefahr, alles okay. Das ist also diese Mel, mit der ich mich bisher nur schriftlich ausgetauscht habe. Du warst auch im Auto noch ziemlich nervös. Vielleicht, weil du keinen Parkplatz finden konntest? Als wir in das Einkaufszentrum gingen, meinte ich in dir eine Eile zu spüren. Ich war einfach nur von dem Gegensatz zwischen dem dunklen Bahnhof und den hellen, glitzernden Spandau-Arkaden fasziniert. Mir hat die Betriebsamkeit nichts ausgemacht. Ja, es war schon sehr hell und laut, aber ich hatte zwei Tage nur Menschen um mich herum, die Erwartungen an mich gestellt haben. Diesen Menschen hier war ich egal und das war eine gute und beruhigende Erfahrung. Ein schönes Café haben wir leider nicht gefunden, dafür aber ein interessantes. Die Cafés dieser bekannten Restaurant-Gruppe bieten eine Fülle an Reizen, die sich aber immer irgendwie ähneln, egal wo auf der Welt ich diese Orte bisher besucht habe. Es ist deshalb schon wieder fast beruhigend für mich. Ich kann ganz gut vorhersagen, wie es dort ungefähr sein wird. Das gibt mir Sicherheit. Du warst eher unsicher und nervös. Aber dort unter den vielen Menschen warst du auch weiterhin ziemlich weit weg von mir. Ich war hauptsächlich damit beschäftigt, die Zeit nicht zu vergessen, denn ich wollte auf keinen Fall meinen Zug verpassen. Jede Faser in mir wollte nach Hause. Trotzdem habe ich mich über unser Treffen gefreut. Es war sehr schön. Du warst trotz deiner Nervosität eine angenehme Gesellschaft und ich musste mir um ganz viele Dinge wie Blickkontakt oder Smalltalk keine Gedanken machen. Das führt bei mir definitiv zu Stressabbau. Dennoch waren die Batterien leer und es kostete viel Kraft, alles was notwendig war aufrecht zu erhalten. Ich wollte gut sein, spürte aber immer mehr, dass es schwerer und schwerer wurde. Das lag nicht an dir, sondern an der Anstrengung davor. Ich habe einen Vortrag und vier Workshops gehalten, mit unzähligen Menschen gesprochen, neue Menschen kennengelernt und musste mich allein unter Menschen zurechtfinden, die nur mein Potenzial sahen. Genau das wollte ich ihnen auch zeigen, aber der Nachteil ist, dass ich dann dort keine Hilfe mehr bekomme, wo ich sie trotz allem doch immer wieder brauche. Du hast die Momente bemerkt, in denen ich wegzurutschen drohte. Mit so wenig Energie und so viel Neuem wird jede Strukturänderung zu einer enormen Herausforderung. Eine Zugverspätung oder Gleisänderung kann dann schnell der Tropfen werden, der das Fass zum Überlaufen bringt. Schon allein der grün-gelbe Zug wirkte sehr irritierend auf mich, obwohl ich diese Farbkombination eigentlich sehr mag. Als mein Anschlusszug dann in Berlin Hbf fast 20 Minuten Verspätung hatte, wurde ich auf eine harte Probe gestellt. Nun war mein Zug in Leipzig nicht mehr zu erreichen. Ich musste alle Hebel in meinem System in Bewegung setzen, damit der Phönix (noch) nicht verbrennt. In solchen Momenten gilt es zu handeln, solange ich noch kann. Das heißt in diesem Fall, Handy ans Ohr und mit zuhause telefonieren. Als dann sicher war, dass der Zug kommt und Hans mich in Leipzig abholen wird, konnte ich wieder durchatmen, aber relaxen ging nicht mehr. Ich habe dir übrigens nicht gleich zu unserer Begegnung geschrieben, da du nicht danach gefragt hast. Mir war nicht klar, dass du da gern eine Rückmeldung von mir gehabt hättest. Wir waren ja beide dabei und für mich war das erst einmal ausreichend. Ein sofortiger Austausch über unsere Begegnung hätte mich überfordert. Ich werde noch einige Tage brauchen, um alles Erlebte der letzten Woche zu verarbeiten, zu verstehen und wegzutun. Das ist der Preis, den ich immer wieder für solche Ausflüge bezahle. Aber ich bezahle ihn gern, denn das, was ich dafür bekomme, ist unbezahlbar. Für eine kurze Zeit bin ich Teil des Ganzen, gehöre ich zu euch. Egal, wie es sich hinterher anfühlt und egal, was ich dann durchleben muss, es ist es wert. Am Ende wird der Phönix wieder aus der Asche auferstehen und er wird stärker sein als zuvor.

Es war gut so, wie es war.

Liebe Grüße

Gee

23.11.2015

Liebe Gee,

deine Rückmeldung ist schön und aufschlussreich für mich. Wie verschieden Wahrnehmungen sein können. Ich denke schon, dass ich gemerkt habe, dass deine Akkus leer waren. Ich war besorgt, dass es dir nicht gut geht, was ich mit »traurig/resigniert« beschrieben habe. Ich wusste, du wolltest nach Hause, aber dennoch fand ich alles, wie es war, sehr schön.

Ich hatte eigentlich keine besondere Erwartung an unsere Begegnung, außer, dich endlich kennenzulernen und darüber freute ich mich. Daher auch gleich die Umarmung, zumal ja auch in einem meiner Briefe angekündigt, dass das passieren könnte. Im Auto war ich wirklich ein wenig angespannt, da ich die wertvolle Zeit nicht mit Parkplatzsuchen vergeuden wollte und es sehr dunkel war. Ich werde manchmal nervös, wenn ich in der Stadt Auto fahren muss und erst recht, wenn es dunkel ist und ich in einer überfüllten Gegend einen Parkplatz unter Zeitdruck suchen muss. Trotzdem hielt sich die Aufregung in Grenzen. Du hast durch deine Witze ja dazu beigetragen, auch mich zu lockern und ja, jetzt verstehe ich, was du meinst: Du hast dein Gehirn rattern lassen, das war eine Form von Beruhigung. Logisch!

Im Restaurant war ich besorgt, weil ich spürte, dass du eine gedrückte Stimmung hattest. Es war etwas, aber du konntest es nicht kommunizieren. Ich musste Vermutungen anstellen (die du zum Teil ja bestätigt hast). Abgesehen davon, dass es auch für mich als Autismus-»Fachkraft« natürlich aller »Fachkenntnisse« zum Trotz jedes Mal wieder neu ist, einem autistischen Menschen zu begegnen. Da das autistische Verhalten aber schon abweicht vom nicht-autistischen Verhalten, ist es tatsächlich auch für mich nach all den Jahren immer wieder interessant zu erfahren, dass ich doch so wenig wirklich »sicher« darüber weiß. Autismus kann niemand in Worte fassen, man kann es nicht komplett erfassen und irgendwo aufschreiben. *Den* Autisten gibt es nicht und selbst wenn ich vom beobachtbaren Verhalten Ähnlichkeiten zwischen dir und zum Beispiel Peter Schmidt gesehen habe, so schreibt ihr beide komplett anders und fühlt und denkt auch anders.

Abgesehen davon ist es auch bei jedem anderen Menschen, ob nun autistisch oder nicht, immer wieder aufregend, wie sich eine Begegnung entwickelt. Eine jede emotional aufgeladene Begegnung löst Unsicherheit aus, da man die Reaktionen des Gegenübers am Anfang nicht immer adäquat einschätzen kann. Auch ich kenne das Gefühl, alles »richtig und gut« machen zu wollen, denn man möchte ja einen netten Anfangseindruck hinterlassen. Aber ich habe im Laufe meines Lebens gelernt, dass die Menschen, die bleiben und einen lieben, diejenigen sind, bei denen man von Anfang an das Gefühl hatte, man selbst zu sein. Bei denen man sich nicht verstellen musste. Das entspricht deinen Gedanken von »Selbst« und »Ich« (mit Maske).

Ja, du warst innerlich woanders, das hab ich gemerkt. Daher hab ich auch das Gesprächslevel weiter niedrig gehalten, um nicht noch mehr Stress zu verursachen. Wir haben uns dann einfach auf das, was uns umgab – wie zum Beispiel als Hunde getarnte Ratten ☺ – konzentriert, was auch völlig okay für mich war und einen weiteren Anker geschaffen hat. Ich bin eine lebendige Person, das ist wahr, die viel lacht und sich freut über Menschen, die sie mag. In mir kam auch – vielleicht blöderweise – ein Impuls auf, dich schützen zu wollen. Ein paar Leute am Nachbarstisch guckten irritiert, als du die Eiswürfel aus dem Becher fischtest. Danach erhobst du deine Stimme, um ihnen etwas (ich habe den konkreten Wortlaut vergessen, aber es ging um eine Talkshow) mitzuteilen, wahrscheinlich, weil du die Blicke gespürt hast. Mich machen solche Momente in der Tat nervös, da ich mich ärgere, wenn Menschen starren oder bei Verhalten, welches ihnen nicht vertraut ist, dieses Verhalten zeigen (sich wegdrehen, tuscheln, starren). Zwischendurch hattest du häufig unruhige Augenbewegungen, fielst in einen »Stimming-Zustand«, was ich bemerkt habe. Ich wusste nicht, was ich tun konnte außer, einfach bei dir zu bleiben und abzuwarten, bis die Zeit kam, zum Zug zu gehen. Und währenddessen hab ich deine Gegenwart trotzdem genossen und mich über jeden Moment gefreut, den wir hatten.

Stimmt, was das Restaurant betraf, war ich auch viel unsicherer als du. Die Wahl schien kein Problem für dich zu sein, für mich ein kleines bisschen, aus zwei Gründen: Erstens, weil ich dort sonst niemals hingehen würde (aus Prinzip!) und ich Hunger hatte und es dort nur Nahrungsmittel gibt, um die ich normalerweise einen riesigen Bogen machen würde. Aber das war dann doch ziemlich egal, weil ich einfach nur die Zeit mit dir verbringen wollte und es dabei keine Rolle spielt, wo man sich aufhält. Zweitens, weil ich dachte, du hättest vielleicht das von dir anvisierte Café als festen Anker im Kopf und es hätte sein können, dass es für dich Stress bedeutet, einen Szenenwechsel machen zu müssen. Dass du dann dennoch ganz ruhig bliebst, hat mich erstaunt und zugleich beruhigt. Jetzt weiß ich, warum du so entspannt warst. Es war dir vertraut. Du fühltest dich dort wohl.

Liebe Gee, es ist für mich sehr spannend, deine Empfindungen zu lesen, die – wie wir jetzt merken – mit meinem Zustand übereinstimmten und die Gründe dafür konnte ich im Nachhinein aufdröseln. Es ist bestimmt nicht einfach, wenn man diese Gefühle bei anderen aufnimmt, sie aber nicht richtig einordnen kann, weil man selbst eine so andere Wahrnehmungs- und Gefühlswelt hat.

14. Briefwechsel – Thema: Unsere erste persönliche Begegnung

Wir werden noch mehr Gelegenheiten haben, uns persönlich zu begegnen. Im Großen und Ganzen verlief die erste doch sehr gut. Ich war hinterher glücklich und bin es noch immer. Das Ziel, das wir hatten – weiterhin gut miteinander schreiben und Brücken bauen zu können – haben wir erreicht. Und noch viel mehr als das.

Übrigens wäre das auch mal mit vielen anderen Menschen in meinem Leben eine prima Übung, sich nach einer Begegnung gegenseitig mitzuteilen, wie man den anderen empfunden hat. Das machen wir Menschen eigentlich fast nie. ... Wer weiß, welches Missverständnis dabei so aufgelöst werden könnte ...

Einen lieben Gruß

Mel

01.12.2015

Hallo Mel,

diesmal kommt meine Antwort mit arger Verspätung, aber ich hatte einen ungebetenen Hausgast namens Angina Tonsillitis, der sich bei mir ziemlich wohlgefühlt hat.

Ich denke gern an unsere erste Begegnung und sie ist genau so gut verlaufen, wie es unter den Umständen möglich war. Außer einer erfolgreicheren Parkplatzsuche und dem Vorhandensein des eigentlichen Wunsch-Cafés würde ich nicht viel ändern wollen. Meine Batterien waren leer, aber das wusste ich vorher und habe mich dennoch auf das Treffen eingelassen, weil ich Vertrauen zu dir habe. Ich finde es interessant, dass du meine ewigen Versuche, unser Gespräch am Laufen zu halten, oftmals als Witzemachen empfunden hast. In solch einer extrem herausfordernden Situation, also mit leeren Akkus in eine 1:1 Begegnung mit einem mir fremden Menschen zu gehen, muss ich mich ganz um meine Sicherheitsnetze kümmern. Eines davon ist Monologisieren, manchmal zum Leidwesen des anderen, aber du fandest es eher witzig. Ich spreche dann praktisch alles, was in meinem Kopf abläuft, mit, kommentiere, was ich sehe und höre und komme vom Hundertsten ins Tausendste. Immer mehr Tabs, alte und neue, öffnen sich in meinem Hirn. Irgendwann ist es dann zu viel, aber da saß ich schon wieder im Zug gen Süden. Ich hatte aber keine gedrückte Stimmung, weder in besagtem Restaurant noch vor- oder nachher. Aber du schreibst, dass es so bei dir ankam. Es stimmt, dass ich ganz vieles nicht kommuniziere. Einerseits fehlen mir die Worte, um es in deiner Sprache verständlich ausdrücken zu können, andererseits würde es sowohl dich als auch mich selbst mächtig überfordern, wie viel und was ich dann alles kommunizieren würde. Ich bin immer überall ... – der Kreis, verstehst du. Vielleicht kommt das dann bei meinem Gegenüber so an, als wäre ich innerlich woanders? Für mich ist jede Begegnung mit einem anderen Menschen eine Begegnung auf der emotionalen Ebene, da ich Menschen über Fühlen wahrnehme. Das ist aber nur dann ein Problem, wenn das, was ich da in dem Menschen fühle, nicht mit dem übereinstimmt, was er mir über sein *Ich* vermittelt. Das kommt für mich einem Be- oder Anlügen gleich. Ich verstehe schon, dass dies eine Schutzfunktion des *Ich* ist, aber frage mich dann, wie wertvoll die Begegnung nun noch ist und was daraus unter diesen Umständen werden kann. Die erste Begegnung schafft doch eine Art Fundament, auf dem eventuell aufgebaut werden kann. Dieses Fundament muss stabil sein, sonst kann man nicht viel und nicht sicher darauf aufbauen. Ich bin aus unserer ersten Begegnung mit dem Gefühl herausgegangen, dass wir eine gute Basis für weitere Begegnungen geschaffen haben. Ich finde es gut und wichtig, dass wir uns darüber austauschen, wie es uns vor, bei und nach unserem Treffen ergangen ist. Missverständnisse entstehen da, wo die Kommunikation aufhört. Miteinander reden baut Vorurteile ab und Brücken auf. Ich werde, wenn ich an unsere erste Begegnung denke, immer den Glitzervorhang des Restaurants vor Augen haben, der den Effekt dieser knallbunten psychedelischen Drehstühle noch verstärkte. Ja, es ist ein Anker und es gibt ihn ausreichend überall auf der Welt. ☺

Ich grüße dich aus der Ferne, die näher ist, als du dachtest,

Gee

15. Briefwechsel – Thema: Freundschaft

09.12.2015

Liebe Gee,

nun hatten wir eine längere Schreibpause, aber nun sitze ich hier in meiner neuen Wohnung und das Internet funktioniert endlich. Ich kann also wieder schreiben!

Wir hatten ja aber zwischenzeitlich Kontakt über unsere Mobilfunkgeräte. Außerdem bekomme ich immer mal wieder Post von dir mit kleinen Aufmerksamkeiten, zum Beispiel einen »Sockmonkey« (Sockenäffchen) für meine Tochter, der ihr viel Freude macht und bei keiner Aktivität mehr fehlen darf.

In deinem letzten Brief über unsere erste Begegnung erwähntest du, dass du Menschen über das Fühlen wahrnimmst. Sofern es keine Widersprüche zwischen dem Verhalten einer Person und dem von dir wahrgenommenen Gefühlszustand gibt, gibt es keinen Grund, eine Begegnung nicht zu wiederholen. Du sagst, wir haben eine gute Basis geschaffen. Das ist doch wunderbar!

Ich bin mir sicher, dass die meisten Menschen (wie auch ich), mit denen ich mich angefreundet habe, zu bestimmten Zeitpunkten Masken trugen. Diejenigen, bei denen von Anfang an ein Gefühl von Stimmigkeit vorhanden war, sind heute meine engsten Vertrauten, meine »Wohlfühlmenschen«... Vielleicht trifft man im Schnitt alle zehn Jahre auf so einen Menschen? Diese Begegnungen sind ausgesprochen wertvoll und vermutlich sind es solche, bei denen Menschen sie selbst sind oder – wie du sagst – ein Selbst ein anderes Selbst erkennt.

Was bedeutet Freundschaft für dich?
Bei mir ist es so, dass ich mit meinen engsten Freunden über (fast) alles reden kann. Mit ihnen gibt es einen ehrlichen Kontakt, der alle möglichen Gefühlsnuancen enthält. Sie sagen mir ihre Meinung und bringen mich in meiner Entwicklung weiter. Sie helfen mir, wenn es mir schlecht geht, sind da, wenn ich sie brauche. Diese Rolle habe ich im Umkehrschluss für sie auch.

Obwohl sie meine engsten Freunde sind, sehe ich sie alle unterschiedlich oft. Ich treffe meine beste Freundin vielleicht ein oder zwei Mal im Jahr. Wir schreiben uns aber Briefe so wie wir beide. Für mich ist die schriftliche Kommunikationsform eine der schönsten. Meistens entspanne ich dabei, lass mich fallen und schreibe offen und ehrlich über mich und meine Gefühle. In der direkten Begegnung ist das oft schwerer. Vielleicht, weil ich subtile emotionale Signale schnell wahrnehmen kann, die mich dann hin und wieder ausbremsen, das zu sagen, was ich wirklich sagen will.

Mich würde sehr interessieren, wie du Freundschaft für dich definierst. Ich glaube, wir beide sind auch auf dem Weg zu einer Beziehung, die man durchaus als Freundschaft bezeichnen könnte. Ich würde dich gern mal in Kitzscher besuchen kommen, um dich noch ein bisschen besser kennenzulernen.

Viele liebe Grüße aus der neuen Wohnung!

Mel

15. Briefwechsel – Thema: Freundschaft

14.12.2015

Hallo Mel,

ich wünsche dir viele schöne Zeiten in der neuen Wohnung und genug Platz für all die Erinnerungen, die mit dir umgezogen sind. Ich befinde mich noch immer in einer recht aktiven Sockmonkey-Phase. Es beruhigt mich ungemein, solch ein kleines Wesen zu erschaffen. Es freut mich, dass das kleine pinke Äffchen bei deiner Tochter ein solch schönes Zuhause bekommen hat.

Nun noch einmal zu unserer Begegnung, die nun langsam anfängt zu verblassen. Ich weiß nicht, warum das passiert. Ich verliere die Menschen immer wieder, auch wenn ich dies ausdrücklich nicht möchte. Das führt dann dazu, dass sich unsere nächste Begegnung für mich wieder wie eine Erstbegegnung anfühlen wird. Für dich ist es eine zweite Begegnung, die viel vertrauter ist als die erste. Das heißt, im Gegensatz zu unserem ersten Treffen, bei dem wir auf der gleichen Stufe standen, stehst du nun eine Stufe höher. Dies setzt sich immer weiter so fort. Du wirst vertrauter mit mir, fühlst dich wohler (das hoffe ich zumindest) und freust dich auf unsere Treffen, während es sich für mich immer wieder ein erstes Treffen anfühlt und ich mich dann auch dementsprechend verhalte. Irgendwann sind dann zu viele Stufen zwischen uns und es kommt der Punkt, an dem ich das Ganze abbreche. Nicht, weil ich dich nicht mag, sondern vielmehr, weil ich die Distanz zu dir nicht mehr überbrücken kann. So ist es jedenfalls bisher gewesen. Aber ich bin mir dessen nun bewusst und kämpfe dagegen an. Bitte hab Verständnis dafür, dass ich dich jedes Mal wieder neu kennenlernen muss. Je mehr du mir in unseren Begegnungen dein Selbst zeigst, desto besser werde ich dich wiedererkennen können. Außerdem habe ich mir bei unserer Begegnung verschiedene Anker gesetzt, die ich bei unserem nächsten Treffen aktivieren kann, um dich über Fühlen wiedererkennen zu können. Natürlich hast du eine Maske getragen. Du warst dir der anderen um uns herum sehr bewusst und dies scheint bei nicht-autistischen Menschen zu bewirken, dass das Ich stärker in den Vordergrund tritt. So lange es schützend agiert und dabei auch nach innen zum Selbst schaut, ist es stimmig, denn so soll es sein. Genau deshalb habe ich ja auch immer versucht, mir eine Patchwork-Ich-Maske zu basteln. Das Ich ist ein wichtiger Teil jedes Menschen, der es ermöglicht, in Kontakt mit anderen zu treten und in der Begegnung mit dem Gegenüber zu bestehen.

Ich kann mit dem Wort »Freundschaft« nicht viel anfangen. Ich verstehe es einfach nicht. Sowohl das Wort als auch das Konzept sind mir fremd. Ich bezeichne Menschen, die mir nahestehen und die ich mag als die »Menschen an meinem Tisch«. Mit diesen Menschen fühle ich mich wohl. Da mein Leben jedoch ein Kreis ist, in dem immer alles da ist, verliere ich auch keinen dieser besonderen Menschen. Sie sind immer da, die Menschen an meinem Tisch. Diejenigen, die meinen Tisch doch irgendwann verlassen, haben sich auf einen Stuhl gesetzt, der nicht der ihre war. Das kommt leider auch vor. Ich irre mich in ihnen, weil sie das Maskentragen perfektioniert haben. Sie kennen sich selbst nicht mehr. Wie soll ich sie dann (er)kennen? (M)ein Selbst kann nur ein Selbst kennen. An meinem Tisch sitzen nicht mehr als ein Dutzend Menschen. Wenn sie mich nicht finden, dann suche ich sie.

Ich denke schon, dass ich mittlerweile auch Bekanntschaften habe, die ich schätze. Das fühlt sich für mich so an wie ein Abonnement, das zeitlich begrenzt ist. Bekanntschaften sind völlig in Ordnung, solange sich die Beteiligten bewusst sind, dass es und was eine Bekanntschaft ist. Mir ist es wichtig, dass sich dann an die Regeln gehalten wird. Zum Beispiel werden viele Menschen vertrauensseliger (sagt man das?), wenn sie Alkohol getrunken haben. Dann ist ganz plötzlich eine Grenzlinie überschritten, die sie sofort wieder dick nachziehen, sobald sie wieder nüchtern sind. Das verwirrt mich sehr. Meine im Erwachsenenalter geschlossenen Bekanntschaften hielten nie länger als drei Jahre.

Mit den Menschen an meinem Tisch muss ich nicht reden, sie fühlen, was ich fühle. Sie wissen, was ich weiß. Du sagst, du kannst mit deinen engsten Freunden ehrlich sein. Ich bin immer ehrlich. Wenn du sie aber nur ein, zweimal im Jahr triffst, heißt das dann, dass du nur ein, zweimal im Jahr ehrlich bist? Ich bin sicher (noch) kein enger Freund für dich, weshalb du eben auch eine Maske getragen hast, als wir uns trafen. Aber du warst doch ehrlich zu mir, oder? Wenn du dich so wohl mit deinen engsten Freunden fühlst, warum bist du dann so selten mit ihnen zusammen? Das ist etwas, was ich an dem Konzept Freundschaft nicht verstehe. Wenn ich einen Lieblingspullover habe, indem ich mich total wohlfühle, dann ziehe ich ihn doch so oft wie möglich an.

Du hast ganz recht, Schreiben ist leichter als direktes Miteinanderreden, weil es weiter weg vom Selbst ist. Es löst weniger Selbstkonfrontation aus. Schreiben am Computer ist viel sicherer als einen Brief mit der Hand schreiben. Die Finger, die dem Körper zugehörig sind und damit nicht zum Selbst gehören, tippen auf einer Tastatur einer Maschine, die vor uns steht. Die Buchstaben und Worte erscheinen auf einem Bildschirm, der noch weiter weg ist als die Tastatur. Um das Geschriebene verschicken zu können, muss man es nicht einmal ausdrucken. Ich schicke dir all die Briefe per E-Mail. Innerhalb von Sekunden sind meine Gedanken dann bei dir und weg von mir. Beim altmodischen Briefeschreiben ist alles viel näher und es dauert auch länger. Beim Sprechen ist es noch näher und außerdem entsteht durch die Anwesenheit des Gesprächspartners natürlich Andere-Wahrnehmung, welche zu Selbstwahrnehmung und damit zu Selbstkonfrontation führen kann. Beim Schreiben gibt es auch keine unmittelbare Reaktion auf das, was ich ausdrücke. Das gibt mir enorme Sicherheit. Macht mich mutiger. Manchmal habe ich dann Angst, die Antwortmail zu öffnen. Halte mir dabei die Augen zu oder bitte Hans, es zu tun.

Wenn wir uns regelmäßig sehen, wirst du mir vertrauter werden. Ich finde die Stelle in dem Buch »Der kleine Prinz« wunderschön, wo der Fuchs dem kleinen Prinzen erklärt, was zähmen bedeutet. Zähmen ist sich miteinander Vertrautmachen. Das muss und kann nur auf der Selbst-Ebene stattfinden. Jede Maske verhindert dies.

Viele liebe Grüße in die neue Wohnung

Gee

14.12.2015

Liebe Gee,

ich bin sicher, dass sich Freundschaft für jeden Menschen ähnlich anfühlt, sich aber anders ausprägen kann. Ich kann Nähe auch über eine Distanz hinweg fühlen. Abgesehen davon sind meine engsten Freunde nicht alle in Berlin oder näherer Umgebung zu Hause. Meine Erfahrung zeigt aber, dass selbst wenn sie in unmittelbarer Nähe sind, ich sie nicht zwangsläufig häufiger sehe als wenn sie in einer anderen Stadt wohnen.

Die Nähe, die ich zu Ihnen brauche, stelle ich auf die eine oder andere Weise her. Bei meiner besten Freundin über E-Mails. Andere rufe ich an oder treffe ich auch persönlich, aber das kommt alles in unterschiedlicher Frequenz vor und hängt auch vom Nähebedürfnis der anderen Personen ab. Freundschaft kann immer anders aussehen. Aber wenn sie echt ist, hält sie ganz gleich, in welcher Form sie gelebt wird.

Wenn ich meine engsten Freunde treffe, bin ich so ehrlich, wie wir miteinander sein können. Voraussetzung hierfür ist, dass ich diese Empfindungen vor mir selbst zugeben kann. Es braucht eine sehr vertrauensvolle Basis, um anderen intimste Gefühle anzuvertrauen. Eine derartige Ebene habe ich dann wohl in der Tat nicht sehr oft im Alltag. Es sind die Sternstunden im Leben mit Menschen, in denen ich ganz ich selbst bin und mich fallen lassen kann.

Das, was du über die »Menschen an deinem Tisch« beschreibst, würde ich als Seelenverwandtschaft bezeichnen. Es gibt wenig Menschen, die fühlen, was oder wie ich fühle. Ich habe es sehr selten erlebt, dass jemand mich wirklich lesen konnte. Das ist etwas, was ein großes Geschenk ist und trifft im Endeffekt ja das, was du über die Liebe geschrieben hast. So eine Person wie Hans es für dich ist zum Beispiel.

Ich stelle fest, dass das Thema bei dir einfacher zu sein scheint als bei mir. Menschen am Tisch oder eben keine weitere Nähe, vielleicht ein paar Bekannte. Aber diese vielen Nuancierungen und Eingruppierungen hast du gar nicht, was ich unkomplizierter empfinde.

Ob ich wirklich schon auf einer anderen Stufe der Begegnung bei uns bin, weiß ich gar nicht. Ich müsste dich auch weiterhin neu kennenlernen. Ich habe dich ja auch nur einmal getroffen bislang und auch nur zu einer Gelegenheit. Bei dir zu Hause zum Beispiel wäre das ein völlig neuer Kontext. Vertrauen haben wir über unsere Briefe hergestellt. Das schwingt mit in die persönliche Begegnung hinein, aber dennoch muss auch ich alles zusammenfügen. Ich bin mir natürlich auch unsicher, wie das bei uns laufen kann, da ich noch nicht viel Erfahrung mit »autistischen Freundschaften« habe. Du musst mir deine Gefühle immer gut erklären, so wie du es jetzt machst, damit ich mich darauf einstellen kann. Es tut gut zu wissen, wie du mich siehst und was du denkst, denn es gibt mir mehr Sicherheit. Ich weiß auch nur: Ich möchte die Brücke zu dir bauen und immer wieder herüberkommen. Ob uns das gelingt? Vielleicht werden wir auch diese Briefebene weiterhin haben und sie im Vordergrund belassen. Auch das wäre in Ordnung. Wir werden sehen, wohin es uns führt.

Ich merke auch: Das Leben ist schon in erster Linie ein Maskenball. Selten bin ich Selbst. Aber ich merke den Unterschied und wünschte mir, dass viele andere Menschen das auch spüren könnten.

Ich war auf jeden Fall ehrlich zu dir und fühlte mich auch authentisch. Aber ja, ich hab auf die Reaktionen der Umwelt geachtet und mich entsprechend auch angepasst, was ein automatischer Vorgang ist. Bei mir brauchst du sicher keine Angst vor Antwortbriefen zu haben. Ich habe nicht das Gefühl, dass etwas von mir kommen könnte, was dieses Gefühl auslösen würde.

Einen lieben Gruß von

Mel

15. Briefwechsel – Thema: Freundschaft

15.12.2015

Liebe Mel,

eines ist wohl sicher, egal, über was wir schreiben, eine Begriffserklärung ist immer notwendig. Was ist Freundschaft? Wie lautet die allgemeine Definition und wie sehen wir beide das für uns? Vielleicht sollten Gespräche immer diese Basis haben, denn auf der kann man gut aufbauen. Immer wieder müssen wir uns in der Begegnung mit anderen der Subjektivität unserer Wahrnehmung bewusst werden. Ich denke, dass es dann klappen könnte.

Es stimmt wahrscheinlich, dass es in meinem Sein nicht so viele Nuancen gibt, was das betrifft, was ich erlebe und erfahre. Als ich mit dem Malen begann, gab es nur weißes 25x25 cm-Aquarellpapier und einen schwarzen Stift. Schwarz und weiß. Es dauerte lange, ehe rot hinzukam und noch länger für blau und gelb. Ich dachte, grün schafft es nie, irrte mich aber. Es hat sich viel getan. Mehr Farben und Farbtöne, Schattierungen und Nuancen, und auch mehr Feinheit, mehr Details, nicht nur in meinen Bildern, sondern auch in meinem Leben. Aber das alles hat auch seinen Preis. Es macht die Sache komplizierter. Gerade bei Menschen wird mir genau das irgendwann zum Verhängnis, weil ich dieses Wirrwarr an Masken, Gefühlen, Tun und Lassen dann ganz schnell nicht mehr durchschauen kann. Das erschwert mir natürlich jede Begegnung mit anderen Menschen. Als ich mir dessen noch nicht bewusst war, also zu einer Zeit, als ich wenig oder gar keine Fremdwahrnehmung hatte, bin ich sozusagen ungebremst und ungeschützt auf die Menschen zugerast. Jetzt, da ich mich intensiv mit den Menschen, ihren Masken, ihren Erwartungen und ihrem anderen Sein beschäftige, habe ich mehr Angst vor den Begegnungen mit ihnen. Dies liegt größtenteils daran, dass ich nicht jedem Menschen, dem ich begegne, sagen kann oder will, dass ich autistisch bin. Tue ich es jedoch nicht, dann werde ich nach dem nicht-autistischen System eingeordnet und falle ganz schnell durch's Raster.

Ganz richtig Mel, zuerst musst du dir gegenüber ehrlich sein, dann erst geht genau das auch mit anderen Menschen. Alles beginnt und endet beim Selbst. Aber diesen Kreislauf nehmen die meisten Menschen nicht (mehr) wahr. Das Ich ist zu mächtig, zu engagiert, zu erfolgshungrig und hat den wahren Grund des Seins (fast) aus dem Fokus verloren.

Ja, vielleicht ist Seelenverwandtschaft in meinem Fall das geeignetere Wort für das, was du als Freundschaft bezeichnest. Aber eine Seelenverwandtschaft sucht man sich nicht aus, sie ist da. Sie existiert bereits, bevor wir sie auch nur erahnen können. Ich suche nach den Menschen an meinem Tisch, weil ich ganz sicher weiß, dass es sie gibt. Dabei spielt übrigens die 208 auch eine große Rolle. Ich fühle, wenn ich einen von ihnen gefunden habe. Ist das bei deinen Freundschaften auch so? Suchst du die Menschen oder finden sie dich? Und wisst ihr dann sofort, das ist es, das passt? Du schreibst von Entwicklung und Kennenlernen. Das ist bei mir anders. Wenn ich einem Menschen begegne, weiß ich sofort, wer er oder sie für mich ist. Jedes Mal, als ich es mit Freundschaft nach nicht-autistischer Art versuchte, ging es schief. Es hielt nicht, es reichte nicht. Das Ich kann natürlich auch viele Ichs kennen oder auch nur eines, aber das ist etwas grundlegend anderes als wenn ein Selbst auf ein Selbst trifft, welches deckungsgleich passt. Es ist ein sofortiges (Wieder-)Erkennen. Die Verbindung ist augenblicklich, nein, schon immer da. Kein Kennenlernen, kein Aneinandergewöhnen, kein Zähmen ist mehr nötig. Nur Sein. So war das mit Hans. Er ist einer der Menschen an meinem Tisch.

Du warst schon bei unserer ersten Begegnung eine Stufe höher als ich. Du hast mich erkannt und gleich umarmt. Du wirst mir bei der nächsten Begegnung nicht neu begegnen, sondern mich allenfalls in einer anderen Umgebung auch anders kennenlernen, aber du wirst wissen, wer ich bin, wie ich aussehe und wie ich mich für dich anfühle. Du wirst gelassener sein als beim ersten Mal. Es wird mir schwer fallen dort anzusetzen, wo wir in Berlin aufgehört haben. Eigentlich ist es unmöglich. Aber das ist es immer nur, bis man es tut. Dir meine Gefühle zu erklären ist eine hohe Anforderung, da ich nur die Grundemotionen wirklich auseinanderhalten und bei mir selbst wahrnehmen und benennen kann. Die vielen Nuancen der Gefühle, die in der Begegnung mit den Menschen entstehen, zu erkennen und zu benennen, ist mir nicht möglich. Ich kann dir aber immer sagen, was ich denke und warum. Du darfst nur nie vergessen, dass es mir schwerfällt, mich in dich hineinzuversetzen und zu wissen, wie es dir mit den Dingen gehen könnte, die ich tue und sage. Was ich denke, sage und tue, definiert nur, wer ich bin. Es hat mit dir nichts zu tun. Es ist immer deine Entscheidung, wer du bist und inwieweit du mich darauf Einfluss nehmen lässt. Die Tür zu diesem Raum, in dem man entscheiden kann, wer man ist und wer man sein möchte, lässt sich nur von innen öffnen. Jeder von uns kann frei entscheiden, wen er in diesen Raum einlädt und warum.

Ob uns der Brückenbau gelingt, fragst du. Davon bin ich überzeugt. Das Bild der Brücke zu dir habe ich tief in meinem Unterbewusstsein verankert. Mehr muss ich eigentlich nicht tun. Das Unterbewusstsein arbeitet auf all das hin, was wir ihm über Bilder, Gedanken oder, wie in meinem Fall, über das Fühlen zuführen. Eine phantastische Sache, eine riesige

Chance, die die meisten Menschen jedoch nicht zu schätzen und zu nutzen wissen. Unglücklicherweise geben sie sich mehr den negativen Bildern und Gedanken hin (ich schaff das eh nicht, das geht schief, das wird nie was). Damit wird ihnen der wohl einzige Fehler in diesem System zum Verhängnis ... Unser Unterbewusstsein kann nicht wirklich gut sortieren ..., keine effektive Mülltrennung sozusagen ..., kein Töpfchen-Kröpfchen-System ... – es verarbeitet alles, was ihm zugeführt wird. Damit sind wir ganz allein die Macher unseres (Un)Glückes.

In diesem Sinne, hab einen guten Tag,

Gee

16.12.2015

Liebe Gee,

das Thema Seelenverwandtschaft beschäftigt wohl alle Menschen sehr. Ich finde das schwer erklärbar, empfinde es sehr ähnlich wie du: Es ist jemand, der einem sofort vertraut ist, zu dem man eine starke Anziehung verspürt (egal ob männlich oder weiblich), obwohl man ihn oder sie eigentlich gar nicht wirklich kennt. Aber vielleicht kennt man sich ja doch bereits, weil man sich im Kern ähnelt, eine ähnliche Wellenlänge hat, irgendwelche (magnetischen?) Felder oder psychische Strukturen übereinstimmen. Es gibt die eine oder andere Theorie dazu, die ich nicht alle aufzählen mag, aber immer läuft es darauf hinaus, dass diese Menschen zu einem passen. Als ich meine beste Freundin vor zwanzig Jahren traf, wussten wir auch sofort, dass wir uns gefunden hatten. Da war ein Erkennen da, ein tiefes Wissen darum, dass das etwas Längerfristiges ist und auch heute noch gibt es keinerlei Anzeichen dafür, dass unsere Freundschaft jemalszerbrechen könnte. Mit einigen wenigen anderen Menschen in meinem Leben ergeht es mir auch so oder ähnlich. In meinem Fall ist das meistens beiden Parteien von Beginn an (vielleicht in unterschiedlicher Intensität) bewusst gewesen.
   In den Fällen der Seelenverwandtschaft hab ich nicht gesucht, da hab ich auch gefunden. Man ist sich einfach »zur Tür hereinspaziert« und dann waren sie da und sind geblieben.

Die Macht der inneren Bilder ...

Ein wichtiges Thema, das du da ansprichst. Michael Jackson hat sich vor Urzeiten den Satz »Biggest selling album of all time« an den Spiegel geschrieben. Es kam genau so. Biggest selling album of all time: Thriller. Er war ein Verfechter der Visualisierungstechnik. Ich wusste als Kind schon, dass ich Autorin werde. Das ist eines der tief verankerten inneren Bilder gewesen und auch in anderen Bereichen meines Lebens gab es Bilder oder Ereignisse, die am Ende auf eine bestimmte Sache zugesteuert sind. Ich weiß nicht, was zuerst da war. Ein Plan des Universums, mich zur Autorin zu machen oder mein innerer Wunsch, eben jene zu werden. Vielleicht ist es auch egal, da alles miteinander zusammenhängt.

Bei manchen Dingen weiß ich ganz genau, dass sie eintreffen werden. Bei anderen habe ich Zweifel, aber manchmal glaube ich, dass diese Zweifel der Angst entspringen. Angst ist bei jedem Menschen ein gewaltiger Hemmschuh, nicht nur bei Autismus. Angst vor Liebe beziehungsweise deren (möglicherweise negativen) Begleiterscheinungen. Angst, enttäuscht zu werden. Angst, etwas nicht gut genug zu machen. Es gibt unzählige Beispiele.

Aber wieso ist das so, dass Gedanken unser Leben so stark beeinflussen können? Wieso kann ein Gedanke ein Ereignis hervorrufen? Hast du aus deiner Sicht eine »Erklärung«?

Ich mache mir über uns und unsere Beziehung/Freundschaft keine Sorgen. Alles wird gut. Das weiß ich einfach.

Alles Liebe von

Mel

17.12.2015

Hallo Mel,

als ich zwölf war, legte ich für mich fest, dass ich nach meinem Schulabschluss nach London gehen werde. Einige Leute haben darüber gelacht, andere haben gefragt, wie ich das denn schaffen wollte. Immerhin befanden wir uns 1983 mitten im Kalten Krieg, die Berliner Mauer stand 3,60 m hoch und war genauso undurchdringlich wie die innerdeutsche Grenze. Nach England gehen? Kein Mensch nahm mich ernst. Aber mir war das egal, denn viel wichtiger war, dass mein Unterbewusstsein mir glaubte. Als ich 1991 nach London zog, war ich es, die lachte. Die Macht der inneren Bilder oder auch Gedanken (ich denke ja nicht in Bildern) ist den meisten Menschen anscheinend nicht bewusst. Sonst würden sie ganz sicher nicht so negativ denken. An die Decke meines ersten Ateliers schrieb ich unter anderem folgenden Satz: »...and the Oscar goes to Gee Vero«. Ich wollte schon als Kind (und will es noch) immer berühmt werden, habe die Bühne als meinen Ort des Seins verstanden. Gib mir eine Bühne, ein Mikrofon und ein Publikum, dann bin ich glücklich. Das Selbst weiß, wer wir sind, aber es kann uns nur zu uns führen, wenn wir uns von ihm führen lassen. Wie auf jedem Weg gibt es auf dem Weg zum Sein auch zahlreiche Hindernisse. Die Angst ist eines davon. Die Angst, dem eigenen Selbst zu begegnen, die Angst, wirklich zu leben und die Angst, das Sein zuzulassen. Angst hilft uns aber auch dabei, uns zu entdecken und zu verstehen. Erich Kästner hat einmal gesagt: »Wenn einer keine Angst hat, hat er keine Fantasie«. Man muss lernen, Angst auch auszuhalten, zu spüren, was sie mit uns macht, was sie uns sagen will. Angst hemmt nicht nur, sie führt uns auch. Angst ist und war immer schon ein Teil von uns. Viele Menschen haben Angst vor der Angst.

Wieso kann ein Gedanke ein Ereignis hervorrufen, fragst du. Gedanken sind wohl aus einer anderen, nicht anfassbaren Materie. Aber ich denke, dass sie dennoch ein Gewicht haben, da sie Dinge bewegen können. Ich weiß, dass Gedanken, sei es ein Wunsch oder ein Traum, wahr werden können, und das reicht mir eigentlich auch aus. Die Frage nach dem Warum ist natürlich eine interessante, aber in diesem Fall brauche ich nicht unbedingt eine Erklärung. Warum bin ich? Ich bin. Auch ein Fakt.

Seelenverwandtschaft besteht meiner Meinung nach immer dann, wenn ein Selbst wieder auf ein bekanntes Selbst trifft, also wenn sich ein alter Kreis erneuert oder reaktiviert wird. Natürlich entstehen auch neue Kreise, aber die sind erst einmal fragil und anfällig. Es sind die alten Bahnen, die Sicherheit geben und in uns das Gefühl der Vertrautheit erzeugen. Ein vertrautes Selbst in einer neuen Hülle erkennen ... – das kann zufällig passieren oder herbeigeführt werden, indem man diese Menschen sucht. Voraussetzung ist immer, dass man hinter die Maske schauen kann. Man muss das eigene Selbst kennen und sein, um ein anderes Selbst zu erkennen. Vielleicht ist unser Selbst wie eine Art Magnet, der uns immer wieder mit den Menschen verbindet, die wichtig für uns sind. Menschen, die wir brauchen und von denen wir gebraucht werden. Menschen, die es uns ermöglichen, so zu sein, wie wir eben sind. Menschen, die sich mit uns an unserem Tisch wohlfühlen.

Beste Grüße

Gee

16. Briefwechsel – Thema: Weihnachten und Feiertage

19.12.2015

Liebe Gee,

vor ein paar Tagen erhielt ich eine originelle Weihnachtskarte von dir und deiner Familie, hab herzlichen Dank dafür! Ich habe mich wieder sehr gefreut. Ich finde die individuelle Gestaltung der Dinge, die du schickst, jedes Mal wieder sehr achtsam und betrachte das als Ausdruck deiner Sympathie für mich. Dass du das tust, zeigt mir, dass du zwar auf andere Art kommunizierst als ich, aber unsere Emotionen unterscheiden sich vermutlich trotzdem nicht sehr. Das mag täuschen und ich bin mir bewusst, dass wir weiterhin darüber sprechen müssen, um Missverständnisse zu vermeiden.

Am schönsten finde ich persönlich nach wie vor deine Schnecke, die den Satz »Nothing is lost by taking your time« auf ihrem Gehäuse trägt. Das ist genau das, was mir und vielen anderen Menschen schwer fällt: Geduld üben, die Dinge ihrem natürlichen Lauf zu überlassen. Vertrauen zu haben.

Die Weihnachtszeit naht ... Nicht nur das Jahr wird verabschiedet, auch festgefahrene Gewohnheiten oder Denkmuster. Kennst du die Neujahrsvorsätze bei dir auch? Viele Menschen machen seelische Inventur, nehmen sich vor, was sie im kommenden Jahr anders machen können. Ich verabschiede immer gern die quälenden Geister der Vergangenheit. Das kann alles Mögliche sein. Menschen, die mir nicht gut tun, Gedanken, die mir schaden, Gewohnheiten, die zur Aufgabe drängen. Ich schaffe immer, dass ich einige meiner Vorsätze auch in die Tat umsetze. Sonst wäre ein solches Unterfangen sinnlos.

Das Weihnachtsfest an sich nehme ich leider mehr und mehr als Konsumorgie wahr. Erkläre mal einem Kind, warum es nur ein oder zwei Geschenke bekommt. Bei den meisten Kindern quillt der Gabentisch über. Das geht am Sinn des Schenkens und Gebens komplett vorbei. Kinder lernen, im Überfluss zu konsumieren statt sich an kleinen Dingen des Lebens zu erfreuen. Wer am Heiligen Abend Kinder fragen gehört hat: »Was, ist das schon alles?« weiß, was ich meine. Sie reißen wie im Wahn ein Geschenk nach dem anderen auf, werfen das Papier achtlos daneben und spielen dann ein paar Minuten mit den Dingen, ohne wirklich hinzusehen. Manchmal mengt sich ein enttäuschter Gesichtsausdruck dazu oder ein: »Das hab ich schon« oder »Nur ein Buch?«.

Die Feiertage sind also für mich in der Tat zur Besinnung und den Austausch von Liebe da. In der vorweihnachtlichen Hektik fällt mir das oft schwer. Aber es gelingt und seit ein paar Jahren weigere ich mich konsequent, Weihnachten an Orte zu gehen, an denen ich keine aufrichtige Liebe empfange oder empfinde.

Wie ist das bei dir? Was bedeutet dir Weihnachten?
Wie feiert ihr das Fest zusammen?

Ich freu mich auf besinnlichen Austausch,

Mel

PS: Riesengroße Freude! Soeben erreichte mich von Gee Vero ein Büchlein vom Kleinen Prinzen zum Thema Freundschaft!

22.12.2015

Liebe Mel,

ich freue mich, dass dir die Karte und das kleine Büchlein gefallen. Ich kann einfach nicht anders als schenken. Am liebsten bastele, gestalte, entwerfe, ja kreiere ich selbst ... das bin einfach ich. Ich sehe Dinge, die scheinbar nicht mehr gebraucht werden oder auch nicht mehr zu gebrauchen sind und sofort beginnt mein Hirn zu rattern. Das Schneckenhaus fand ich in unserem Garten und da kam mir gleich der Gedanke, dass ich dich damit auf wunderbare Weise an die Zeit, die du immer hast, erinnern kann.

Die Weihnachtszeit, in der wir gerade leben, ist die Zeit, auf die sich jedes Jahr sehr viele Menschen freuen, von der aber ein Großteil von uns schon vor dem Heiligabend wieder genervt ist. Dies ist ja erst mein 44. Weihnachtsfest und ich versuche immer noch, die Menschen dahingehend zu verstehen. Weihnachten ist für mich eher so etwas wie ein Gefühl, das heißt, um Weihnachten zu empfinden, brauche ich meine Menschen um mich herum. Das sind heute in erste Linie mein Mann Hans und meine Kinder, aber auch die Menschen, die mit mir auf andere Art und Weise verbunden sind. Da gehörst jetzt auch du dazu, Mel.

Ich bin in einem Land aufgewachsen, in dem es offiziell eigentlich gar kein Weihnachten gab. Das ist kaum vorstellbar, aber es war so. In den volkseigenen Betrieben wurde anstatt Weihnachtsgeld die Jahresendprämie gezahlt und in den Schulen gingen wir gehorsam zum Jahresabschlussfest anstatt zur Weihnachtsfeier. Ich hatte zum Glück eine sehr traditionelle und religiöse Oma, die sich von solchen Regelungen nicht beeindrucken ließ, weshalb Weihnachten für mich Weihnachten war. Man kann eben nicht alles und nicht jeden unterdrücken. Als Kind war Weihnachten für mich vor allem die Zeit der West-Pakete, Apfelsinen und Bananen, Früchte, die ja im DDR-Alltag nur selten vorkamen. Meine Oma nahm mich an Heiligabend anfangs auch mit in die Kirche, zum Krippenspiel. Es war immer aufregend und anstrengend (und sehr kalt). Für sie und auch für mich. Ich verstand so vieles nicht von dem, was da vor sich ging und nervte Oma mit den unmöglichsten Fragen. Warum, so fragte ich sie, hat Joseph denn in Bethlehem kein Zimmer reserviert, wo er doch mit seiner hochschwangeren Frau reiste? Wir fuhren ja schließlich auch nicht einfach los, ohne zu wissen, wo wir übernachten könnten. Joseph stammte aus Bethlehem und hatte dort doch bestimmt noch Familie, zu der er hätte gehen können. Die konnten ja nicht verreist sein, weil ja

Volkszählung war. Meine Oma knirschte als Antwort irgendwann nur noch mit den Zähnen. Ich überlegte kurz, ob ich sie noch fragen sollte, warum der Junge dann später Jesus von Nazareth genannt wurde, wo er doch in Bethlehem geboren wurde, ließ es aber bleiben. Als ich beim Auftritt der Engel begeistert, aber etwas zu laut »Sieh mal, Oma, Jahresendflügelfiguren« rief, war es aus. Nachdem ich einige Zeit später bei meinem ersten Besuch in der Christenlehre vor die Tür gesetzt wurde, ließ meine Oma hinsichtlich des evangelischen Glaubens von mir ab.

Weihnachten ist für mich auch eine Zeit des anderen Lichtes. Draußen ist es dunkler und auch drinnen brennen manchmal nur Kerzen. Der mit Lichtern und silbernen Alu-Fäden geschmückte Weihnachtsbaum im Zimmer war von Anfang an da, also nahm ich ihn als gegeben. Die Geschenke, erst im Schlafzimmer meiner Mutter versteckt (ich habe immer gewusst, wo sie sind) und dann unterm Weihnachtsbaum, waren eine sehr wichtige Sache für mich. Ich habe auch Wunschlisten geschrieben, allerdings nicht an den Weihnachtsmann, sondern an meine Mutter, und mir zum Beispiel einen Anorak gewünscht, den noch niemand vor mir anhatte. Es gab mehr praktische Geschenke als individuelle Wunscherfüllungen, was ja in der DDR auch sehr schwierig war. So bekam ich schon in jungen Jahren zu Weihnachten (und zum Geburtstag) allerhand Praktisches (meist Handtücher und Bettwäsche) für meine Aussteuer geschenkt. Die Glücklichen, zu denen auch wir zählten, hatten verlässliche Westverwandtschaft und bekamen Pakete. Was da an Inhalt nicht gefiel oder passte, wurde getauscht oder verkauft. Im Großen und Ganzen war ich Weihnachten nur zweimal richtig enttäuscht. Einmal, als ich Sindy anstatt Barbie bekam, und ein weiteres Mal, als ich statt der normalen, von mir innig gewünschten silbernen Digitaluhr in rektangulärer Form ein rundes, rot-goldenes Model bekam. Nun konnte ich zwar endlich die Zeit ablesen (analog meisterte ich erst viel später in meinem Leben), aber dieses rote Monstrum machte mich gleich am ersten Schultag im neuen Jahr erneut zum Außenseiter. Das Geschenkpapier wurde übrigens nicht aufgerissen, sondern vorsichtig vom Geschenk abgelöst und, im Falle meiner anderen Oma, gebügelt und mehrere Jahre wiederverwendet. Es gab schon Klebeband, aber im Allgemeinen wurden Schnüre verwendet, um die Geschenke sicher zu verpacken.

Heute ist Weihnachten leider fast nur noch Konsum. Es heißt ja schon gar nicht mehr Weihnachten, sondern wurde anglisiert zu Christmas. Ich habe lange genug in England gelebt, um die Terminologie zu verstehen, aber ich verstehe nicht, warum wir die deutsche Sprache so mit den Füßen treten.

Ich beschenke gern Menschen. Das liebe ich wirklich. Oftmals mache ich auch während des Jahres einem Menschen einfach mal ein Geschenk. Ich sehe etwas, was mich an einen bestimmten Menschen denken lässt oder hab eine Idee und weiß sofort, wem ich damit eine Freude machen könnte. Dann mache ich das. Ich brauche dazu keine offiziellen Tage im Jahr. Aber an Weihnachten gibt es für alle, die ich mag, ausreichend Geschenke. Dieses Jahr haben die meisten Menschen eben einen Sockmonkey von mir bekommen. Es ist also nicht immer etwas Gekauftes. Wenn meine Töchter erzählen, was sich ihre Klassenkameraden so wünschen und auch bekommen, dann fallen mir fast die Augen raus (Sprichwort!). Das ist schon Wahnsinn, was die Eltern da auf die Gabentische legen. Wir haben als Familie einige schlimme Zeiten hinter uns, in denen wir uns auch finanziell immer am Abgrund bewegt haben. Einmal fehlte an Weihnachten wirklich das Geld für Geschenke, aber dann haben wir bei einer Zeitschrift eine Computerspiel-Konsole samt Spielen gewonnen ... Weihnachten war gerettet. Manchmal schaute wohl doch einer von irgendwo auf uns herab.

Seit wir das Weihnachten erlebt haben, welches Elijahs letztes sein sollte (Verdachtsdiagnose Rett-Syndrom), hat sich bei uns allen viel geändert. Alles, was wir da vom Weihnachtsmann wollten, war, dass unser kleiner Held leben würde. Dass Elijah immer noch da ist und dass es ihm gerade auch sehr gut geht, das ist ein Geschenk, für das ich jeden einzelnen Tag dankbar bin. Das kostbarste Geschenk von allen, unser eigenes Glück, das kann uns sowieso niemand kaufen. Es ist das teuerste Geschenk überhaupt und doch können wir es uns alle leisten. Wir sind ja die Macher unseres Glückes. Das zieht natürlich weder bei einem Fünfjährigen, der sich einen ferngesteuerten Roboter wünscht, noch bei Teenagern, die das neuste Handy haben wollen. Ich bin froh und stolz zu sagen, dass meine Töchter trotz allem Konsumdenken, das auch vor ihnen nicht Halt macht, dennoch auch diese anderen Geschenke unterm Weihnachtsbaum sehen und dankbar für sie sind.

Einige Jahre haben wir auch in Deutschland noch am 25.12. früh die Bescherung gemacht, aber nun ist es traditionell der Heiligabend, an dem ich in strahlende Augen schaue. Das erinnert mich ... ich muss noch Geschenke einpacken.

Ich grüße dich aus meiner Weihnachtswerkstatt,

Gee

16. Briefwechsel – Thema: Weihnachten und Feiertage

22.12.2015

Liebe Gee,

du hast dieses Jahr viele schöne Aufmerksamkeiten in der Vorweihnachtszeit geschickt. Dass ich diese Dinge erhalte, betrachte ich als Geschenk und erfreue mich daran, dass unser Briefwechsel solche Früchte trägt. Schönere Geschenke kann man sich nicht machen, da hast du recht. Freundschaft und Liebe – das ist es, worauf es wirklich ankommt im Leben, was man vor allem dann merkt, wenn man etwas älter wird. Deine Briefe regen mich immer wieder zum Nachdenken an und ich hoffe, dass ich dir meinerseits durch unsere Briefe ebenso die Welt der »nicht-autistischen Menschen« schon etwas näherbringen beziehungsweise verständlicher machen konnte.

Warum sind so viele Menschen von Weihnachten genervt, fragst du. Das hängt damit zusammen, dass sie nur noch dem Konsum frönen, anstatt sich wirklich zu besinnen, obwohl sie das Bedürfnis danach haben. Da gilt es noch, eine neue Kette für die Ehefrau, ein Prinzessinnen-Schloss für das Enkelkind, ein Mountainbike für den Sohn oder ein teures Parfüm für die Schwiegermutter zu besorgen und ach, dann hat man ja die kleine Aufmerksamkeit für Frau Richter nebenan und die Arbeitskollegen noch ganz vergessen. Außerdem sollte man auch noch zig Karten an zig Leute schreiben, die einem ja auch schon im letzten Jahr geschrieben haben und Herr Müller ist bestimmt ganz beleidigt, wenn man nicht an ihn denkt und ... Da geht das große Seufzen und Rennen los. Da alle seufzen und rennen, treten sie sich in den Einkaufszentren regelrecht auf die Füße. Die Kassiererinnen werden ungehalten, es wird gewettert, gemeckert und geweint.

Masken, Gee, das sind vor allem die Masken, die die Menschen nerven. In den wenigsten Fällen handelt es sich um Menschen, die sich wirklich von ganzem Herzen lieben und sich eine Freude machen wollen. Man tut es, weil es erwartet wird. Abgesehen davon rennen die Menschen in Häuser zu Menschen, die ihnen vielleicht verwandt, aber dennoch ganz fremd sind. Die Menschen trauen sich nicht, Nein zu sagen. Sie trauen sich nicht, andere zu verletzen. Ihr Pflichtgefühl geht über ihr eigenes Wohlergehen. Manchmal ist das wichtig und schön, aber meistens endet es damit, dass eine angespannte Grundstimmung herrscht und jeder innerlich denkt, er oder sie wäre am liebsten bald wieder zu Hause

Da auch die vielen Vorbereitungen grenzwertigen Stress bedeuten, klappt der eine oder andere dann schon mal zusammen. Gerade an Weihnachten wäre mehr Authentizität schön, aber gerade an Weihnachten ist das auch sehr schwer.

Ich denke an dich,

Mel

22.12.2015

Liebe Mel,

ich schreibe gern Weihnachtskarten. Dieses Jahr waren es 50. Ich schreibe auch denen, die mir keine Karte schreiben. Ich freue mich, wenn Menschen, die ich mag, mit denen ich verbunden bin, sich freuen. Wenn ich auch eine Karte bekomme, dann bin ich natürlich auch sehr glücklich. Jede Karte bekommt dann einen Platz und nach Weihnachten kommen alle in eine Box. Ich kann keine Briefe oder Karten wegwerfen.

Der Stress der Menschen ist sehr schade, denn es ist doch eine Zeit der Ruhe, Besinnlichkeit und des Zusammenseins. Das ist doch der Sinn unseres heutigen Weihnachtsfestes. Warum muss sich denn alles Zusammensein und Nett-Zu-Einander-Sein auf diese drei Weihnachtsfeiertage beschränken? Wir haben doch ein ganzes Jahr Zeit. Sage und schreibe 365 Tage, um mit den Menschen zu sein, die wir lieben und schätzen, um miteinander zu sitzen, einander zuzuhören, gemeinsam zu lachen und zu feiern. Wenn man das an all diesen Tagen nicht macht, dann kann man es auch an Weihnachten sein lassen. Ich feiere kein Fest der Scheinheiligkeit, obwohl ich auch dieses Jahr ein paar Abstriche mache, meinen Töchter zu liebe. Aber dennoch spreche ich auch oder gerade an Weihnachten Dinge an und aus, die mich bewegen. Die Angesprochenen können dann selbst entscheiden, was sie damit machen und wie sie damit umgehen. Im Moment habe ich keinen Kontakt zu meinem Bruder. Daran ändert auch Weihnachten nichts, denn es hat seine Gründe und es ist auch in Ordnung, so wie es gerade ist. Es geht mir besser damit. Also feiern wir Weihnachten in einem sehr kleinen Kreis. Das kommt Elijah zugute. Umso größer ist dieser bei unserem alljährlichen Sommerfest, zu dem wir Freunde und Bekannte einladen. Darauf freue ich mich jetzt schon genauso wie im Sommer auf Weihnachten.

Ich hoffe, du wirst nächstes Jahr auch dabei sein.

Liebe Grüße

Gee

17. Briefwechsel – Thema: Wie entsteht Autismus?

22.12.2015

Liebe Gee,

über deine Einladung zum Sommerfest freue ich mich sehr und wäre gern dabei!

Bevor ich mich über die Feiertage von dir verabschiede (zumindest brieflich), wollte ich fragen, ob du eigentlich mit deinen Gedanken zur Genese (Entstehung) des Autismus vorangekommen bist? In einem früheren Brief sprachen wir über die übererregte Amygdala und deren fehlende Bereitschaft, vom Überlebensmodus in den neutralen (also weniger angstbesetzten) Modus zu wechseln, der ein »normales Funktionieren« ermöglicht. Mich interessiert diese Frage besonders, da ich gerade ein Buch über Hochbegabung und Hochsensitivität gelesen habe, in dem behauptet wird, dass vielleicht auch Autismus durch eine übergroße Offenheit für Reize und Sensibilität sowie eine große kognitive Begabung entstehen kann.[10] Ich zitiere: »Autismus wäre demnach eine extrem ausgeprägte Form von geistiger, emotionaler und sensorischer Übererregbarkeit« (Seite 152). Es gibt auch andere Personen, die diese Theorien derzeit postulieren. Was hältst du davon? Diese zu große Aufgeregtheit der Amygdala, die zu viele Reize als gefährlich einstuft in Kombination mit dem Thalamus, der nicht ordentlich selektiert, also filtert und alles »hinein lässt«. Es käme demzufolge »zu viel rein« und »zu viel wäre gefährlich«, da die Amygdala nicht auf »Normalmodus« umschalten kann. Vielleicht ist sie bei der Fülle der eintreffenden Reize schlichtweg damit überfordert?

Vielleicht magst du die Tage noch mal auf meine Frage antworten. Wenn nicht, machen wir das nach Weihnachten.

Es grüßt dich nachdenklich,

Mel

22.12.2015

Hallo Mel,

ja, das trifft es sehr gut. Ich sehe die Amygdala als einen Schalter oder Hebel, der irgendwann kurz vor, während oder kurz nach der Geburt von Dauergefahr als Schutz auf neutral umschalten müsste, um Leben und Lernen zu ermöglichen. Dies scheint er bei mir und auch bei Elijah nicht getan zu haben. Er blieb weiterhin auf Gefahr. Ein weiteres Problem ist die ewige Suche meines Systems nach Unterschieden anstatt nach Gemeinsamkeiten. Damit wird die Amygdala in ihrer »Sicht« gestärkt. So rostet sie über die Zeit praktisch fest. Aber es ist dennoch nicht unmöglich, den Schalter wieder umzulegen. Sie kann das, was sie gelernt hat, wieder verlernen. Dass das nicht nur bei mir funktioniert, sondern auch bei Elijah, das erleben wir gerade jetzt. Elijah ist immer öfter in der Lage, den Schalter selbst umzulegen ...: wenn nicht auf positiv, dann doch auf neutral. Die Amygdala wird dann zumindest nicht in ihrer irrenden Annahme verstärkt. Wir sind die Macher, wir sitzen am Schalter. Der Schalter zu unserem Glück ist die Amygdala.

---

10 Andrea Brackmann. Jenseits der Norm – hochbegabt und hoch sensibel. Klett-Cotta. 2015

17. Briefwechsel – Thema: Wie entsteht Autismus?

Interessantes Thema. Ich freue mich auf deine Antwort.

Weihnachtsgrüße von

Gee

23.12.15

Nur noch ein Tag bis Weihnachten, liebe Gee!

Und ich sah anhand deines WhatsApp-Profilbildes, dass ihr heute einen schönen großen Baum gekauft habt. Geschmückte Weihnachtsbäume sind etwas Herrliches, wenngleich sie mir ein wenig leid tun, immerhin sind sie genauso tot wie die Schnittblumen.

Zufällig heute sah ich einen Artikel in der ZEIT[11], in der die »Intensive World Theory« von Markram beschrieben wird. Dieser Theorie zufolge entsteht Autismus – wie auch Frau Brackmann vermutet – durch Übererregbarkeit der Nerven, die zudem auch noch besonders intensiv miteinander verbunden sind. Die Zellen sind außerdem hyperaktiv und die Amygdala ist übererregt. »Die Konditionierung auf Angst war extrem« (bei den bestimmten Neuronen, die Markram bei Ratten beobachtete, die mit den Neuronen autistischer Menschen vergleichbar sein sollen). Die beobachteten Ratten lernten zu schnell mit zu viel Angst und einmal Erlerntes konnte schlecht wieder verändert werden. Alles, was kleine Kinder lernen, wird beschnitten, wenn ein autistisches Kind im Reizchaos aufwächst. So würden die bekannten autistischen Schwierigkeiten entstehen.

Uta Frith (die wir im Autismus-Bereich alle kennen) gefällt diese Theorie allerdings nicht, sie findet sie zu einseitig. Auch ich frage mich, ob denn wirklich alle extrem hyperintelligenten, hyperemotionalen Menschen autistisch werden. Wenn ich das richtig verstehe, können durch Übererregbarkeit der Nerven alle möglichen »Störungen« verursacht werden. Wie würde es sich im Rahmen dieser Theorie erklären, dass Autismus in so vielen verschiedenen Variationen auftritt? Vielleicht deshalb, weil einige sich entscheiden, nicht zu sprechen, während andere sprechen? Einige Kompensationsstrategien finden, andere nicht? Einige daher als »mild« autistisch gelten, andere als »stark« autistisch? Ich weiß, du teilst diese Auf-

---

11 http://www.zeit.de/zeit-wissen/2014/05/hirnforschung-autismus-henry-markram-neurowissenschaften

fassung gar nicht, aber so wurde es jetzt im aktuellen DSM-V beschrieben.[12]

Sich auf deine Antwort freuend,

Mel

24.12.2015

Liebe Mel,
 ja, wir haben dieses Jahr einen echten Weihnachtsbaum. Eigentlich sollte es einer zum in den Garten pflanzen werden, aber wir waren nicht schnell genug, uns einen großen Baum zu sichern. Also haben wir uns für eine »Schnitt-Tanne« entschieden. Das ist mein erster echter Weihnachtsbaum und er wird nach Weihnachten zu einem Kunstwerk verarbeitet werden.
 Von Herrn Markram hatte ich vor einiger Zeit mal etwas sehr Interessantes gelesen und auch gehört. Habe ihn daraufhin per E-Mail kontaktiert, aber er hat sich leider nie zu meinen Theorien und Erfahrungen geäußert. Das verstehe ich an der ganzen Forscherei wirklich nicht. Da gibt es so viele autistische Menschen, die in der Lage sind, sehr detailliert von ihrer anderen Wahrnehmung und dem Leben damit zu berichten, aber die Autismus-Forscher scheinen sich dem doch eher zu verschließen. Mann, was würde Jane Goodall dafür geben, mit einem Schimpansen über sein Leben als Schimpanse reden zu können. Bei Uta Frith hatte ich etwas mehr Glück, sie hat wenigstens für mein Kunstprojekt The Art of Inclusion gemalt, aber meine Fragen und Feststellungen zum Thema Autismus ließ auch sie unbeantwortet.
 Ich vermute, dass ein Spektrum immer dadurch entsteht, dass wir als Individuen immer unterschiedlichen Voraussetzungen unterliegen und auch jeweils durch sich sehr unterscheidende Umgebungen geprägt werden. Ich habe Sprache sehr früh als Werkzeug entdeckt und war in der Lage, dieses auch zu nutzen. Dabei spielte die Regulation meiner Selbstwahrnehmung eine große Rolle. Bei Elijah führt Selbstwahrnehmung sehr schnell zu Selbstkonfrontation. Die Selbstwahrnehmung wird bei ihm

---

12 American Psychiatric Association (Hrsg.). Diagnostisches und Statistisches Manual Psychischer Störungen – DSM-5®. Deutsche Ausgabe herausgegeben von Peter Falkai und Hans-Ulrich Wittchen. Göttingen, Hogrefe 2014.

hauptsächlich durch Andere-Wahrnehmung ausgelöst. Genau diese Andere-Wahrnehmung benötigt ein Mensch aber, um überhaupt mit anderen Menschen in Kontakt treten zu können. Auch die Fähigkeit zur Imitation erfordert dies. Momentan ist es Elijah aufgrund seiner Selbst- und Andere-Wahrnehmung weder möglich, effektiv mit uns zu kommunizieren, noch durch Imitieren zu lernen. Zuerst müssen wir seine Amygdala weiter beruhigen. Er befindet sich noch zu oft im Überlebensmodus. In diesem Zustand ist nur minimales Kommunizieren und kein Lernen möglich. Stell dir einen Soldaten inmitten eines Gefechtes vor. Dem wirst du in dieser Situation nichts beibringen können und er wird auch nicht groß mit dir kommunizieren können. Seine Amygdala signalisiert Gefahr und handelt dementsprechend. Bei mir ist es so, dass du die Gefahr, in der ich glaube zu sein, gar nicht bemerkst, denn für dich ist es oftmals gar nicht gefährlich. Meine Amygdala hat es aber so gelernt. Sie hat etwas missverstanden. Die Reaktion auf die Gefahrmeldung, das heißt, mein Verhalten ist jedoch richtig. Dir kommt es dann nur komisch, sozial inadäquat oder inakzeptabel vor, weil du keine Gefahrenmeldung bekommst und von meiner nichts weißt. Du siehst nur meinen Output. Selbst wenn du den Reiz, sagen wir Händeschütteln, bemerkst, also bewusst wahrnimmst, so überrascht dich doch das am Ende von mir gezeigte Verhalten (Flucht, Kampf oder Starre), weil deine Amygdala ganz anders auf diesen Reiz reagiert. Ich habe meine Amygdala mithilfe meines Phönix-Programmes schon extrem beruhigt, aber ich muss immer auf der Hut sein, immer wieder bewusst gegensteuern. Elijah steht noch ganz am Anfang, aber er ist ein Kämpfer. Auch er will zu den Menschen, zur Gemeinschaft gehören, will so, wie wir Brücken bauen, und wichtiger noch, auch er hat das Prinzip des Programmes verstanden. Meiner Ansicht nach beginnt und endet Autismus mit der Amygdala.

Ich wünsche dir ein Frohes Weihnachtsfest, Mel.

Mit unserem Briefwechsel machst du mir ein ganz besonderes Geschenk. Danke.

Festliche Grüße von

Gee

17. Briefwechsel – Thema: Wie entsteht Autismus?

26.12.2015

Liebe Gee,

nun sind die Weihnachtsfeiertage fast vorbei und ich hoffe sehr, du hattest eine schöne Zeit mit deiner Familie. Nun stelle ich mich auf den Jahreswechsel ein. Es gibt so einiges, was ich im kommenden Jahr schaffen möchte, so wie du sicher auch.

Kennst du Laurent Mottron? Er ist Franzose, forscht aber in Kanada mit Autisten am Autismus. Wie du sagst, tun das zu wenige Forscher. Seine »Bewegung« betont vorrangig die Stärken des Autismus. Diese Sicht finde ich zwar sympathisch, aber dennoch streckenweise einseitig. Mottrons Forschung richtet sich auch vehement gegen ABA (Applied Behavior Analysis), einer Form von Verhaltensmodifikation bei autistischen Kindern. Ich praktiziere auch kein ABA mehr, aber ich höre nach wie vor von Eltern, deren Alltag sich durch Elemente von ABA zum Positiven verändert hat. Verhaltenstherapie wird ja auch nicht nur bei Autismus eingesetzt, sondern auch (zum Beispiel) bei vielen Formen von Angststörungen. Wie du sagst, entspringen dem Autismus durchaus Schwierigkeiten wie bei der Angstregulation, die bei der Fremdwahrnehmung zu starker Selbstkonfrontation führen kann. Das ist etwas, woran du arbeitest und woran du mit deinem Sohn arbeitest und viele Autisten, die ich spreche, leiden durchaus an ihrem Autismus. Wenn das so nicht ist, ist sicher auch keine Hilfe nötig, dann ist der oder diejenige mit seinem oder ihrem Leben zufrieden. Ich helfe nur da, wo ein Leidensdruck ist oder ich um Hilfe gebeten werde.

Abgesehen davon ist das »an Problemen arbeiten« kein Spezifikum autistischer Störungen. Alle Menschen müssen mehr oder weniger stark an sich und ihren Ängsten arbeiten. Wahrscheinlich ist es so, dass Überempfindlichkeiten, Teilleistungs«störungen« oder auch ein erhöhter Intellekt immer zu bestimmten Begabungen, aber auch zu Komplikationen mit sich und anderen führen. Wir sollten also die Stärken autistischer Menschen vermehrt wahrnehmen, aber gleichzeitig nicht ihre Schwierigkeiten aus den Augen verlieren.

Halten wir fest: Autismus entsteht sehr früh in der menschlichen Entwicklung beziehungsweise drückt sich bereits sehr früh aus. Er beginnt irgendwo da, wo der Mensch vom reinen Überlebensmodus in einen »Erlebensmodus«, der die wechselseitige Interaktion mit anderen beinhaltet, wechseln muss. Dabei spielen die Amygdala als angstregulierender Teil des Gehirns sowie der Hypothalamus als »Filterfunktion« eine große Rolle.

Da das Umschalten nicht gelingt und das Kind auf der Stufe der Ich-Bezogenheit (in Angst) festhängt, verpasst das Kind im Autismus-Spektrum viele frühkindliche Erfahrungen mit sich und der Umwelt, welches dann ein »normales Sozialverhalten« verhindert.

Autismus wäre also eine Wahrnehmungs- und Angststörung. Gleichzeitig birgt sie oft das Potenzial hoher geistiger Wachheit (durch die Reizoffenheit) und intellektueller Geistesfähigkeit sowie die Quelle von Intuition und Kreativität.

Meinst du, wir haben die Genese des Autismus damit so weit wir es können zu Papier gebracht? Oder wollen wir Piaget und Kollegen noch mal dazu befragen?

Ich grüße dich aus Falkensee, wo bereits jetzt die ersten Böller losgehen. Ich frage mich, wie das die Flüchtlingskinder finden.

Herzliche Grüße

Mel

26.12.2015

Liebe Mel,

ich wünsche mir dieses Jahr keine Böller und vielleicht nie wieder. Auch ich denke da an die Flüchtlinge und verbinde Feuerwerk überhaupt nicht mit etwas Angenehmen oder Notwendigem, um ein neues Jahr zu begrüßen. Die Zeiten ändern sich eben und wir mit ihnen. Laute und unerwartete Geräusche sind ja sowieso nicht meins, aber ich habe immer die Farben des Feuerwerkes geliebt. Das schönste habe ich 1995 im Hyde Park in London erlebt, da wurden 50 Jahre Kriegsende gefeiert. Ich brauche eigentlich kein weiteres Feuerwerk mehr. Aber auch hier bei uns knallt es schon seit ein paar Tagen.

Ich habe schon von Herrn Mottron und seinem Team gehört, weiß aber nicht genau, in welche Richtung er forscht. Es sind doch hauptsächlich Asperger-Autisten mit am Start, oder? Das würde erklären, warum wieder die autistischen Stärken so in den Vordergrund gestellt werden und generell versucht wird, Autismus primär als etwas nur Positives zu vermitteln. Ich sehe dann immer Elijah vor mir, wie er mit seiner anderen Wahrnehmung kämpft und wie sehr er so oft auch unter ihr leidet. In diesen Momenten fällt es mir sehr schwer, dem Autismus auch nur eine positive Seite abzugewinnen. Ich fürchte, dass autistische Menschen wie Elijah immer mehr vergessen werden. Vielleicht, weil es einfacher und angenehmer ist, sich nur mit dem oft als milden Autismus bezeichneten Asperger-Syndrom zu beschäftigen. Wer will schon die dunkle Seite sehen, wenn er den Glanz des Sonnenlichtes erleben kann. Ich bin überhaupt kein Fan von ABA, aber dennoch kann ich die Eltern zum Teil verstehen, wenn sie nach diesem oder anderen Strohhalmen greifen, der ihnen das Leben mit ihrem autistischen Kind leichter zu machen scheint. Sie können sich nicht in das Kind hineinversetzen, sie wissen nicht, dass diese Art von Therapie für das Kind nichts besser macht. Wie gesagt, das Verhalten autistischer Menschen, egal wie störend, ist das adäquate Verhalten auf eine andere Wahrnehmung. Was ich bei mir und auch bei Elijah mache, ist an dieser Wahrnehmung zu arbeiten. Ich versuche sie zu formen und so zu gestalten, dass wir nicht nur von der Angst regiert werden und uns immer wieder im Überlebensmodus wiederfinden. Die Amygdala ist ein Schutzschalter und hat damit eine überlebenswichtige Funktion für uns. Sie darf aber keinesfalls zu einem Gefängnis werden, dass einem immer weniger und letztendlich gar keinen Freigang mehr gewährt. Wenn man das Gefängnis nicht oder nur immer sehr kurz verlassen kann, dann kann man viele wichtige Erfahrungen einfach nicht machen. Ich möchte Autismus dennoch nicht als eine Störung bezeichnen, sondern als eine andere Wahrnehmung. In meinem Fall kann ich sagen, dass die andere Wahrnehmung oftmals nicht die ist, die auf einen spezifischen Reiz folgen sollte. Dann entsteht ein Abbild der Welt in meinem Kopf, welches mir kein adäquates Verhalten in der Situation ermöglicht. Mein Gegenüber ist schnell verwirrt und selbst wenn ihm mein Autismus bekannt ist, kommt es doch zu Missverständnissen in Interaktion und Kommunikation. Ich bin der Meinung, dass neben dem Umtrainieren und Beruhigen der Amygdala die Aufklärung der Gesellschaft zum Thema Autismus enorm wichtig ist, damit es gelingt, als autistischer Mensch ein lebenswertes Leben führen und Teilhabe am gesellschaftlichen Leben haben zu können. Akzeptanz ist das größte Geschenk, was man einem anderen Menschen machen kann. Akzeptanz kostet keinen Cent, aber ist doch ein Vermögen wert. Wenn ich weiß, dass mich die Menschen um mich herum so annehmen und akzeptieren, wie ich nun mal bin, dann führt allein dieses Wissen schon zu einer Beruhigung meiner Amygdala.

Einen schönen Sonntag wünsche ich dir,

liebe Grüße

Gee

17. Briefwechsel – Thema: Wie entsteht Autismus?

27.12.2015

Liebe Gee,

die Aufklärung zum Thema Autismus treiben viele bereits voran, auch ich. Briefe wie unsere helfen, das Verständnis zu vertiefen. Daher ist unser Austausch von großem Wert.

Seit Mai haben wir nun schon geschrieben, fast sieben Monate lang. Ich habe meine Sicht auf dich und den Autismus seither ergänzt, habe auch allgemein so einiges dazu gelernt und viel über mich dabei erfahren. Ich bin bewegt von allem, was du mit deinen Worten bei mir an persönlicher Entwicklung ausgelöst hast. Ich hoffe, ich konnte dir bislang zumindest ein bisschen davon auf meine eigene Weise zurückschenken.

Welches Kunstwerk entsteht eigentlich aus deinem diesjährigen Weihnachtsbaum? Ich würde an sich gern mehr über deine Kunst erfahren. Je genauer ich dich kenne, umso besser kann ich deine Bilder einordnen. Ich weiß nun, was es bedeutet, wenn du Seiltänzerinnen zeichnest oder zwei Gesichtshälften. Auch die Masken ergeben Sinn. Es war schon immer interessant für mich, Kunst und Künstler zu verstehen. Ich hatte zum Beispiel mit fünfundzwanzig Jahren eine sehr intensive Picasso-Phase, aber sein Werk allein war nur teilweise interessant. Erst als ich wusste, in welcher Lebensphase er die »Rosa Periode« oder die »Blaue Periode« zeichnete, warum er verzerrte Frauen malte oder mit Braque den Kubismus entwickelte, gewannen die Werke an Faszination. Ich musste daher unendliche viele Picasso-Biographien lesen, um mir einen Zugang zum Werk zu ermöglichen.

Später hatte ich eine Marlene-Dietrich-Phase und auch hier las ich erst alles, was ich über sie finden konnte und dann erst sah ich mir die Filme an. Die Auswahl ihrer Rollen geschah nicht zufällig. Kunst und Künstler sind für mich nicht voneinander zu trennen.

Was treibt dich an?

Hast du eine »Hauptbotschaft« oder wechselt diese bei dir je nach Lebensphase (was ja meistens so ist)?

Lass mich mehr über die Künstlerin Gee Vero erfahren!

Nachweihnachtliche Grüße von

Mel

18. Briefwechsel – Thema: Kunst und Gee
Vero

27.12.2015

Liebe Mel,

das Thema Autismus-Aufklärung ist mir, wie du weißt, ein ganz wichtiges Thema und ich werde weiterhin versuchen, über diesen Weg mehr Verständnis und Akzeptanz für autistische Menschen zu erreichen. Gleichzeitig spüre ich aber auch, dass ich vielleicht ebenfalls autistischen Menschen auf eben diesem Weg etwas helfen kann, denn oftmals gehen sie sehr hart gegen nicht-autistische Menschen und deren Wahrnehmung vor. Ich wünsche mir, dass der Bau dieser Brücke gelingt. So viel zum Thema Neujahrsresolution.

Oh ja, wenden wir uns der Kunst zu. Da sind wir nämlich sofort wieder beim Selbst und beim *Ich*. Mein Lieblingsthema. Aber du fragst als erstes nach dem Weihnachtsbaum. Nun, eigentlich hatte ich ein Gesamtkunstwerk im Kopf und zwar den Baum so zu gestalten, wie ich die Bäume liebe. Man könnte sagen, dass ich das Selbst des Baumes zeigen will. Seine Maske, sein grünes Kleid, wirft er von allein ab. Bleib gespannt. Der Baum spielt sowohl in all meinen Bildern als auch in meinem Leben eine sehr zentrale Rolle. Ich habe auch einen Lieblingsbaum, auf den ich schaue, wenn ich aus dem Fenster meines Zirkuswagens schaue. Um diese Jahreszeit ist er am schönsten.

Picasso bin ich im Kindergarten das erste Mal begegnet. Dort hing seine Friedenstaube an der Wand. Das Bild hat mir nicht so sehr zugesagt, es war eher der Name Pablo Picasso, den ich toll fand. Nun habe ich selbst ein O am Ende meines Nachnamens. Vor zwei Jahren habe ich einen Tag in der Picasso-Ausstellung in Münster verloren, es war wunderbar. Dort habe ich mir auch einen Fotoband gekauft, über den ich immer wieder versuche, mich dem Menschen Picasso zu nähern. Dieser interessiert mich eher als sein Werk. Bei Dali ist es anders, da liebe ich auch die Bilder. Zudem mag ich auch Andy Warhol und Roy Lichtenstein, bei ersterem Bilder und Mensch, bei letzterem eigentlich nur die Kunst.

Picasso war es, der einmal gesagt hat, dass jeder als Kind ein Künstler sei und die Schwierigkeit darin läge, als Erwachsener einer zu bleiben. Diese Worte nehme ich gern als Einstieg in meine Kunstworkshops, in denen es natürlich um das Selbst und die *Ich*-Maske geht.

Was meinst du mit dem Satz: Kunst und Künstler sind für mich nicht voneinander zu trennen.

Du fragst auch danach, was mich antreibt. Ich treibe mich an. Meine Kunst ist meine eigentliche Sprache. Ich bin, was ich male. Ob meine Bilder eine Botschaft haben? Wenn, dann liegt diese immer im Auge des Betrachters. Das heißt, dass die Botschaft des Bildes an mich eine ganz andere ist als die, die du vielleicht in meinen Zeichnungen entdeckst. Das ist das wahrhaft Wunderbare an der Kunst. Sie kommuniziert mit uns allen, aber es obliegt einem jeden von uns zu erhören, zu sehen, zu fühlen und letztendlich vielleicht auch zu antworten.

Ich bin gespannt auf deine Antwort.

Sonntägliche Grüße

Gee

18. Briefwechsel – Thema: Kunst und Gee Vero

27.12.2015

Liebe Gee,

ich erforsche gerne Menschen. Ich versuche herauszufinden, was sie motiviert, sie antreibt, wie sie ticken. Mir wurde einst der (vermeintliche) Unterschied zwischen »dekorativer«, »neurotischer« und »universeller« Kunst erklärt. Dekorative Kunst sei alles, was einfach nur »hübsch« aussehe, lediglich eine Technik, die jemand beherrsche, also zum Beispiel die Fähigkeit, das Bildnis einer Landschaft zu zeichnen. Neurotisch sei Kunst, wenn sie innere unbewusste Konflikte ausdrücke, aber wahrhaft universell sei sie, wenn der Künstler/die Künstlerin all diese Motive transzendiere und etwas allgemein Gültiges für alle Menschen hervorbrächte.

Persönlich habe ich gar nichts gegen sogenannte »dekorative« Kunst einzuwenden, wenn sie meine Gefühle positiv beeinflusst. Der fotografisch wirkende Sonnenuntergang mag zwar einfach eine Wahrnehmungsleistung sein, da jemand die Technik beherrscht, Dinge haarscharf nachzuzeichnen. Da gibt es Künstler, die können das so perfektionieren, dass man glaubt, man sähe ein Foto! Das allerdings empfinde ich wieder durchaus als Kunst!

Picasso hat die Dinge auf eine neue Art und Weise interpretiert und damit die Kunst des 20. Jahrhunderts maßgeblich beeinflusst. Dieser kreative Prozess, Dinge aus den Angeln zu heben oder neue Blicke zu generieren, das ist für mich Kunst. Picasso wirst du immer erkennen, er ist so speziell, dass er einfach Picasso ist.

Kunst und Künstler sind nicht voneinander zu trennen. Damit meine ich, dass das Innerste eines jeden Künstlers in sein Werk fließt. Innere Konflikte. Betrachtungsweisen, Gedankengänge, Visionen. Picassos Wesen liegt in seinen Bildern. Die Art, wie er Frauen betrachtet hat. Sein Liebeskummer. Bei ihm finde ich die Porträts von Francoise Gilot am schönsten. Er erfühlte sie und sie ergab eine Pflanze. Daher malte er sie (solange er sie liebte) als Blume (La femme-fleur, Picasso 1946). Sie war die einzige, die nicht verzerrt wurde, da sie eine starke Persönlichkeit war und sich ihm und seiner unbändigen Energie entgegenzustellen wusste.

Die Botschaft, die ein Künstler in sein Werk legt, kann natürlich abweichen von der, die der Betrachter daraus für sich zieht. Das ist das Universelle an der Kunst, dass sie alles enthalten kann. Für jeden etwas. Daher ist es ja so schlimm, wenn Lehrer im Unterricht fragen: »Was will der Autor/Maler uns damit sagen?«.

Das Selbst des Baumes darstellen, das ist toll. Ich bin schon ganz gespannt!!

Roy Lichtenstein und Wahrhol sind Künstler, mit denen ich mich noch nicht weiter befasst habe. Aber was nicht ist, kann ja noch werden. Bislang hielt ich es eher mit den Malern vom Montmartre. Es müssen aber nicht nur Maler sein, mich faszinieren auch Musiker[13], Schauspieler oder Schriftsteller. Zuletzt hatte ich sogar eine Judy Garland-Phase.

Hast du ein aktuelles Bild, das dein Selbst zeigt?

Vorfreudig,

Mel

27.12.2015

Liebe Mel,

es war auch Picasso, der einmal sinngemäß sagte, dass, wenn er wüsste, was Kunst sei, es für sich behalten würde. Das ist, so finde ich, die beste Antwort auf diese Frage. Kunst hat eine Menge mit Wahrnehmung zu tun. Wenn wir beide das gleiche Bild betrachten, dann kannst du mir sagen, ob du es schön findest oder nicht, ob es dir gefällt. Aber ich werde nie wissen, wie es sich für dich anfühlt, dieses Bild zu betrachten und als schön zu empfinden. Ich denke, dass viele Menschen beim Betrachten von Bildern, besonders berühmter Künstler, immer nach einer Botschaft suchen. Sie meinen das Bild verstehen, interpretieren und auseinandernehmen zu müssen. Wenn ich mir darüber Gedanken machen würde, würde ich vielleicht nicht mehr malen. Ich male nicht nur, weil ich das möchte, sondern eher noch, weil ich muss. Die meisten und meiner Ansicht nach besten Bilder male ich an meinen Aschetagen. An guten Tagen habe ich Sprache, um mich auszudrücken, an Aschetagen fehlt sie mir. Du fragst nach einem aktuellen Bild des Selbst. Alle meine Bilder zeigen mein Selbst und dieses ist immer das aktuelle. Das Leben ist auch in meinen Bildern ein Kreis. Dieses Bild hier, gemalt an einem solchen Aschetag, habe ich erst vor einer Woche verkauft. Es heißt »Der Phönix in mir«. Es ist ungewöhnlich, da es mit Bleistift, Kohle und Aquarellfarbe gemalt ist.

---

13 Ich meine immer die männliche und weibliche Form, verzichte aber auf den Anhang Innen bei jeder Erwähnung

Ich verwende ansonsten fast ausschließlich den bereits erwähnten schwarzen Edding 3000. Anfangs habe ich auch alle Bilder nach dem Malen wieder zerstört, denn für mich war der Prozess des Schaffens, die Kommunikation des Selbst wichtig, nicht der Betrachter und seine Bedürfnisse. Das hat sich erst 2010 geändert, als ich mit fünf Bildern an einer großen Ausstellung in der Documenta-Halle in Kassel teilnehmen durfte. Jedes meiner Bilder ist ein Selbstporträt, jedes ein Stück meiner Seele. Als ich begann, Bilder zu verkaufen, da wurde ich über Nacht zum Seelenhändler. Es ist ein unbeschreibliches Gefühl ein Bild zu verkaufen.

»Phönixfrau« (Gee Vero)

Unbeschreiblich, aber wunderbar. Da erachtet jemand etwas, was ich geschaffen habe – ohne an diesen Menschen, den Betrachter, zu denken, ja, ohne ihn zu kennen – als für ihn wichtig und notwendig. Er findet in dem Bild etwas, was ihn anspricht, worin er sich vielleicht wiedererkennt. Etwas, was uns beide, den Künstler und den Betrachter, verbindet. In diesem Sinne verstehe ich mich auch in meinem Malen als Brückenbauer. Die Begegnung ist dann eine komplett andere, sie findet auf einer Ebene statt, die nicht für jeden einfach und frei zugänglich ist, aber sie findet dennoch statt. Kunst verbindet. Genau deshalb habe ich auch mein Kunstprojekt The Art of Inclusion ins Leben gerufen. Seit fünf Jahren vervollständigen Menschen mein halbes Bareface-Gesicht und begegnen mir auf diese Weise auf einem Blatt Aquarellpapier. Du kannst alle Bilder auf meiner Webseite www.bareface.jimdo.com anschauen. Wie findest du sie? Vielleicht hast du auch Lust, ein Art of Inclusion-Künstler zu werden?

Abendliche Grüße von

Gee aka Bareface

28.12.2015

Liebe Gee,

das stimmt, die Tendenz, Kunstwerke krampfhaft auf eine verborgene Botschaft hin interpretieren zu müssen, ist weit verbreitet. Ich kenne sogar das Gefühl, Sorge zu haben, als Kulturbanause zu gelten, wenn eine solche einem entgeht. Da stehen Menschen vor einem großen roten Klecks, führen ihre Finger zum Mund und reflektieren, was dieser große rote Klecks denn nun bedeuten möge.

Kennst du Hape Kerkeling und den »Hurz«?[14] Also ich lache da jedes Mal Tränen. Am besten ist die Frau, die sich beschwert, dass der Künstler ihr den »intellektuellen Zugang« zu seinem Werk abspricht. Es kann einfach Schrott drin sein, aber wenn Kunst draufsteht, erstarrt ein Jeder zunächst einmal in Ehrfurcht.

Warum ist das eigentlich so? Wenn es »Kunst« heißt, muss es etwas Hochwertiges sein, etwas, was nicht jeder Mensch verstehen kann. Angeblich. Wir erstarren aber bei der Wissenschaft viel seltener. Ich habe jeden-

---

14 Vgl. https://www.youtube.com/watch?v=RAx0P-8n5K4

falls seltener erlebt, dass Menschen von einem Wissenschafter gleichermaßen emotional verzückt sind.

Ich habe mir die Art of Inclusion-Bilder auf deiner Webseite angesehen. Bemerkenswert, wie unterschiedlich die Personen malen. Jede Gesichtshälfte ist anders. Einige malen bunt und ganz kreativ, andere unterschreiben einfach nur mit ihrem Namen und wieder andere ergänzen auch »nur« mit einem schwarzen Stift. Aber alle haben etwas ausprobiert oder zumindest beigetragen. Bemerkenswert, dass der eine oder andere Prominente mitgemacht hat. Das ist wunderbar und *ja* – ich möchte das auch machen. Sehr gern sogar. Noch habe ich überhaupt keine Vorstellung, was bei meiner zu ergänzenden Hälfte rauskommt. Ich lass mich sehr gern ein auf das Abenteuer!

Alles Liebe von

Mel

29.12.2015

Liebe Mel,

ich schaue mir die Dinge an und wenn sie mir gefallen, dann ist das schön und wenn nicht, dann ist das auch gut. Es definiert nur mich. So sehe ich das. Wenn ein Betrachter ratlos vor einem meiner Bilder steht, dann ist das eben so. Wenn jemandem ein Bild von mir nicht gefällt, dann ist das ein Fakt. Es hat nichts mit mir zu tun, sondern nur mit ihm. Es bedeutet auch nicht, dass das Bild nicht gut ist oder er ein Kunstbanause ist. Es ist eben seine Wahrnehmung meines Bildes. Natürlich freue ich mich, wenn Menschen einen Bezug zu meinen Bildern herstellen können, wenn sie ihnen gefallen und wenn sie etwas für sich Wichtiges in meiner Kunst entdecken. Aber dennoch, ich male und schaffe in erster Linie für mich. Niemals mit dem Gedanken an einen Betrachter oder gar Käufer. Darum geht es nicht. Das ist nicht mehr als ein Bonus. Willkommen, aber nicht essentiell.

Jedes The Art of Inclusion-Bild zeigt deutlich, inwieweit der Co-Künstler seine Maske ablegen konnte und wollte. Jede Begegnung ist eine andere. Kein Bild gleicht einem anderen. Ich bin gespannt, wie du mir auf diesen 25 mal 25 Zentimetern begegnen wirst. Ich freue mich über jedes neue Bild.

Abgesehen vom Malen und Zeichnen, schreibe ich auch Gedichte. Es fällt mir leicht, mich in Versform auszudrücken. Diese Ordnung und

Struktur bietet Sicherheit, ist mir vertraut. Die besten Gedichte schreibe ich wiederum an meinen Aschetagen. Auch nachts fallen mir Gedichte ein, die ich dann früh nach dem Aufwachen nur noch aufschreiben muss. Gedichte können Nähe auf Distanz ausdrücken. Das sagt mir sehr zu. Oftmals verwende ich Reimen auch als mentales Stimming. Ich suche mir ein Wort und versuche so viele Reimworte wie möglich zu finden. Das beruhigt mich und stört meine Umgebung nicht, da es nur in meinem Kopf abläuft.

In den nächsten Tagen werde ich viel Zeit mit den Art of Inclusion-Bildern verbringen, denn ich bereite gerade eine Ausstellung in Leipzig vor. Bei über 100 Bildern kann ich immer nur eine Auswahl zeigen. Das ist keine einfache Sache, da es alle Bilder verdienen, gesehen zu werden. Diesmal werde ich auch viele tolle Werke von Schülern und Menschen zeigen, die nicht als Künstler arbeiten oder Promis sind. Ich finde es klasse, dass das Projekt mittlerweile an vielen Schulen im Kunstunterricht genutzt wird, um sich dem Thema Inklusion und Akzeptanz von dieser Seite her zu nähern. In der Kunst ist oft möglich, was im Alltag noch Illusion ist.

Jahresend-liche Grüße von

Gee

30.12.2015

Liebe Gee,

nun stehen wir ganz kurz vor dem Jahreswechsel und wenn ich das Jahr 2015 rekapituliere, so bist du eine wichtige Person, die in mein Leben getreten ist. Das Gute ist, du trittst nicht nur in mein Leben, sondern auch in das so vieler anderer Menschen. Die Ausstellung in Leipzig, über die du in deinem letzten Brief geschrieben hast, ist ein schönes Beispiel dafür, wie du dich um den Brückenbau bemühst und welche Mittel du dafür einsetzt. Durch die Teilnahme der Prominenten konntest du vielleicht das Augenmerk ein bisschen mehr auf die Allgemeinbevölkerung lenken. Daher begrüße ich es, wenn die Promis mitmachen und eine Sogwirkung ausüben.

Wenn Kunst anfängt, Brücken zu bauen, dann hat das vielleicht ebensolche Sogwirkung auf andere Bereiche des Lebens. Ich denke, es ist sehr wichtig, dass zum Beispiel Menschen mit und ohne Handicap, Menschen aus Deutschland und solche aus Syrien (oder anderen Ländern) oder auch einfach nur junge oder alte Menschen gemeinsam etwas tun, etwas erleben. Als wir neulich auf einer Flüchtlingswillkommensveranstaltung waren, saßen die Flüchtlinge an einem und wir an einem anderen Tisch. Niemand wusste, wie er den ersten Schritt aufeinander zu machen sollte. Eine gemeinsame Aktivität unter Anleitung hätte da Abhilfe schaffen können: gemeinsam Malen, Sport Treiben, Singen ..., was auch immer. Menschen kommunizieren über solche Dinge, und zwar egal, von woher sie kommen. Die Sprache dieser Kunstformen wird wohl überall verstanden, da sie das Gefühl, das Selbst anspricht und über unser Selbst erkennen wir uns alle.

Liebe Gee, ich wünsche dir für das kommende Jahr alles erdenklich Gute, viele Besucher in Leipzig, weitere Treffen mit deiner (Brief-)Freundin Mel und wunderbare Stunden im Kreise deiner Liebsten!

Auf ein Neues im Jahr 2016!

Mel

30.12.2015

Liebe Mel,

ja, Malen verbindet, weil Kunst eine gemeinsame Sprache ist und es keiner weiteren bedarf. Seit ich The Art of Inclusion ins Leben gerufen habe, habe ich mit ganz vielen unterschiedlichen Menschen gemalt. Der Jüngste war noch nicht einmal ein Jahr und der Älteste hatte mehr als 80 Kerzen auf der letzten Geburtstagstorte. Ich habe mit Menschen aus Sachsen, aber auch aus Afrika, den USA und Russland gemalt. Mit Christen, Juden und Moslems. Mit Männern, Frauen und Kindern. Ich habe auch mit vielen behinderten Menschen gemalt, so zum Beispiel auch mit Verena Bentele, der Behindertenbeauftragten der Bundesregierung, die von mir ein halbes Bareface aus Sandpapier bekam und daraus ein wunderbares Art of Inclusion-Bild machte. Jedes Mal haben wir es mit der Kunst geschafft, eine Brücke zueinander zu bauen, die uns eine erste Begegnung miteinander ermöglicht hat. Ich habe 2015 viele solcher Begegnungen gehabt, war in vielen Teilen Deutschland unterwegs und habe eine Menge neuer Menschen kennengelernt. Dafür bin ich sehr dankbar, denn all diese Begegnungen haben mir gezeigt, dass die Menschen nicht nur bereit sind, mir zuzuhören, wenn ich über meine andere Wahrnehmung berichte, sondern auch Verständnis für diese zu entwickeln. Es ist noch ein weiter Weg bis zu Akzeptanz, aber die Richtung stimmt. Ich freue mich auf ein neues Jahr mit weiteren interessanten Begegnungen mit alten und neuen Bekannten. Ich bin neugierig auf dieses 2016.

Ganz herzliche Grüße zum Jahresende

Gee

19. Briefwechsel – Thema: Gees Zeit in England

03.01.2016

Liebe Gee,

dieses ist mein erster Brief im Jahr 2016! Willkommen in einem neuen Jahr, welches uns hoffentlich viele schöne Erlebnisse und erinnerungswürdige Momente bescheren wird.

Ich würde gern einen Schwenker von unserem letzten Thema, der Kunst, hin zu deinem Aufenthalt in England machen. Du deutetest mehrfach an, dort ein »Studio« gehabt zu haben. Was für ein Studio meinst du, ein Tonstudio? Wie bist du überhaupt nach England gekommen und was genau hast du dort gemacht?

Ich weiß nur, dass du deinen Ex-Mann dort getroffen hast und mit ihm deine Kinder bekommen hast. Dass die Geschichte nicht so glücklich verlief, hast du auch bereits erzählt. Gibt es da eigentlich Neuigkeiten?

Ich war nur einmal in England, da war ich dreizehn und es war eine dreiwöchige Sprachreise nach Eastbourne, Sussex. Ich erinnere mich nur, dass das Frühstück grauenhaft war. Bohnen und Würste lagen da auf meinem Teller. Ansonsten ist das zu lange her, dreißig Jahre, da habe ich nur noch sehr rudimentäre Erinnerungen.

Aber erzähl mir von dir und diesem Land. Was hat diese Kombination Gee Vero – England auf sich?

Lieben Neujahrsgruß

Mel

03.01.2016

Hallo Mel,

ich wünsche dir ein wunderbares neues Jahr und bin mir sicher, dass es das auch werden wird.

Ach England. Ich habe dir schon geschrieben, dass ich mich in London verliebt habe, als ich zwölf Jahre alt war. Von da an hatte ich keinen Zweifel daran, dass ich dort leben und meine Kinder dort das Licht der Welt erblicken würden. Ich habe meinen geschiedenen Mann jedoch nicht dort kennengelernt, sondern vorab über eine Zeitungsannonce. Ich war nach dem Abitur und einem wilden Aussetzer-Jahr im Begriff, Anglistik und Amerikanistik zu studieren. An der Uni legte uns ein Professor nahe, uns Brieffreunde im englischsprachigen Ausland zuzulegen. Tja, wie sagt man so schön: ... and the rest is history. Meine Liebe zu London besteht auch heute noch. Ich habe meine Zeit dort als sehr heilsam empfunden, weil ich mich zum ersten Mal in meinem Leben nicht als Versager fühlen musste. Man vergab mir meine andere Art, meinen Autismus, von dem ich damals noch nichts wusste. Soziale Regeln als auch Sprichwörter und Redewendungen wurden mir geduldig erklärt, ganze Sätze zum besseren Verständnis wiederholt und man war mir nicht böse, wenn ich nicht gleich reagierte oder mich ständig wiederholte. Ich war Ausländer, diesmal ein echter. Ich hatte Zeit, die Menschen zu studieren und von ihnen zu lernen. Englisch konnte ich zwar schon ziemlich gut, aber die BBC hat nachgeholfen, vor allem mit Kinderprogrammen, in denen alles wunderbar langsam und anhand vieler Bilder erklärt wurde. Mein Ex-Mann war im Musikgeschäft tätig, das hieß, wir waren in einem sehr unkonventionellen und bunten Durcheinander von Menschen unterwegs. Wir hatten eine kleine Plattenfirma und auch ein Studio. In diesem habe aber nicht ich gesungen, sondern unter anderem die Jungs von Right Said Fred. Wir haben während dieser Zeit eine Menge interessanter Menschen kennengelernt. Ich möchte die Erfahrungen keinesfalls missen. Bei einer Dinner Party saß ich zum Beispiel an der Seite von Burt Kwouk, der als Diener Cato in Diensten von Inspektor Clouseau in den Pink-Panther-Filmen seine bekannteste Rolle hatte. Während ich mir mit Boy George ein Bier geteilt habe, habe ich das von Robbie Williams abgelehnt. Frag nicht warum. Dafür hat er dann mit meiner Tochter Fußball gespielt. Einer unserer besten Freunde war Screaming Lord Sutch, eine der schillerndsten Persönlichkeiten Londons. Es war Ende der 90er-Jahre und so wie London begann auch ich mich zu verändern. Nach der Geburt meiner zweiten Tochter hatte ich das Verlangen nach mehr Ruhe und Beständigkeit, auch für meine Kinder. London konnte uns alles bieten, nur nicht das. Außerdem lebten wir ständig von der Hand in den Mund und mit Kindern sollte das eigentlich anders sein. Also back to the roots. Oder wie E.T. sagte: nach Haus, nach Haus, nach Haus.

Das Essen in England ist ein Thema für sich. Ich muss zu dessen Verteidigung allerdings sagen, dass es immer darauf ankommt, wer für dich kocht. Auch englisches Essen kann schmecken. Hast du noch nie etwas vom Naked Chef gehört? Bei Jamie Oliver würde auch dir ein Englisches Frühstück schmecken. Aber ich weiß genau, was du meinst. Als ich das erste Mal diese gehäuteten Tomaten auf meinem Teller sah, habe ich mich gefragt, warum die hier Blutgerinnsel servieren. Und wenn es dann noch kalt ist. Auch die Namen der Gerichte haben mir anfangs doch Schwierigkeiten bereitet. Wer will schon Toad in the hole essen? Mushy peas? Oder auch Spotted Dick? Das googelst du alles mal schön selber. ☺ Aber heute koche ich gern mal wieder ein vegetarisches Bubble and Squeak, liebe Cheddar und Chutneys und vermisse die echten Fish & Chips auf der berühmten Seepromenade in Brighton. Zu Weihnachten gibt es bei uns auch immer einige englische Süßigkeiten und natürlich die berühmten Christmas Cracker, komplett mit kleinem Geschenk, Papierkrone und englischem Wort-Witz. Die Weihnachtsansprache der Queen haben wir dieses Jahr zwar nicht geschaut, aber ganz ohne England geht es bei uns doch nicht.

Happy New Year, Mel!

Love,

Gee

19. Briefwechsel – Thema: Gees Zeit in England

04.01.2016

Liebe Gee,

dass mein Jahr 2016 ein Gutes wird, glaube ich nun umso mehr, da meine persönliche Hellseherin dieses nun vorausgesagt hat. ☺ Aber wie sagst du immer? Wir sind die Macher unseres Glücks!

Ich habe häufig gehört, dass Menschen im Autismus-Spektrum von Auslandserfahrungen profitiert haben. Das ist auch nachvollziehbar, da viele Schwierigkeiten im Umgang mit sozialen Regeln und anderen Menschen auf das »Fremdsein« geschoben werden können. Ausländern erklärt man gern die eigenen landesinternen Konventionen wieder und wieder und auch, dass es mit der Sprache Probleme geben könnte, wird selbstverständlich angenommen. Aufgrund der Annahme, dass all die Probleme nur aufgrund des fremden kulturellen Hintergrunds entstehen, können Menschen sich unvoreingenommener öffnen und auf die fremde Person zubewegen. Sobald sie wissen, es steckt »Autismus« dahinter, beginnen die Ängste, denn was Autismus genau ist und wie man damit umgeht, ob das ansteckend ist, eine Behinderung oder eine Form des Verrücktseins, all das ist meistens nicht bekannt.

Vielleicht könnte man sogar so weit gehen und Auslandsaufenthalte in der pädagogischen Arbeit mit Menschen im Autismus-Spektrum fördern. Vielleicht ist das effektiver als Kinder zur Delfin-Therapie zu schicken, was meinst du?

Ich stellte mir früher immer vor, man könne das irgendwie verbinden, das kreative Dasein und den Nachwuchs. Das wurde aber doch schwieriger als geplant. Nicht alle Kinder lassen sich abends mit ins Restaurant nehmen oder finden es gut, wenn Mama erst mal die sich audrängenden Gedanken aufschreiben muss, bevor die Windel gewechselt ist. Ausstellungen finden sie langweilig und richtige Gespräche kann man in ihrer Gegenwart eigentlich auch nicht wirklich führen.

Wobei ich sagen muss, dass auch die Jahre mit den Kindern und den Menschen, die mir in dieser Zeit begegnet sind, immer sehr schöne und inspirierende Jahre waren. Das hört sich so nach Antagonismus an: Entweder unkonventionell, kreativ und spannend oder konventionell, uninteressant und langweilig. Dem ist nicht so. Diese beiden Lebenswege sind zwar sehr verschieden, aber ich habe immer versucht, meine Interessen auch bei den Kindern einzubringen. Ich habe viel vorgelesen, da Schreiben und Bücher meine Leidenschaft sind. Ich habe die Kinder in Malkurse oder zur Musikschule geschleift, Geschichten erfunden, gereimt und gedichtet und darüber selbst viel Input erhalten. Eltern können hochgradig kreative Wesen sein. Aber es ist schon so, dass man viele Menschen, die man während der Kinderphase kannte, irgendwann aus den Augen verliert zugunsten anderer, die auch ältere oder gar keine Kinder haben.

I did my research! Spotted Dick ..., so, so, ... ist da immer Rindernierenfett drin? Klingt gruselig für eine (fast hundertprozentige) Vegetarierin. Da haben die Engländer anscheinend wirklich einen recht »würzigen« Sinn für Humor, wenn sie einen harmlosen Kuchen als »Dick« bezeichnen. Englischer Humor, wenn er sehr schwarz und trocken ist, ist durchaus köstlich. So beispielsweise, wenn ich an »A Fish Called Wanda« denke, über den ich damals Tränen lachen konnte oder auch an »The Life of Brian«, der streckenweise urkomisch ist (wobei dieser Film mir teilweise zu albern ist). Wie kommt man aber auf eine Kröte (»toad«), wenn man Würste meint, die in Eierteig gelegt werden? Der nackte Chef ist mir auch kein Begriff, ist das auch etwas Essbares?

Fährst du manchmal noch mit deinen Kindern nach England beziehungsweise London?

Ich finde es übrigens einfacher, wenn man im Abspann so etwas wie »Love, Mel« schreibt, denn das klingt viel leichtfüßiger als »In Liebe, Mel« oder »Lieb gegrüßt, Mel«. Auch ein »I love you« kann man eher mal sagen als dieses triefende, schwere »Ich liebe dich«. Vielleicht, weil vor allem die Amerikaner (zumindest nach meiner eigenen Erfahrung während meines US-Austauschjahrs) mit »I love you« eher inflationär um sich werfen. Wobei ich das nicht inflationär verwenden will, aber vielleicht verstehst du, was ich meine?

In diesem Sinne: Love,

Mel

04.01.2016

Hallo Mel,

es stimmt, dass ich es in England als einfacher empfand, so zu sein, wie ich nun mal bin. Ich hatte damals noch keine Diagnose, wusste nur, wie ich eben war. Ich bin mir nicht sicher, ob und wie man Auslandsaufenthalte als Therapieform sehen und nutzen könnte. In meinem Fall war es auch eine Flucht nach vorn, denn im neuen, wiedervereinten Deutschland gab es keinen Halt mehr für mich. Vielleicht hilft es nicht-autistischen

Menschen sich in autistische Menschen hineinzuversetzen, wenn sie an Urlaube an besonders exotischen Orten denken, wo auch sie nicht wussten, wie man sich sozial-adäquat verhält, die Sprache nicht richtig verstanden und ihnen viel zu viel fremd war. Das einzige, was sie dann als Trost hatten ist, dass es irgendwann endet. Deshalb sind viele Menschen auch froh, nach zwei Wochen in der Ferne wieder zuhause zu sein. Ich bin weiterhin der Meinung, dass es am besten ist, wenn wir offen und ehrlich über Autismus reden und den Menschen diese andere Wahrnehmung näherbringen. Es ist die Akzeptanz, die wir so dringend brauchen, kein Verstecken im Ausland.

Mit meinen Kindern bin ich sicher aufgrund meines Autismus anders umgegangen als eine nicht-autistische Mutter. Ich musste sehr viel mechanisch lernen. Ich hatte das Glück, dass ich in London eine Nachbarin hatte, die zur gleichen Zeit wie ich ihr erstes Kind bekam. Wir waren jeden Tag zusammen und so konnte ich mir all die Dinge abschauen, die sich mir nicht automatisch erschlossen oder vorhanden waren. Zum Beispiel lernte ich von ihr, dass, wenn ein Kind hinfällt, man pusten und ein Lied über das Wetter singen muss. Das leuchtete mir nicht sofort ein, aber ich tat es ihr nach. Ich habe nie versucht, meine Kinder in irgendeiner Art und Weise zu beeinflussen. Weder was Sportarten betrifft noch musikalische Interessen. Ich habe ihnen Angebote gemacht, wenn dies möglich war. Ich war immer ehrlich zu ihnen und bin es noch. Neulich habe ich gelesen, dass man Kinder einfach machen lassen soll. Diese frühen Angebote, Sprachen und/oder Musikinstrumente zu erlernen, seien wohl eher hinder- als förderlich. Ich mache auch heute noch vieles anders, aber nicht weniger gut. Bei Elijah hilft es mir enorm, selbst Autist zu sein. Ich stelle es mir sehr schwer vor, wenn man als Nicht-Autist ein autistisches Kind hat. Da kommt es automatisch zu vielen Missverständnissen, die bei mir und Elijah erst gar nicht entstehen.

Ich war das letzte Mal 2012 in London. Mit Elijah ist kein Verreisen mehr möglich und ohne ihn auch nicht, da wir keinerlei Betreuung für ihn haben. Ich habe sehr bewusst in London gelebt und viele Momente wie Perlen auf meine lange Kette der Erinnerungen fädeln können. Diese Kette trage ich, sie ist mein Schatz. Ich muss nicht an dem Ort sein, um ihn fühlen zu können. Ich trage ihn in mir. Der Kreis.

Kann man mit Liebe inflationär umgehen?

Herzliche Grüße oder kind regards

Gee

04.01.2016

Liebe Gee,

ja, man kann mit Liebe inflationär umgehen, wenn man sie an jede x-beliebige Person und ohne wirkliche Zuneigung verteilt, aber ich weiß, was du meinst, glaube ich zumindest.

Einen Auslandsaufenthalt für Autisten halte ich für eine gute Idee, zumindest vorübergehend. Es erschließt ihnen eine neue Welt, sie können sich gut aufgehoben und akzeptiert fühlen, eine Weile »normaler« (zumindest für all diejenigen, denen das wichtig wäre) leben. Das könnte durchaus eine gewisse therapeutische Wirkung haben, wenn ich genauer darüber nachdenke. Es ist eher ein finanzielles Problem und viele Betroffene würden es sich vielleicht auch nicht trauen oder die Veränderungen nicht mögen, die damit einhergingen. Aber warum nicht einen Auslandsaufenthalt empfehlen im Zuge dessen sich Familien finden, die den autistischen Neuankömmling mit offenen Armen empfangen und ihm völlig ungeachtet der Diagnose ihre Welt erschließen?

Meine Formulierung: »Ich habe meine Kinder in (diverse Kurse) geschleift« bedeutet nicht, dass ich meine Kinder in eine kreative Richtung manipuliere. Ich wollte damit nur sagen, dass meine Kinder sich sicher damals nicht ausgesucht hätten, in den Flötenunterricht oder zum Malkurs zu gehen, aber ich habe sie dort angemeldet, weil ich glaubte, es könnte ihnen gefallen. Meine große Tochter saß mit vier Jahren stundenlang vor dem Fernseher (wir hatten keinen Fernseher im eigentlichen Sinn, sondern sie konnte nur DVDs gucken) und schaute sich Opern an. Daraufhin vermutete ich eine musikalische Vorliebe und sie bekam Musikunterricht. Heute spielt sie Bratsche im Orchester und singt im Chor. Meine kleine Tochter malte unentwegt bereits mit drei, vier Jahren und bekam einen tollen privaten Malkurs. Solange sie Lust hatte, ging sie da hin. Als sie nicht mehr wollte, meldete ich sie ab und nun malt und bastelt sie ihre eigenen Sachen. Es ist wichtig, dass man die Interessen der Kinder aufgreift, ihnen aber auch immer wieder Neues anbietet. Aber selbstredend bietet man ihnen eher das an, was man selbst gerne mag. Zum Glück gibt es noch Papas, Omas, Opas und Geschwister, Freunde, Verwandte und Bekannte, die ihren Einfluss ebenso geltend machen (können). So kann das Kind aus vielen Einflüssen das Passende heraussuchen.

Hinderlich war es für meine große Tochter damals mit sechs Jahren jedenfalls nicht, Flöte zu lernen. Im Gegenteil, aber ich weiß auch hier, was du meinst: Wenn man zu früh zu viel von den Kindern will und erwartet, kann das kontraproduktiv sein. Das ist definitiv der Fall.

Wenn du deinen Kindern tröstende Lieder vorgesungen hast, obwohl dir der Sinn nicht bewusst war, haben deine Kinder den Trost auch als solchen gespürt? Vielleicht war es egal, was du gesungen hast, Hauptsache, du hast dich ihnen tröstend zugewandt. Solange deine Kinder deine Liebe gespürt haben, sahen sie vermutlich auch über die eine oder andere Unsicherheit in Bezug auf »sozial überliefertes« Verhalten hinweg, auch als sie größer wurden, oder? Liebe zeigt sich in vielerlei Gestalt.

Oder hast du je einen Moment erlebt, in dem eines deiner Kinder sich deiner schämte oder enttäuscht über dich als Mutter war, weil du vieles nicht so gemacht hast wie andere Mütter? Meine große Tochter sagte neulich frei von der Leber weg: »Ich wusste schon recht früh, dass meine Mama irgendwie anders als andere Mamas war. Ich hatte immer chaotisch geschmierte Brote mit«. Ich weiß nicht genau, was ein »chaotisch geschmiertes Brot« ist, aber vielleicht meinte sie, dass andere Mütter das akribischer oder mit mehr Hingabe tun, das Brote-Schmieren. Sie hat es mir allerdings nicht nachgetragen.

Irgendwie sind wir jetzt aber von deinem England-Aufenthalt abgekommen. Gibt es da noch etwas, was du mir gern erzählen würdest?

Viele Grüße und best wishes

Mel

04.01.2016

Dearest Mel,

ich denke, dass jeder Mensch genug Liebe in sich trägt, um jeden einzelnen Menschen auf dieser Erde lieben zu können. Liebe ist immer ausreichend vorhanden, genau wie Zeit. Wenn man sich natürlich nicht selbst wirklich liebt, dann kann es leicht dazu führen, dass man glaubt, keine Liebe für andere mehr übrig zu haben.

Vielleicht hast du recht und man sollte autistischen Menschen, die dazu in der Lage sind, einen Auslandsaufenthalt schmackhaft machen. Das Gefühl, ganz legitim der Außenseiter zu sein, verdrängte in meinem Fall das Gefühl, ein Versager zu sein. Das wäre es wert. Allerdings habe ich in England sofort sehr hart an mir gearbeitet, habe die Sprache inklusive Redewendungen und Sprichwörtern gelernt, das soziale Miteinander studiert und versucht zu imitieren. Die vielen Veränderungen waren schon nicht einfach zu ertragen. England scheint nicht weit weg von Deutschland, aber es liegen dennoch Welten dazwischen. Noch dazu kam ich ja aus Ostdeutschland. Aber in London zu leben, war wie gesagt mein Traum, seit ich zwölf war. Das war meine Motivation. Wenn man es will, dann kann man es auch tun.

Als du »geschleift« geschrieben hast, da taten mir deine Kinder richtig leid. Ich dachte, dass du entweder zu schnell gelaufen bist und sie nicht Schritt halten konnten oder dass sie gar nicht wollten und du sie eben »mitschleifen« musstest. Warum hast du sie nicht einfach gefragt, ob sie Flöte spielen wollen? Ich habe das bei meinen Töchtern so gemacht. Als alle anderen aus ihrer Klasse in der Musikschule angemeldet wurden, habe ich Olivia gefragt, ob sie da auch hingehen möchte. Wollte sie aber nicht. Mittlerweile singt sie super toll und hat sich Keyboard und Ukulele selbst beigebracht. Seit zwei Jahren nimmt sie nun auch Gesangsunterricht. Bei Alice war es ganz genau so. Ich kann doch nicht wissen, was den beiden gefallen könnte und was nicht. Ich kann es vermuten, aber das ist mir zu unsicher. Ich frage sie lieber. Es ist schön, wenn man die Interessen seiner Kinder fördern kann. Mir fehlte dafür sehr lange Zeit das Geld dafür. In England fand ich immer gut, dass dort zählt, was man kann und nicht welche Ausbildung oder welchen Abschluss man hat. Die Jobs, die ich in London hatte, hätte mir hier keiner gegeben.

Ich denke schon, dass meine Kinder sehr gut wahrnehmen konnten, dass es mir nicht egal ist, wenn sie hinfallen und sich wehtun. Ich habe sie eben nur anders versorgt. Ein steriler Verband auf der Wunde ist besser, als zur Beruhigung und Schmerzlinderung in die Wunde zu pusten, denn das kann im schlimmsten Fall die Verbreitung von Bakterien noch fördern. Ich habe ihnen dann gesagt, dass das alles wieder heilt und ihnen Mut gemacht, das, bei dem sie gerade gestürzt sind, noch einmal zu versuchen. Übrigens singt man in England in solchen Fällen auch vom Regen. ☺

Ich denke, meine Kinder wissen vor allem, dass ich immer ehrlich zu ihnen bin. Es kann sein, dass sie es manchmal vielleicht gern etwas »weicher« verpackt gehabt hätten. Ich weiß, dass sich keines meiner Kinder wegen mir schämt, weil wir auch über solche Dinge reden. Ich bin jedenfalls nicht peinlicher als andere Mütter, das haben sie mir erst neulich wieder versichert. Ich gehe sehr offen mit meinem Autismus um und das ist sicher nicht immer einfach für die Mädchen. Bisher habe ich aber überwiegend gesagt bekommen, dass ich eine ziemlich coole Mama bin.

Und das nicht nur von meinen Töchtern, sondern auch von deren Freunden.

Chaotisch geschmierte Brote? Na, davon möchte ich doch gern mal eins sehen. ☺ Olivia und Alice sind in der Schule übrigens auch wegen der Pausenbrote aufgefallen. Ich habe sie ihnen in Dreiecksform mitgegeben. Damit wären wir wieder bei der feinen englischen Art. Meine Kinder hatten keine Schnitten mit, sie hatten Sandwiches dabei.

Ob ich dir noch etwas mitteilen möchte? Ja, da nutze ich doch die Gelegenheit, um dir Folgendes zu sagen: in London regnet es nicht ständig, aber am besten beginnt man einen Smalltalk mit dem Wetter. Hat man sich einmal an den selbstironischen und sarkastischen englischen Humor gewöhnt, ist er wirklich ganz witzig. Das Essen ist besser als sein Ruf, 5 Uhr nachmittags ist wirklich tea time und zwar mit Milch und Zucker. Das englische Bier gibt's nur oben ohne (Schaumkrone) und im Sommer wird Wimbledon geschaut, dazu Erdbeeren mit Sahne gegessen und Pimm's getrunken. Es wird nach wie vor links gefahren, Vordrängeln beim Anstehen ist verpönt und man bedankt sich beim Aussteigen beim Busfahrer. Die roten Doppeldeckerbusse waren früher mal schöner. Verkäuferinnen und sonstiges Personal nennen dich darling, sweetheart und my love und man sagt auch see you later, wenn man genau weiß, dass es nicht so sein wird. So, jetzt bist du ziemlich gut prepared.

Hope to hear from you soon,

Love, Gee

PS: Wusstest du, dass man im Englischen darauf achten muss, wie man sich in einem Brief verabschiedet? Die Schlussfloskel, die man verwenden muss, hängt von der verwendeten Anrede ab. Ich liebe solche Regeln.

20. Briefwechsel – Thema: Abschied

06.01.2016

Liebe Gee,

das ist ein schönes Datum heute: 61/16.

Als ich morgens um fünf Uhr erwachte, sah ich aus dem Fenster und überall Schnee liegen. Spontan bin ich rausgegangen, um im Morgengrauen hindurch zu stapfen. Das war herrlich. Alles ruhig, tiefer Schnee. Danach hab ich mich noch mal ins Bett gelegt und konnte heute ausschlafen. Wunderbar!

Vor allem Kinder lieben das gepuderte Weiß auf den Straßen. Nur schade, dass der Schnee am Freitag schon wieder Vergangenheit sein soll.

Vielleicht liegt es am Jahreswechsel, vielleicht an den Nachrichten, jedenfalls muss ich viel über den Abschied nachdenken. Auch du hast dann irgendwann das geliebte London verlassen (müssen). Ich weiß, dass bei dir alles ein Kreis ist und du keinen Abschied kennst. Auch nicht, wenn Menschen sterben. Alles ist immer da. Ich wünschte, das wäre bei mir auch so, aber wenn ich Abschied nehmen muss, fühlt sich das in der Regel schmerzhaft an, zumindest eine ganze Weile.

Abschied heißt ja immer, dass etwas zu Ende geht oder in eine neue Form übergeht. Tiefgreifende Veränderungen erfordern auch immer ein Sich-Anpassen an das Neue, das Unbekannte. Dabei ist es egal, ob wir selbst einen Abschied herbeiführen oder uns ein solcher auferlegt wird. Die Herausforderungen sind wohl ähnlich und sind für viele Menschen angstbesetzt oder zumindest von Sorge und Trauer begleitet.

Ich höre sehr widersprüchliche Aussagen von autistischen Menschen zum Thema Tod und Abschied. Einige leben so sehr im »Jetzt« oder möglicherweise sogar wie du »im Kreis«, dass der Tod nichts Dramatisches an sich hat. Im Film »Snow Cake« mit Sigourney Weaver wurde sogar das funktionale Element der Beziehung zu ihrer verstorbenen Tochter erwähnt, die immer (ich glaube dienstags) die Mülltonnen rausgebracht hat und, da sie nun nicht mehr da ist, diese Aufgabe nicht mehr erfüllen kann. Das bringt ihre Mutter zunächst (scheinbar) mehr durcheinander als der eigentliche Tod des Kindes. Vielleicht ist es für sie ja wirklich schlimmer, dass die Mülltonnen nun stehen bleiben, denn die Tochter als solches ist aus ihrer Sicht ja gar nicht weg, da das Leben ein Kreis ist.

Vielleicht reagieren autistische Menschen gar nicht »unangemessen«, wenn sie den Tod eines Familienmitgliedes nicht beweinen wie alle anderen.

Ich ende mit der Strophe eines Liedes, welches ich sehr mag: »Bist du irgendwann begreifst, dass nicht jeder Abschied heißt, es gibt auch ein Wiedersehen«. Das stimmt ja für dich gar nicht – oder doch?

Ganz liebe Grüße von

Mel

07.01.2016

Liebe Mel,

heute ist auch ein schönes Datum, denn heute hätte mein Großvater Geburtstag. Bei uns liegt immer noch ein bisschen Schnee. Nach den frühlingshaften Weihnachtstagen kann man nun den Winter doch etwas fühlen. Als Kind habe ich den Schnee auch geliebt, aber da musste ich noch keine Gehwege freischaufeln, sondern konnte rodeln gehen. In meinen Jahren in England habe ich zweimal Schnee in London erlebt, und damit absolutes Chaos. Sogar die U-Bahnen fuhren nicht mehr. Als wir dann wieder in Deutschland waren, war der erste schneereiche Winter eine echte Herausforderung. Auf dem Dorf mit drei kleinen Kindern ohne Auto und der nächste Laden 5 km weit weg. Jeden Morgen und Abend Schneeschieben auf dem 200 m langen Gehweg vorm Haus. Im Frühjahr darauf war ich echt fit, das kannst du mir glauben. Da habe ich mich dann schon nach den milden Londoner Wintern gesehnt. Aber ich habe meine Entscheidung, nach Deutschland zurück zu kehren, nie bereut. Abschiede gibt es so an sich für mich ja nicht. Nicht, wie du sie kennst und erlebst. Mein Leben ist ein Kreis, alles ist immer da oder kommt immer wieder. Es gibt also keinen Grund sich zu verabschieden. Das erste Mal ist mir euer Abschiednehmen, was eine Art Ritual ist, welches je nach Situation ganz unterschiedlich abläuft, im Kindergarten richtig bewusst geworden. Jeden Morgen gab es Tränen und Geheule, wenn die Mütter sich nach dem Abschiedszeremoniell gen Ausgangstür bewegten. Ich verstand es lange nicht. Durch Beobachten versuchte ich zu verstehen, was da vor sich ging. Ich konnte mir wirklich nicht erklären, warum einige Kinder nach kurzer Zeit offenbar begriffen, dass es eine entschiedene Sache war, dass sie im Kindergarten verbleiben mussten, während andere das wiederum nie schafften. Sie schienen einfach untröstlich. Für sie war der Abschied jeden Morgen ein endgültiger Abschied von der Mutter. Allerdings widmeten auch diese Kinder sich nach einiger Zeit den üblichen Aktivitäten ihres Kleinkind-Daseins. Das war mir ein Rätsel. Ist das euer Verabschieden? Gibt es trotz Abschiedsschmerz einen Punkt, an dem ihr euch mit der Situation abfindet, den Abschied annehmen könnt? Dieser Punkt müsste dann bei jedem Menschen an einer anderen Stelle liegen, oder? Aber ich denke, dass es auch davon abhängt, von wem man sich wo und weshalb verabschiedet. Mein Großvater hat sich einige Monate vor seinem Tod von mir verabschiedet. Da war ich sieben Jahre alt und hab das versucht, so gut wie möglich für ihn zu handhaben. Er sagte mir, er würde bald nicht mehr als Person da sein. Nicht mehr mit mir im Trabbi »um die halbe Welt« fahren können, mich beim Schaukeln nicht mehr anstoßen können und auch abends nicht mehr neben mir als Erster einschlafen können. Aber er würde trotzdem immer noch da sein, nur eben anders. Er zeigte nach oben und sagte, er wäre dann der erste Stern, den ich jeden Abend am Nachthimmel erblicken würde. Ich habe ihm nicht gesagt, dass die Sterne auch tagsüber da sind, dass man sie dann nur nicht so gut sehen kann. Aber ich wusste, dass ich das Gefühl, dass mein Opa bei mir auslöst, nie verlieren werde und damit auch nicht ihn selbst. Er ist in meinem Kreis. Ich durfte zwar nicht zu seiner Beerdigung gehen, aber zur anschließenden Trauerfeier im Hause meiner Oma. Ich habe nicht geweint. Warum auch? Die Zeit mit meinem Großvater war die Beste, die ich bis dahin gehabt habe. Nun war er also weitergezogen. Von mir ist er erst einmal weggegangen, das ist wohl eine Art Abschied. Während er durch seinen Tod meine Oma, seine Familie und seine Freunde traurig zurückließ, winkten woanders freudig Menschen, die schon lange auf ihn gewartet hatten. So sehe ich das. Er hat einfach eine Tür aufgemacht, als es seine Zeit war und ist dann in einen anderen Raum gegangen. Es liegt bei uns, wie weit dieser Raum von dem Raum entfernt ist, in dem wir uns befinden. Mein Opa ist nur nach nebenan gegangen, kein Grund zur Sorge oder gar Trauer. Verstehst du, wie ich das meine? Ich finde den Film »Snow Cake« sehr gut gemacht. Als ich vom Tod meines Großvaters hörte, dachte ich auch zuerst, dass wir nun den Trabbi nicht mehr brauchen, denn meine Oma hatte doch keinen Führerschein. Außerdem war ich traurig, dass ich nun den Esel wohl nicht bekommen würde, denn er mir versprochen hatte. Aber ich würde nun beim Einschlafen endlich die Erste sein und auch mehr Platz im Bett haben. Diese und andere Veränderungen beschäftigten mich sehr. Mit meiner Oma ging ich von nun an fast täglich auf den Friedhof. Das fand sie sehr tröstlich, ich jedoch spürte, dass mein Großvater an diesem Ort nicht war. Ich nahm Friedhöfe als Orte der Ruhe und der Vergebung war. In meiner Teenagerzeit, als ich den Halt zu verlieren drohte, empfand ich sie als Orte der Begegnung. Ich hielt mich stundenlang dort auf, kannte alle Gräber, also alle Leute, und für eine lange Zeit waren diese Menschen die einzigen, die ich um mich herum haben konnte. Ich musste sie weder begrüßen, noch Smalltalk halten oder mich von ihnen verabschieden. Ich konnte einfach nur sein.

Als wir uns in Berlin getroffen haben, da habe ich mir schon vorher wegen des Abschiedes viele Gedanken gemacht. Eigentlich hat es mich die ganze Zeit beschäftigt. Ich kann das nicht gut und ich weiß das auch. Ich bekomme während des Verabschiedens oftmals keinen Blickkontakt mehr hin und will mir am liebsten die Ohren zuhalten und schreien. Es stresst mich enorm und es kostet mich sehr viel Kraft und Energie, mich dann noch einigermaßen sozial adäquat zu verhalten. Begrüßungen sind ähnlich, aber nicht so intensiv aufwühlend wie Verabschiedungen. Manchmal entziehe ich mich einer Begegnung mit Menschen nur deshalb, weil jede Begegnung mit einer Verabschiedung endet.

Schneeweiße Grüße

Gee

20. Briefwechsel – Thema: Abschied

»All good things come to an end« (Gee Vero)

07.01.2016

Liebe Gee,

ich denke, dass die Kinder im Kindergarten deshalb so lange weinen, weil sie in dem Alter noch keine Vorstellung davon haben, dass die Mutter auch wirklich wieder zurückkommt. Sie leben im Jetzt und haben keinen Überblick über Zeitspannen. Mama ist weg. Das ist alles, was für sie in dem Moment zählt. Das löst Verzweiflung aus. Aber irgendwann machen sie die Erfahrung, dass sie immer wieder abgeholt werden, begreifen Zeiträume und dann wird es besser. Sie werden zwischendurch auch durch Erzieher und andere Kinder abgelenkt, so dass ihr Fokus dann auf anderen

Personen und Kindern liegt. Das beruhigt. Allerdings stimmt es schon: Je kleiner Kinder sind, umso eher würden sie sich notfalls noch umtopfen lassen. Das heißt, man könnte die Mutter durch andere Bezugspersonen ersetzen. Wenn sie älter werden, geht das nicht mehr. Aber das funktioniert bei Pflegekindern auch andersherum: Wenn kleine Kinder zu Pflegeeltern kommen und die leiblichen Eltern machen nach fünf Jahren wieder ihre Ansprüche geltend, sind die Kinder meistens schon so an die Ersatzeltern gewöhnt, dass sie nicht mehr zu den leiblichen Eltern zurück wollen.

Das mit dem »anderen Raum«, in den dein Großvater gegangen ist, verstehe ich nicht wirklich. Meinst du ein anderes Paralleluniversum damit? Die Erinnerung an ihn mag für dich weiterleben, aber »er« ist ja nicht mehr existent, nur in deinen Gedanken. Man könnte natürlich an Reinkarnation glauben oder an eine weiter existierende Seele, aber darüber sprachen wir ja bereits. Leider bin ich davon noch nicht überzeugt, da ich diese Erfahrung noch nie gemacht habe. Es gibt Erzählungen von Freundinnen, die ein wenig »mysteriös« anmuten, aber mir ist leider noch nie ein Geist begegnet und ich habe im Studium wohl zu viel über das Gehirn gelernt, welches man im Grunde für alles verantwortlich machen kann, was das Denken und Fühlen betrifft. Ist das Hirn tot, ist der Rest auch futsch, so heißt es. Es gibt allerdings interessante Studien, die Nahtoderfahrungen auszuwerten versuchen. Da gibt es zumindest einige unerklärbare, faszinierende Phänomene.

Ich sage immer: Alles ist möglich. Man kann nicht beweisen, dass wir nach dem Tod weiter«leben«, wir können aber auch das Gegenteil nicht beweisen. Also bleibt die Hoffnung auf ein wie auch immer geartetes Weiterleben.

Warum beschäftigt dich der Abschied nach einem persönlichen Treffen so sehr, wenn es doch eigentlich keinen Abschied für dich gibt? Ist es gerade, weil es für dich so ist, dass es keinen Abschied gibt und die Menschen so ein »Gewese« um ihn machen?

Abschiedlose Grüße

Mel

08.01.2016

Guten Morgen Mel,

wenn, wie du schreibst, die Kinder in dem Alter noch keine Vorstellung haben, dass die Mama wiederkommt, warum reagieren dann nicht alle Kinder gleich? Es weinen ja nicht alle. Ich verstehe schon, dass es mit der Selbst- und der Anderen-Wahrnehmung zu tun hat, die sich bis zum Alter von ca. vier bis fünf Jahren ja noch in der Entwicklung befindet. Ich muss mir heute immer noch und immer wieder bewusstmachen, dass es bestimmte Dinge und Personen auch außerhalb meines Hier und Jetzt gibt. Wenn ich unterwegs bin, also weg von zuhause, dann vermisse ich meine Kinder und Hans schon, aber sie sind auch »weg«. Früher war das extremer als es heute ist. Wahrscheinlich fruchtet auch hier mein Wahrnehmungs-Training.

Das mit dem anderen Raum ist so gemeint: Stell dir vor, wir verbringen Zeit miteinander, reden, lachen, haben Spaß. Dann stehe ich auf und gehe durch eine Tür nach nebenan. Ich bin dann nicht mehr unmittelbar bei dir, aber ich bin auch nicht weg. Du siehst meinen Körper nicht mehr, aber du spürst mich noch. Hörst im Kopf meine Stimme, mein Lachen, siehst mein Gesicht vor dir und nimmst noch wahr, wie es sich anfühlt, mit mir zu sein. Du hast Erinnerungen an mich. Bin ich denn dann nicht mehr existent für dich? Brauchst du die körperliche Hülle, um nicht zu vergessen? Vielleicht missverstehe ich euer Wort »Erinnerungen«? Ich nutze dieses Wort natürlich auch, da ich gelernt habe, in eurer Sprache zu kommunizieren, aber es passiert mir oft, dass ich ein »falsches« Gefühl mit einem Wort verknüpfe.

Warum bist du nur dann von etwas überzeugt, wenn du es erlebt hast, also selbst diese Erfahrung gemacht hast? Wenn ich dir sage, dass du einen Sprung aus dem 18. Stockwerk nicht überleben wirst, bist du dann davon nicht überzeugt? Es gibt doch unzählige Dinge, die wir nicht selbst erleben, aber die wir dennoch anderen glauben. Es gibt auch Sachen, die noch keiner erlebt hat und die wir trotzdem glauben. Du berufst dich bei deinen Zweifeln auf dein neurologisches Wissen, dass du dir in deiner Studienzeit angeeignet hast. Bist du dir bewusst, dass diese Gedanken von deinem Hirn kommen? Das Gehirn ist unser wichtigstes Organ. Auch dieser Gedanke kommt vom Gehirn selbst.

Was meinst du mit dem Rest, der »futsch« ist? Den Körper? Ja, der ist irgendwann nicht mehr in der Lage, uns ausreichend zu dienen. Wenn alles gut läuft, ist das bei einer Frau in Deutschland momentan nach etwa

86 Jahren der Fall. Was machst du denn, wenn du ein Kleidungsstück ausrangierst, das seinen Zweck nicht mehr erfüllt? Du ersetzt es durch ein neues, oder nicht?

Ja, es gibt vieles, was wir heute noch nicht erklären können. Aber bedeutet das, dass es diese Dinge deshalb nicht geben kann? Unzählige Phänomene, über die unsere Vorfahren gestaunt haben, die ihnen zum Teil auch Angst gemacht haben, weil sie sie nicht erklären konnten, können dir heute schon Grundschulkinder erklären und beweisen.

Irgendwie finde ich es schon schade, dass du mir in einigen für mich sehr wichtigen Dingen keinen Glauben zu schenken vermagst, aber das bist eben du. Mel ist anders als Gee, aber nicht weniger, genauso wie Gee anders ist als Mel. Aber wir haben trotz alledem mehr gemeinsam als uns trennt und wir haben in den letzten Monaten zahlreiche Brücken gebaut, die uns besser verbinden und uns den Weg zueinander zeigen.

In meinem Sein gibt es den Abschied nicht so wie bei dir. Es ist wie mit vielen anderen Sachen, es fehlen die Nuancen. Wenn ich male, dann nutze ich das Weiß des Papiers und das Schwarz des Stiftes. Mehr brauche ich nicht. So ist es auch mit dem Abschied. Ja, euer »Gewese« darum irritiert mich. Ihr zieht Abschiede oft sehr in die Länge. Gestern dauerte der Abschied einer Bekannten 47 Minuten vom ersten »ich muss gehen« bis zum letzten Winken aus dem Auto. Ich habe keine Ahnung, wie ich Verabschiedungen einleiten muss. Kann es nicht. Ich habe schon viele Züge verpasst, weil ich nicht in der Lage war, die Verabschiedung rechtzeitig und effektiv über die Bühne zu bringen. Und weil ich genau das weiß, stresst es mich schon im Vorfeld. Dem versuche ich mich dann oft zu entziehen, mein sozialer Rückzug steht immer unmittelbar bevor. Noch schaffe ich es, ihn erfolgreich zu verhindern. Mit Begrüßungen ist es bei mir übrigens sehr ähnlich. Am liebsten würde ich beides weglassen. Ich stelle mir diese beiden Rituale als Zähler und Nenner eines Bruches vor, den ich zu kürzen versuche, um ihn zu vereinfachen. Der Wert des Bruches bleibt beim Kürzen natürlich immer gleich: Ich erhalte aber eine neue Darstellung der Bruchzahl. In meinem Fall hoffe ich auf ein besseres Verständnis dieser sozialen Handlungen. Vielleicht habe ich einfach nur noch nicht die richtige Kürzungszahl gefunden.

Morgendliche Grüße

von Gee

08.01.2016

Liebe Gee,

das mit »dem anderen Raum« finde ich schwer zu erklären. Lass es mich versuchen. Wenn du lebendig bist und von einem Raum in den Nebenraum gehst, dann ist das für mich anders, als wenn du stirbst und sinnbildlich in einem anderen Raum bist. Dieser »andere« Raum, den man Jenseits oder Paralleluniversum nennen könnte, ist etwas, woran ich glauben, was ich aber bisher noch nicht erfahren und somit nicht »wissen« kann (wir hatten das Thema bereits, erinnerst du dich?). Das meinst du doch, wenn du sagst, dein Großvater ist in einen anderen Raum gegangen oder? Oder meinst du mit diesem anderen Raum »nur« die Erinnerung an ihn? Die Erinnerung an dein Lachen, deine Stimme, dein Gesicht hätte ich auch noch, wenn du sterben würdest. Das wäre alles noch da. In meiner Erinnerung lebst du weiter. Aber ich würde nicht automatisch davon ausgehen können, dass du als Seele noch irgendwo übrig geblieben bist oder reinkarnierst.

Ich glaube dir alles, was du mir schreibst. Ich glaube, dass das alles deine Erfahrungen spiegelt. Ich gehe auch davon aus, dass Energie nicht verloren gehen, sondern sich nur wandeln kann. Ich habe viel über das Gesetz der Resonanz gelesen und über Quantenphysik und kann nachvollziehen, was du meinst. Mir fehlt aber im Gegensatz zu dir die Gewissheit, dass es sich so verhält. Ich kann mich nicht erinnern, schon mal gelebt zu haben, hatte keine Nahtoderserfahrung oder Begegnung mit etwas Übersinnlichem. Ich kann dir nicht erklären, warum es so ist, dass ich es erst dann wirklich als gegeben nehmen kann, wenn ich es selbst erfahren habe und sonst nicht.

Also ich glaube dir und deinen Erfahrungen. Aber wenn das für dich so ist und eine unumstößliche Wahrheit, so kann das für mich generell gesehen anders sein, weil mir diese Erfahrung fehlt. Und wenn ich etwas nicht erfahren habe, dann fehlt eben der unumstößliche Glaube. Warum das so ist, kann ich derzeit nicht hinreichend erklären. Gäbe es genügend Beweise für die Existenz nach dem Tod, würde ich sie sofort aufsaugen und wäre glücklich. Aber diese Dinge sind nicht mit den Mitteln dieser Welt beweisbar. Viele Dinge, die Menschen früher auch nicht glauben konnten, sind heute bewiesen und somit werden sie auch geglaubt.

Begrüßen und Verabschieden ... – warum machen wir da so ein Gewese drum? Mit der Begrüßung zeigen wir: Ich bin da, du bist da. Ich freue mich (nicht immer freut man sich aber wirklich), wenn du da bist, zolle dir Respekt und gehe jetzt in die Interaktion mit dir. Beim Abschied sagen wir: Diese Interaktion ist jetzt (vorläufig) zu Ende. Es war schön, dich gesehen zu haben. Ich zolle dir für diese Begegnung Respekt. Aber nun geh ich meiner Wege (was nicht heißt, dass der andere nicht weiterhin im Kopf und/oder im Herzen ist). Es drückt Achtung vor anderen aus und gibt der Begegnung eine zeitliche Struktur.

Viele liebe Grüße von

Mel

08.01.2016

Liebe Mel,

es ist doch egal, wie man es bezeichnet, oder? Bei dem einen lebt ein geliebter Mensch in der Erinnerung weiter, bei dem nächsten ist er im Himmel und bei einem dritten ist er im Herzen lebendig oder in ganz vielen Dingen, die er vielleicht hinterlassen hat. Es zeigt uns nur wieder, wie unterschiedlich unsere Wahrnehmungen sind. Ich selbst nenne diesen Ort, an dem das Gefühl für einen Menschen für mich bleibt, manchmal einen anderen Raum. Ich habe zum Beispiel auch Menschen verloren, die nicht gestorben sind, sondern zu denen aus verschiedensten Gründen kein Kontakt mehr besteht. Auch die sind in einen anderen Raum gegangen. Der Raum ist für jeden anders. Manche haben nur eine Tür, andere ganz viele. Wieder andere haben eine Tür, die von innen verschlossen ist und bei einigen wenigen ist es ein Durchgang statt einer Tür.

Aber zurück zum Verabschieden und damit auch zum Begrüßen. Bei einer Begegnung sehe ich auch sofort, dass ich ein Gegenüber habe, aber ich brauche kein spezielles Ritual einer Begrüßung, welches für mich nicht immer durchschaubar und damit einschätzbar ist. Genauso ist es mit dem Verabschieden. Sagt einer, dass er jetzt geht, dann erwarte ich dies auch. Aber oftmals folgen dann noch ein kleines Gespräch und noch ein Kommentar und noch eine schnelle Frage. Das verunsichert mich. Auch der Smalltalk ist ein Bestandteil von Begrüßungs- und Verabschiedungsritualen, was es mir nicht leichter macht. So wie ich auch Hallo und Guten Tag sage, so sage ich auch Auf Wiedersehen und Bis Bald, aber ich mag eben dieses »Gewese« nicht jedes Mal ertragen müssen. Es ist besser für mich, die Verabschiedung so kurz wie möglich zu halten, dann kann ich das Gefühl für den Menschen, der geht, besser und länger behalten. Es ist einfach ein Teil meines anderen Seins.

Sonnige Grüße

Gee

Literatur zum Weiterlesen

Literaturempfehlungen von Gee

De Saint-Exupéry, A. (2015). *Der Kleine Prinz*. Köln: Anaconda Verlag.
Frith, U. (2013). *Autismus: Eine sehr kurze Einführung*. Göttingen: Hogrefe.
Grandin, T. (2014). *Durch die gläserne Tür – Lebensbericht einer Autistin*. Hannover: Verlag Rad und Soziales.
Schmitz, M. (2015). *Alles über Autismus: Bücher, Rezensionen, Blogs, Filme*. Hannover: Verlag Rad und Soziales.
Theunissen, G. (2016). *Autismus verstehen. Außen- und Innenansichten*. Stuttgart: Kohlhammer.
Vermeulen, P. (2016). *Autismus als Kontextblindheit*. Göttingen: Vandenhoeck & Ruprecht.

Literaturempfehlungen von Mel

Aspies e. V. (Hrsg.) (2010). *Risse im Universum*. Berlin: Weidler.
Preißmann, C. (2013). *Überraschend anders. Mädchen und Frauen mit Asperger*. Stuttgart: Trias.
Schmidt, P. (2014). *Ein Kaktus zum Valentinstag: Ein Autist und die Liebe*. München: Goldmann.
Schmidt, P. (2015). *Der Junge vom Saturn: Wie ein autistisches Kind die Welt sieht*. München: Goldmann.
Schreiter, D. (2014). *Schattenspringer*. Stuttgart: Panini.
Seng, H. & Behrmann, C. (2012). *Tomaten gehören nicht auf die Augen*. Sigmarszell: Papierfresserchens MTM-Verl.
Vermeulen, P. (2009). *Das ist der Titel. Über autistisches Denken*. Arnhem: Bosch & Suykerbuyk Trainingscentrum.

Literatur von Gee

Beauftragte der Bundesregierung für die Belange behinderter Menschen (Hrsg.) (2014). *Gee Vero – The Art Of Inclusion, Ausstellungskatalog.* Berlin: Kleisthaus.
Vero, G. (2014). *Autismus – (M)Eine andere Wahrnehmung.* Feedaread.Com.
Vero, G. (2014). *Nosce Te Ipsum – erkenne dich selbst, Gedichtband.* Feedaread.Com.
Vero, G. (2014). *Nowhereland. Collection of Poems.* Feedaread.Com.
Vero, G. (2016). *I, me and myself – my life with autism.* Feedaread.Com.
Beteiligte Autorin in Theunissen, G., Kulig, W., Leuchte, V. & Paetz, H. (Hrsg.) (2014), *Handlexikon Autismus Spektrum: Schlüsselbegriffe aus Forschung, Theorie, Praxis und Betroffenen-Sicht.* Stuttgart: Kohlhammer.
Beteiligte Autorin in Theunissen, G. (Hrsg.) (2016). *Autismus verstehen. Außen- und Innensichten.* Stuttgart: Kohlhammer.
siehe auch: www.bareface.jimdo.com

Literatur von Mel

Matzies-Köhler, M. (2013). *Autismus: Adlerblick und Tunnelsicht. Tipps für Kids.* Create Space.
Matzies-Köhler, M. (2013). *Autismus: Adlerblick und Tunnelsicht 2. Tipps für Lehrer.* Create Space.
Matzies-Köhler, M. (2014). *Sozialtraining für Menschen im Autismus-Spektrum (AS). Ein Praxisbuch.* 2., vollständig überarbeitete und erweiterte Auflage. Stuttgart: Kohlhammer.
Schuster, N. & Matzies-Köhler, M. (2014). *Colines Welt hat tausend Rätsel. Alltags- und Lerngeschichten für Kinder und Jugendliche mit Asperger-Syndrom.* Stuttgart: Kohlhammer.

Melanie Matzies-Köhler
Sozialtraining für Menschen im Autismus-Spektrum (AS)
Ein Praxisbuch

Menschen im Autismus-Spektrum haben Schwierigkeiten, soziale Signale im zwischenmenschlichen Kontext zu deuten. Soziale Lerngeschichten (Anleitungen), Comic Strip Conversations (nach C. Gray) sowie Empathie- und Emotionstrainings helfen, soziale Schwierigkeiten über den Intellekt zu kompensieren. Soziale Kompetenzgruppen bieten soziale Erfahrungen in einem geschützten und strukturierten Rahmen und üben gezielt Verhaltensweisen ein. Diese Methoden des Sozialtrainings sind ausführlich für den deutschsprachigen Raum zusammengestellt und an hiesige Verhältnisse adaptiert.

Die 2. Auflage ist um neue Trainings, die z.B. am PC eingesetzt werden können, erweitert. Zudem wird das Thema „Autismus" auch aus Betroffenen-Sicht dargestellt.

2., vollst. überarb. und erw. Auflage 2014
217 Seiten, 4 Abb. Kart.
€ 32,99
ISBN 978-3-17-023087-3

Nicole Schuster/Melanie Matzies-Köhler
Colines Welt hat tausend Rätsel
Alltags- und Lerngeschichten für Kinder und Jugendliche mit Asperger-Syndrom

Warum küssen sich Menschen, wenn sie sich mögen? Warum schmeckt Ketchup nur aus einer bestimmten Flasche so lecker? Für die Autistin Coline ist die Welt voller Rätsel. Zusammen mit ihrem Opa macht sie sich auf, die großen und kleinen Geheimnisse des Alltags verstehen zu lernen. Dabei erfährt Coline eine Menge über menschliche Verhaltensweisen und ihr Opa merkt, dass vieles, was wir täglich machen, mit Worten kaum zu erklären ist. Für die Leser sind in sozialen Anleitungen die wichtigsten Fragen von Coline beantwortet und durch viele praktische und alltagstaugliche Tipps ergänzt. Das Buch gibt damit nicht nur einen tiefen Einblick in die Weltsicht autistischer Menschen, sondern zeigt auch, wie man ihnen täglich helfen kann, das Leben leichter verstehen und bewältigen zu können.

3. Auflage 2014
242 Seiten. Kart. € 24,99
ISBN 978-3-17-025701-6

Leseproben und weitere Informationen unter www.kohlhammer.de

W. Kohlhammer GmbH · 70549 Stuttgart
vertrieb@kohlhammer.de

150 Jahre Kohlhammer